ÉTUDES BIBLIQUES

LE RÈGNE DE DIEU
DANS LES DITS DE JÉSUS

PAR

Jacques SCHLOSSER

DEUXIÈME PARTIE

PARIS

J. GABALDA et Cie Éditeurs

RUE BONAPARTE, 90

—

1980

ISBN 2-85021-002-1

D E U X I E M E   P A R T I E

L'ALTERITE DU REGNE

"Mes pensées ne sont pas vos pensées, et vos voies ne sont pas mes voies". Cette sentence divine (Is 55,8) pourrait s'appliquer à l'enseignement de Jésus sur le Règne de Dieu tel qu'il se dégage des sept logia à examiner dans notre deuxième partie : Lc 6,20 par. Mt 5,3 ; Mt 21,31b ; Mc 10,14 ; Lc 16,16 par. Mt 11,12-13 ; Mc 10, 25 ; Lc 12,32 ; Lc 13,28-29 par. Mt 8,11-12. La Basileia y apparaît comme une réalité paradoxale et déroutante ; comme Dieu lui-même son Règne est, en un sens, tout autre. C'est pour rendre compte de cet aspect que le terme d'altérité a été choisi. Mais altérité par rapport à quoi ? Par rapport aux représentations habituelles du judaïsme ancien, à l'attente commune, à l'ordre religieux établi, aux valeurs socio-religieuses traditionnelles.

Les logia mentionnés comportent eux aussi, bien évidemment, une dimension temporelle et, à ce titre, ils auraient pu être traités dans la première partie. Par rapport aux textes précédemment étudiés, ils ont cependant l'originalité de donner des précisions sur les bénéficiaires de la Basileia : les pauvres, les publicains et les prostituées, les enfants, les violents, les non-riches, le petit troupeau, les nations. La qualité de ces clients du Règne, nous aurons à le montrer, fait apparaître que la participation à la Basileia ne dépend pas de quelque mérite, mais de la libre initiative divine, de l'élection. Tel est le sens fondamental des sept dits. Mais, tout en relevant de la thématique de l'élection, commune à ces dits, les logia du petit troupeau (Lc 12,32) et du pèlerinage des peuples (Lc 13,28-29 par. Mt 8,11-12) ont ceci de particulier qu'ils impliquent un point de vue critique sur la prérogative religieuse d'Israël. Cette note spéciale, commandée par une réflexion de type "histoire du salut", invitait à regrouper les deux logia dans une section à part .

PREMIERE SECTION

Règne et élection.

C H A P I T R E I

La béatitude des pauvres.
(Lc 6,20 par. Mt 5,3)

Des neuf béatitudes dont Matthieu a fait l'exorde de son
"Discours sur la Montagne", quatre sont communes à Mt et à Lc[2].
Suivant toute vraisemblance elles viennent de la source des Logia (Q), où elles étaient déjà groupées. Elles ne forment pas
pour autant un ensemble homogène. La critique s'accorde, en effet, à tenir le macarisme des persécutés (Lc 6,22-23 par.) pour
littérairement secondaire par rapport aux trois autres, dont il
se distingue par la forme, les destinataires envisagés et la référence christologique explicite[3].

Mon propos est d'étudier la béatitude des pauvres dans ses
rapports avec le message de Jésus. Mais, comme Matthieu et surtout Luc la présentent en connexion étroite avec les macarismes
des affligés et des affamés, l'étude portera sur ces trois dits
tels qu'ils se lisent en Mt 5,3.4.6[4] et dans Lc 6,20b.21a.21b.

La démarche se déroulera en trois temps. Dans une première
partie, de critique littéraire, nous tenterons de restituer le
texte de la source commune aux deux versions. Dans un deuxième
temps nous nous demanderons, du point de vue de l'histoire des
traditions, si le texte ainsi restitué forme une unité originaire ou si, au contraire, on peut y déceler déjà des traces de relectures traditionnelles. Enfin nous dégagerons le sens de la
béatitude des pauvres dans la bouche de Jésus.

I La teneur des béatitudes dans la source Q.

Entre les versions de Mt et de Lc les divergences sont
nombreuses. Elles portent sur
- l'ordre : après la béatitude des pauvres qu'ils placent tous
deux en tête de liste, les deux évangiles divergent. Chez Mt
l'ordre est : les pauvres, les affligés, les affamés ; chez Lc
au contraire "ceux qui pleurent" sont mentionnés après les affamés ;

- la forme : les béatitudes sont à la troisième personne du pluriel dans la version matthéenne, à la deuxième dans le texte de
Lc ;
- la teneur.

A) L'ordre.

Nous verrons qu'en Mt 5,6 les mots καὶ διψῶντες τὴν δικαιοσύνην sont une addition. Cette relecture caractérisée entraîne
un glissement du sens. En effet, dans sa formulation actuelle
Mt 5,6 n'envisage plus une situation de détresse matérielle mais
une attitude spirituelle comparable à celle qu'évoquent dans
leur ensemble les béatitudes propres à Mt. La juxtaposition immédiate des "affamés", devenus les "affamés de la justice" (Mt
5,6), et des "miséricordieux" etc... (Mt 5,7ss) pourrait bien
être l'effet de cette relecture. La concordance de l'ordre de Mt
avec celui d'Is 61,1-3 accuserait elle aussi le remaniement[5].
    Mais, de son côté, l'ordre des macarismes dans la version
lucanienne apparaît à peine plus primitif. Les antithèses "affa-
més-riches" (voir Lc 1,53) et "riches-pauvres" (voir Lc 14,12-13;
16,19-22) sont caractéristiques du troisième évangile et, d'une
façon plus diffuse, Luc se plaît à souligner l'association entre
la pauvreté et la faim comme entre la richesse et la satiété[6].
Ces faits suffisent à rendre plausible le caractère secondaire,
lucanien voire pré-lucanien, de la juxtaposition des "pauvres"
et des "affamés" en Lc 6,20b-21a[7], des "riches" et des "repus"
aux vv. 20b-21a et 24-25a.
    Faute d'un critère littéraire décisif, il "est aléatoire
de conjecturer qui de Mt ou de Lc a conservé l'ordre primitif
des béatitudes dans Q"[8]. Il paraît préférable alors de laisser la
question ouverte, d'autant qu'elle ne semble pas d'une importance
majeure pour l'exégèse des trois béatitudes.

B) La forme.

La critique[9] reste divisée sur la question de savoir lequel des évangélistes a reproduit la forme primitive des béatitudes. Malgré l'avis contraire de nombreux auteurs qui se prononcent pour Luc (deuxième personne)[10], la priorité de la troisième personne (Mt) apparaît plus probable[11]. En effet : la Bible

comme la littérature grecque connaît le macarisme à la deuxième
personne, mais la forme à la troisième personne domine nettement
et constitue pour ainsi dire l'expression classique du macarisme.
En revanche, le οὐαί de la malédiction appelle normalement la
deuxième personne[12]. Les macarismes de la source Q auront passé
de la troisième à la deuxième personne sous l'influence de leur
groupement secondaire avec les malédictions, peut-être dès la
tradition pré-lucanienne. L'indice en est fourni par la forme
hybride de Lc 6,20b-21, versets qui ne sont construits à la deuxième personne que dans l'apodose. Les béatitudes de Lc 6,20b-21
diffèrent de ce fait des autres macarismes évangéliques, qui sont
tenus dans l'un et l'autre de leurs éléments ou à la deuxième[13]
ou à la troisième personne[14].

C) La teneur[15].

1) La béatitude des pauvres : Mt 5,3 ; Lc 6,20b.

    Mt : Μακάριοι οἱ πτωχοὶ τῷ πνεύματι
    Lc : Μακάριοι οἱ πτωχοί
        Mt : ὅτι αὐτῶν ἐστιν ἡ βασιλεία τῶν οὐρανῶν.
        Lc : ὅτι ὑμετέρα ἐστιν ἡ βασιλεία τοῦ θεοῦ.

La clause τῷ πνεύματι témoigne de la tendance secondaire
à spiritualiser les béatitudes traditionnelles : elle est certainement un ajout matthéen si ce n'est déjà pré-matthéen[16].
    Dans la deuxième partie de la béatitude on attribuera à
Matthieu l'expression ἡ βασιλεία τῶν οὐρανῶν pour l'habituel ἡ
βασιλεία τοῦ θεοῦ[17].
    Comme teneur primitive vraisemblable nous retenons :
μακάριοι οἱ πτωχοί, ὅτι αὐτῶν ἐστιν ἡ βασιλεία τοῦ θεοῦ.

2) La béatitude des affligés : Mt 5,4 ; Lc 6,21b.

    Mt : Μακάριοι οἱ πενθοῦντες   ὅτι αὐτοὶ παρακληθήσονται.
    Lc : Μακάριοι οἱ κλαίοντες νῦν ὅτι   γελάσετε.

Un seul élément est manifestement secondaire : l'adverbe
νῦν. Caractéristique du vocabulaire lucanien[18], il ne fait que

souligner le contraste entre le présent et l'avenir.

L'appréciation des autres traits divergents est plus délicate et exige un examen. Commençons par le vocabulaire.

a) Κλαίω.

Le verbe ne se lit que deux fois en Mt, la première fois
dans une citation de Jr 31,15 (Mt 2,18), la deuxième en dépendance de Mc (Mt 26,75)[19].

Chez Lc κλαίω est d'une attestation plus fréquente[20]. Le
vocable apparaît trois fois en parallèle avec Mc[21] et quatre fois
dans la tradition particulière[22]. Il semble donc foncièrement
traditionnel. Cependant, la part de la rédaction lucanienne ne
peut être minimisée. L'origine rédactionnelle du verbe est possible dans les textes de la tradition particulière, surtout en
23,28[23] ; elle est vraisemblable en 7,32, où Luc a sans doute
remplacé par ἐκλαύσατε le verbe ἐκόψασθε de Mt 11,17 et de Q[24],
ainsi qu'en 19,41, un verset d'introduction que divers traits
littéraires et la fonction qu'il tient dans le "récit du voyage"
invitent à attribuer au rédacteur lucanien[25].

b) Πενθέω.

Le vocable est attesté une seule fois chez Lc (6,25) et
deux fois chez Mt (5,4 ; 9,15), le deuxième emploi matthéen venant de la rédaction (Mt 9,15 diff. Mc 2,19). Ajoutons que πενθέω
se lit en LXX Is 61,2 en même temps que παρακαλέω.

c) Γελάω.

Dans le Nouveau Testament en son entier Lc 6,21.25 sont
les seuls emplois de ce verbe.

d) Παρακαλέω.

En Mt (9 emplois) aussi bien qu'en Lc (7 emplois et 22 dans
les Actes), le verbe παρακαλέω est assez fréquent dans ses diverses acceptions. De part et d'autre l'usage en est partiellement
rédactionnel, mais aucun des deux évangélistes ne paraît tenir

au verbe en tant que tel[26]. Quant aux textes où παρακαλέω offre
le sens général de consoler[27], ils sont trop rares pour fonder
quelque conclusion à partir du seul lexique.

Les indices fournis par l'examen du vocabulaire sont ou
très maigres ou ambigus, sauf sur un point : une certaine prédilection du rédacteur lucanien pour le verbe κλαίω. Il n'est pas
étonnant, dès lors, que les critiques soient partagés. Les uns
estiment que Mt a conservé le texte primitif, les autres optent
en revanche pour la teneur de Lc[28].

Si la question de la teneur primitive de la béatitude ne peut
être tranchée par l'analyse même du vocabulaire, n'y a-t-il pas
un autre facteur à considérer ? Le fait clé paraît bien être la
présence dans les malédictions de Lc 6,24.25b d'un vocabulaire
identique à celui de Mt 5,4 (πενθέω, παράκλησις) et, en même temps,
d'éléments qui ont leurs répondants directs dans la béatitude de
Lc 6,21 (γελάω, κλαίω).

D'après H. Schürmann[29] πενθέω et παράκλησις sont dus à
l'auteur des malédictions et ont passé de là dans Mt 5,4[30]. De
fait : quoique le verbe πενθέω soit un _hapax_ du troisième évangile et manque complètement dans les Actes, l'association fréquente entre κλαίω et πενθέω[31] rend bien compte de l'attirance en
Lc 6,25b de πενθέω par le verbe κλαίω, lui-même repris de Lc 6,
21b. Cependant, Schürmann ne parvient pas à expliquer de façon
convaincante le choix fait en Lc 6,24 de παράκλησις, un terme
plus rare et plus technique qui, au reste, ne peut être appliqué
à la félicité terrestre des riches que moyennant une transposition[32]; on attendrait plutôt μισθός si ce n'est τὰ ἀγαθά comme
en Lc 16,25.

Ce fait convie à renverser les termes de l'explication proposée par Schürmann. Le substantif παράκλησις de Lc 6,24 apparaît
secondaire par rapport au passif divin παρακληθήσονται de Mt
5,4[33] : n'en serait-il pas la reprise teintée d'ironie ainsi que
porte à le penser le déterminatif appuyé ὑμῶν(cf. Lc 16,25) ?
Semblablement il est permis d'admettre que πενθέω en Lc 6,25
témoigne de la présence du verbe dans la béatitude de la source
dont Mt aura mieux conservé la teneur que Lc[34]. Un trait pourrait appuyer au demeurant l'hypothèse. Du point de vue de la

sémantique[35] et en raison du substrat sémitique vraisemblable[36], πενθοῦντες (Mt 5,4) offre, à la différence de κλαίοντες (Lc 6, 21b), un sens duratif par lequel le terme semble être le répondant adéquat des vocables πτωχοί (Lc 6,20b ; Mt 5,3) et πεινῶντες (Lc 6,21a ; Mt 5,6).

Pour expliquer les particularités de Lc dans la béatitude et dans la malédiction correspondante, J. Dupont[37] recourt à la rédaction lucanienne. A la lumière de Lc 13,28 ; 19,41 et 23,28, les pleurs peuvent se comprendre comme l'expression du malheur eschatologique qui frappera les fils d'Israël en raison de leur impénitence. Quant au rire, aussi bien le rire actuel des riches que le rire futur des bienheureux, il serait à interpréter compte tenu de la sensibilité grecque, partagée par Luc. Alors que dans les textes de l'AT, de la LXX en particulier, le rire a plutôt une signification négative, au regard du lecteur hellénistique il traduit la satisfaction et le bonheur. Cette hypothèse, que le P. Dupont propose avec prudence, ne manque pas de vraisemblance. Elle perd toutefois de sa force si, comme le pensent divers critiques[38], les malédictions ont été jointes aux béatitudes antérieurement à la rédaction lucanienne.

En raison de l'incertitude persistante sur ce dernier point, il est préférable de s'en tenir à une explication qui vaudrait aussi bien pour la tradition pré-lucanienne, peu suspecte d'hellénisme, que pour le rédacteur lucanien, familier de la Septante. Présenté sous un jour défavorable dans l'AT et surtout dans la LXX[39], le rire est à l'occasion la marque de l'insensé[40], parfois même du riche[41]. Or la tradition sapientielle et certains psaumes établissent précisément un lien étroit entre le riche et l'impie[42]. A la lumière de ces faits convergents on s'explique aisément la mention du rire dans le contexte des trois premières malédictions, qui visent globalement les riches. On comprend aussi le choix de κλαίω pour marquer le renversement de situation que Dieu opérera dans l'avenir, κλαίω est en effet l'opposé direct et concret de γελάω[43]. De la malédiction (Lc 6,25b), dans laquelle ils sont bien en situation, les vocables auront passé dans la béatitude correspondante (Lc 6,21b), où ils conviennent beaucoup moins. Peu marquée pour κλαίοντες, cette dissonance est plus sensible pour γελάσετε, verbe peu adéquat à désigner le bonheur futur donné par Dieu, alors que la "consolation" est un motif reçu et même un terme technique du judaïsme palestinien pour exprimer l'accomplissement eschatologique[44].

Malgré la complexité apparente de l'hypothèse, les faits littéraires relevés dans cette analyse de Mt 5,4 par. Lc 6,21b s'expliquent le mieux si l'on admet la priorité du texte de Mt : μακάριοι οἱ πενθοῦντες ὅτι αὐτοὶ παρακληθήσονται.

3) La béatitude des affamés : Mt 5,6 ; Lc 6,21a.

    Mt : Μακάριοι οἱ πεινῶντες καὶ διψῶντες τὴν δικαιοσύνην
    Lc : Μακάριοι οἱ πεινῶντες νῦν
      Mt : ὅτι αὐτοὶ χορτασθήσονται.
      Lc : ὅτι   χορτασθήσεσθε.

Nous passerons plus rapidement sur cette béatitude car les problèmes littéraires y sont moins complexes.

L'adverbe νῦν est ici encore secondaire. De l'avis presque unanime des critiques récents δικαιοσύνη est, pour le thème et pour le vocable, typique de Mt[45]. Ce fait n'exclut pas la possibilité que, dans le présent texte, le motif soit de provenance judéo-chrétienne et pré-matthéenne[46]. Quelle qu'en soit l'origine, le vocable est à tenir pour un ajout.

En revanche, la question reste ouverte de savoir si l'ajout recouvre aussi les mots καὶ διψῶντες. L'examen du vocabulaire montre que ni le verbe διψάω[47], ni le binôme faim-soif[48] ne sont vraiment typiques de Mt. A l'appui de l'hypothèse qui voit en καὶ διψῶντες (τὴν δικαιοσύνην) une insertion, on peut toutefois faire valoir les observations suivantes :
a) Dans le langage biblique la soif est plus couramment une métaphore à contenu spirituel que la faim.
b) Le verbe χορτάζομαι correspond mieux à la faim seule[49].
c) La fréquence en Lc du couple correspondant manger-boire[50], et son caractère rédactionnel en quelques passages[51] rendent peu vraisemblable l'hypothèse d'une omission de διψῶντες par le rédacteur lucanien.

Ces divers indices invitent à considérer les mots καὶ διψῶντες comme un élément faisant partie de la relecture

matthéenne[52] et à ne retenir pour la béatitude primitive que :
μακάριοι οἱ πεινῶντες ὅτι αὐτοὶ χορτασθήσονται.

II L'unité primitive des trois béatitudes.

Prises dans leur ensemble, les béatitudes ont connu une
tradition complexe sous le double rapport de leur teneur et de
leur groupement. Tel est certainement le fait de l'unité secondaire de Mt 5,3-12. En irait-il déjà ainsi des trois macarismes
les plus nettement pré-rédactionnels, ceux dont nous venons d'établir la teneur primitive vraisemblable ? Autrement dit : l'unité
littéraire formée par les trois macarismes de base conservés
en Lc 6,20b-21 par. Mt 5,3.4.6 serait-elle composite elle aussi ?
Pour nous en tenir à l'aspect littéraire, la question paraît indirectement posée par la dualité formelle des désigna-
tions relatives aux bénéficiaires des promesses eschatologiques
ainsi que par l'expression diverse de ces dernières. En voici
une présentation synthétique.

Premier macarisme.

- protase : l'adjectif substantivé,
- apodose : le vocable "Règne de Dieu".
L'antithèse est théologique, de contenu proprement eschatologique.

Deuxième et troisième macarismes.

- protase : le participe substantivé des verbes πεινάω et
κλαίω(Lc) / πενθέω(Mt).
- apodose : les verbes contraires χορτάζομαι et γελάω(Lc) /
παρακαλέω(Mt).
L'antithèse, avant tout littéraire et formelle, trahit la
réduction de la densité eschatologique et l'insistance sur le motif même du renversement des valeurs. La double caractéristique
est particulièrement sensible dans la version lucanienne.

Ces faits ne seraient-ils pas à expliquer par l'origine et
le propos divers de la béatitude des pauvres d'un côté, des macarismes des affligés et des affamés de l'autre ? La première

béatitude viendrait de Jésus et viserait un groupe social d'une condition religieuse provisoirement contestée ; les deux autres seraient une relecture communautaire faite "sous l'emprise d'une situation ecclésiale mettant à l'épreuve la communauté chrétienne" ; les participes substantivés y décriraient "un état -non pas une condition- de détresse temporaire sinon épisodique"[53].

D'autres faits, pourtant, plaident plutôt en faveur de l'unité à maintenir entre la première béatitude et les macarismes des affligés et des affamés.

1. L'aspect purement formel et littéraire de l'antithèse est moins net dans la version matthéenne de la béatitude des affligés que dans celle de Lc. Or, d'après la restitution tentée ci-dessus, c'est Mt qui est resté le plus proche de la source.

2. D'une densité théologique et eschatologique incontestablement moindre que le vocable "Règne de Dieu", l'image du rassasiement, compte tenu surtout de son lien avec le thème du banquet messianique, et, plus nettement, celle de la consolation sont néanmoins appropriées à exprimer le bonheur eschatologique donné, comme l'attestent les passifs théologiques[54], par Dieu lui-même[55].

3. Les nuances diverses du participe substantivé grec[56] et le substrat sémitique vraisemblablement sous-jacent à notre texte[57] invitent à ne pas majorer l'écart entre l'adjectif substantivé πτωχοί et les participes substantivés πεινῶντες ετ πενθοῦντες.

4. Enfin et surtout -ce point mérite qu'on s'y arrête plus longuement- les participes πεινῶντες et πενθοῦντες peuvent servir, comme l'adjectif πτωχοί, à désigner des catégories de personnes et sont, de ce fait, à mettre sur le même plan. J. Dupont[58] a rassemblé un certain nombre de textes comportant des listes où sont énumérés les déshérités et où ils sont présentés comme les bénéficiaires privilégiés de l'action de Dieu ou bien comme les gens ayant droit de manière spéciale à la miséricorde des hommes. Les πεινῶντες[59] font partie de ces déshérités aussi bien que les πενθοῦντες[60], et les deux catégories sont associées aux pauvres[61]. Pour le premier participe cette association n'a rien d'étonnant si l'on se souvient que dans l'AT les divers vocables désignant la faim, πεινάω compris, envisagent moins un état naturel épisodique auquel l'absorption de nourriture vient régulièrement mettre fin, que la famine durable comme composante de la misère

et "affamé" ont de la sorte un sens voisin[63], car l'affamé est
en réalité un famélique.

Ainsi, quelque réelle que soit la disparité observée, elle
ne paraît pas suffire à imposer l'hypothèse selon laquelle il
existerait deux strates dans les béatitudes analysées et à écarter l'hypothèse rivale et largement acceptée qui voit dans les
trois béatitudes un "tout indissociable", la "triple expression
d'une déclaration unique"[64]. Dans l'état actuel du débat cette
deuxième hypothèse apparaît comme la mieux fondée.

A quelques exceptions près[65], la critique reconnaît l'authenticité foncière des trois béatitudes. Si ce jugement est
à présent moins sûr en ce qui concerne la deuxième et la troisième béatitudes, il mérite d'être maintenu sans réserve pour le
macarisme des pauvres. En effet, la béatitude des pauvres est
sans parallèle véritable dans le judaïsme et d'autre part "la
concordance est entière...entre le logion et les vestiges d'ailleurs reconnus du message proposé par le Jésus de l'histoire"[66].

III L'exégèse de la béatitude des pauvres.

Afin de dégager le sens et la portée de la béatitude des
pauvres dans la bouche de Jésus, voyons de plus près qui sont
au juste les pauvres et pour quelle raison Jésus les proclame
bienheureux.

A) Les pauvres.

Pour caractériser les pauvres et en esquisser le profil,
on ne partira pas de la relecture spiritualisante que la glose
τῷ πνεύματι et le contexte ont introduite dans la béatitude de
Mt. Un tel point de départ conduirait à voir dans les πτωχοί
avant tout des gens qui adoptent une attitude de confiance et de
foi en Dieu. On ne partira pas davantage de la relecture prati-
quée, moyennant l'antithèse béatitudes-malédictions, dans le texte de Lc, laquelle, en ce qui regarde le premier macarisme, produit l'opposition pauvres-riches. On donnerait par là une importance excessive à l'aspect économique de la pauvreté. Il vaut

mieux s'appuyer d'abord sur les attaches vétéro-testamentaires des macarismes, ensuite sur le contexte général que représentent l'enseignement et l'action de Jésus.

1) Les attaches vétéro-testamentaires.

La dépendance des béatitudes fondamentales par rapport à Is 61,1-3 est très largement admise par la critique. Malgré les réserves proposées à ce sujet par H. Frankemölle[67], par R.A. Guelich[68] et, d'une façon plus nuancée, par G. Strecker[69], cette opinion dominante[70] apparaît solidement fondée par

a) l'importance générale d'Is 40-66 pour la pensée eschatologique de Jésus[71] et notamment pour l'idée de Règne ;

b) l'influence d'Is 61,1-3 ou de textes apparentés (Is 29,18-19 ; 35,5-6 ; 58,6) sur divers fragments traditionnels reflétant la prédication de Jésus[72], avant tout sur le dit des oeuvres eschatologiques (Lc 7,22-23 par. Mt 11,4-6) mais aussi, bien qu'indirectement, sur la proclamation inaugurale rapportée en Lc 4, 18-22 ;

c) les contacts plus précis des béatitudes avec Is 61,1-3[73] où l'on trouve les πτωχοί, les πενθοῦντες et la mention de leur "consolation" (παρακαλέω)[74]. Les affamés, il est vrai, n'y sont pas expressément nommés, mais l'annonce de leur rassasiement est bien dans la ligne d'Is 40-66[75].

Dans Is 61,1-3 les pauvres et les affligés sont mis sur le même plan que les déportés, les captifs, ceux qui ont le coeur brisé. Ils sont présentés comme des malheureux faisant partie d'un groupe plus large d'opprimés et d'accablés, et non pas comme des gens que distingueraient des dispositions religieuses d'humilité, de confiance et de foi. L'étude du vocabulaire de la pauvreté dans l'AT confirme que l'idée du malheur objectif est bien une composante centrale de la pauvreté ; elle permet de mieux voir aussi la nature de ce malheur.

Cette étude, il n'est pas nécessaire de la reprendre à nouveaux frais[76]. J'en rappelle seulement quelques conclusions majeures :

a) En grec classique et hellénistique est πτωχός celui qui, n'ayant pas le nécessaire pour vivre, est réduit à la mendicité.

b) Ce sens économique est fréquent dans le NT et se trouve en
particulier dans les contextes où il est question d'aumône ou
d'assistance[77].

c) Les divers vocables hébreux et araméens de la pauvreté n'envisagent pas d'abord l'aspect économique. Ils visent en première
ligne la condition sociologique et juridique. Est pauvre celui
qui est courbé, opprimé, celui dont les droits sont bafoués et
qui ne peut se défendre.

d) Dans certains textes pourtant, le pauvre "fait figure d'homme
humble et soumis, qui met sa confiance en Dieu et attend de lui
son secours"[78]. Le vocabulaire de la pauvreté, surtout le pluriel
anawim, prend alors une nuance spirituelle et morale ; le pauvre
est assimilé au juste et au pieux[79].

   Les diverses composantes de l'idée biblique de pauvreté
sont inséparables et se compénètrent. L'argent assure la puissance et la considération dans la société humaine et ceux qui en
sont dépourvus tournent spontanément les yeux vers le ciel, d'où
ils attendent leur unique secours. L'aspect dominant apparaît
toutefois avec netteté si l'on considère comment le pauvre est
recommandé à l'attention du roi et des dieux dans l'ancien Orient,
et surtout comment le Dieu d'Israël prend position en faveur du
pauvre. Tout roi digne de ce nom se préoccupera sans doute de
nourrir le pauvre, mais aussi et d'abord de faire respecter son
bon droit face aux puissants, aux riches, aux oppresseurs. Le
Dieu d'Israël, qu'il prescrive ou qu'il agisse, "se doit à lui-
même de garantir par son autorité souveraine le bon droit des
hommes impuissants à le faire triompher par leurs propres moyens. Roi juste, Dieu ne peut pas ne pas être le protecteur des
déshérités"[80]. Il le sera en particulier lors de son intervention
eschatologique. L'attitude du pauvre comporte certes attente et
confiance, mais ce n'est pas à cause de ces dispositions qu'il devient l'élu ou le protégé de Dieu. Dieu protège le pauvre avant
tout parce que ce dernier est un "sans droit" et parce que là où
Dieu règne, là règnent aussi le droit et la justice[81].

   Comme "sans droit" le pauvre a des frères nombreux qui
s'appellent l'étranger-résident, la veuve et l'orphelin, l'aveu-
gle et le boîteux et qui, comme lui, sont malheureux, victimes
réelles ou potentielles de l'injustice des puissants. De telles

séries, dont Is 61,1ss fournit un exemple, ne sont pas rares
dans l'AT et le judaïsme ainsi que dans le NT[82]. Elles confirment
la prédominance du point de vue juridique dans l'idée de pauvreté.

L'allusion implicite de la première béatitude à Is 61,1
et, dans l'hypothèse de l'authenticité foncière et de l'unité
des trois béatitudes, le fait que Jésus, en associant aux pauvres les affligés et les affamés, ébauche à son tour une séquence
de miséreux[83], ces deux indices permettent de penser que les pauvres de la béatitude sont d'abord des gens qui, au plan social
et religieux, sont méprisés, privés de leurs droits, sans défense
et sans salut.

2) L'enseignement et l'action de Jésus.

Les faits principaux sont bien établis et connus. Il s'agit
en l'occurrence de la place de premier plan faite par Jésus, dans
son enseignement comme dans son action, à la catégorie socio-religieuse des déclassés, des marginaux : enfants, femmes, prostituées, publicains, ignorants de la Loi, pécheurs, malades, infir-
mes, petits[84]. L'identification précise des πτωχοί reste difficile. Faut-il se baser sur l'aspect économique et restreindre le
groupe aux indigents, aux pauvres dans le sens grec et moderne du
mot ? Mais la composante économique n'est que marginale dans
l'idée et le vocabulaire bibliques de la pauvreté. Associés, certes, aux faméliques, les pauvres de la première béatitude le sont
aussi et au même titre aux affligés. Aussi convient-il plutôt,
dans la ligne des indices relevés dans l'étude de l'arrière-plan
vétéro-testamentaire de la béatitude, de prendre πτωχοί au sens
complexif ; le terme s'applique probablement à l'ensemble des
courbés, des opprimés, des rejetés qui furent la clientèle de
Jésus de Nazareth[85]. En tout cas, et c'est le moins qu'il faille
dire, les pauvres font partie de la famille des déclassés.

Dans l'énoncé du premier macarisme le pronom αὐτῶν est placé en exergue[86]. C'est le signe que Jésus insiste, qu'il n'énonce
pas une proposition banale. La béatitude des pauvres est l'un des
éléments qui donnent leur aspect paradoxal[87] aux dits et aux gestes de Jésus.

Le judaïsme palestinien tend à identifier aux justes et aux pieux les miséreux auxquels l'AT promet le salut eschatologique[88]. La spiritualisation du vocabulaire de la pauvreté à Qumran[89] et dans les Psaumes de Salomon[90] en est un indice, de même que, d'après les quelques témoignages que nous en avons, l'interprétation rabbinique de textes tels que Is 61,1ss[91] et Is 29,19[92].

Jésus paraît se démarquer de cette tendance. Il reprend le message prophétique dans son réalisme, en proclame la réalisation et le traduit en actes. Il se tourne vers les déclassés non à cause de leurs dispositions spirituelles mais en première ligne parce que, objectivement, ils ont besoin de lui comme les malades du médecin. De même, les pauvres sont déclarés bienheureux non pas d'abord à cause de leur attitude spirituelle mais parce que leur condition sociale, juridique et religieuse les désigne à la sollicitude de Dieu[93].

B) La Basileia promise.

L'exégèse de la deuxième partie du macarisme a pour objectif d'élucider le sens de βασιλεία τοῦ θεοῦ et la valeur du présent ἐστιν.

1) Le sens de βασιλεία τοῦ θεοῦ.

Sur la base de la béatitude des doux qui "hériteront la terre" (Mt 5,5), quelques auteurs estiment que la Basileia de la première béatitude représente le pays, le Royaume dans lequel les pauvres entreront[94]. La présence de cette image en Mt 5,5 et, plus largement, dans les logia de l'entrée, n'est cependant pas un argument suffisant pour introduire la même image dans la béatitude fondamentale en faisant fi de la construction grammaticale.

Le génitif que suit le verbe ἐστιν est un génitif possessif. Possible en grec, ce type de génitif accompagnant le verbe être est bien attesté dans le NT[95]. Comme équivalent de ce génitif, le substrat araméen utilisait sans doute une phrase nominale avec la particule dyl[96]. La Basileia est présentée ainsi comme un bien, un objet qu'on peut posséder. A la lumière des promesses

parallèles du rassasiement et de la consolation eschatologiques,
il est indiqué de voir dans la Basileia un don de Dieu, le don
salvifique plénier, le "bonheur eschatologique"[97] total[98].

Toutefois, étant donné que les verbes παρακληθήσονται et
χορτασθήσονται sont au passivum divinum[99], ils indiquent à la
fois l'acte de Dieu et l'état de bonheur qui en résulte pour les
affligés et les affamés. On sait par ailleurs que le substantif
mlkwt-βασιλεία comporte fondamentalement l'idée de règne, de
l'activité concrète de Dieu comme roi. Cet aspect dynamique n'est
sans doute pas absent de la première béatitude. Jésus annonce
que Dieu va entrer en action, prendre le pouvoir pour faire droit
aux pauvres. Bref, en lien avec les deux autres macarismes, la
béatitude des pauvres constitue la "proclamation de l'intervention annoncée par le prophète" en Is 61,1ss[100]. Comme les deux
aspects de la notion de Basileia -action de Dieu et état plénier
du salut- ne sont pas exclusifs l'un de l'autre mais connexes,
il y a lieu de les retenir tous les deux.

2) Le présent ἐστιν.

Dans le passé la question de la valeur à donner ici au présent ἐστιν a suscité de nombreux débats[101]. Elle paraît résolue
à l'heure actuelle. En raison de l'unité vraisemblable des trois
béatitudes, en raison aussi de l'équivalence entre Basileia et
don salvifique plénier[102], on ne peut admettre que l'intervention divine et le salut qui en résulte pour les pauvres sont pleinement réalisés déjà au moment où Jésus en fait la proclamation
solennelle. Mais pourquoi alors le présent ? Les critiques ont
proposé à ce sujet des explications diverses, se référant tantôt
au substrat araméen (où il n'y avait sans doute pas de copule verbale), tantôt à la relative indétermination du présent grec (présent atemporel, présent-futur). L'explication la plus simple et
la plus convaincante est d'admettre que "le mot ἐστιν a bien pu
être employé ici par anticipation, pour insister sur le fait que
l'héritage céleste est dès maintenant assuré aux élus"[103].

L'anticipation était d'ailleurs facilitée par le fait que le
futur envisagé est proche, infaillible. Jésus ne console pas les
malheureux en leur assurant que leur malheur finira bien un jour ;
il les proclame heureux et suscite leur joie parce que le bonheur
apparaît déjà à l'horizon, parce que Dieu est en venue ! Les

béatitudes ne sont pensables qu'à partir de la conviction intime
de Jésus que déjà Dieu se met à l'oeuvre et que sa venue est
plutôt salut que châtiment. Le futur jette déjà sa lumière sur
le présent et lui donne une qualité nouvelle. En proclamant les
béatitudes Jésus annonce en quelque sorte que le processus eschatologique est déclenché[104].

Cette conscience eschatologique très vive[105] et l'accent
que, à la différence du Baptiste, Jésus place sur l'aspect salvifique de la venue de Dieu, invitent à penser que les béatitudes
représentent le message de Jésus dans son surgissement[106]. En
faisant de la proclamation des béatitudes l'ouverture de la prédication de Jésus, la tradition est dans doute demeurée fidèle
à l'histoire.

D'emblée nous trouvons là les caractéristiques essentielles de l'idée de Règne : le théocentrisme résolu, puisque le Règne est l'oeuvre exclusive de Dieu, l' "accent provocateur"[108],
la négation de l'ordre religieux établi et le renversement des
valeurs dans le privilège accordé aux déclassés, enfin, raison
dernière de tout le reste, la prédominance de la grâce sur la
Loi[109].

DEUXIEME PARTIE
Première section
CHAPITRE I

(p. 423-424)

1) J. DUPONT, Béatitudes I, p. 254-255, a montré que rien n'autorise à considérer la béatitude des doux comme une glose
   de copiste ; elle fait partie du texte authentique de Mt.
       H.D. BETZ, Makarismen, p. 8-9, compte à part Mt 5,12
   et arrive de ce fait à dix béatitudes.

2) Mt 5,3.4.6.11-12 ; Lc 6,20b-21.22-23.

3) Cf. S. SCHULZ, Q, p. 454-455 et les notes ; J. DUPONT,
   Béatitudes II, p. 281-283 ; H. MERKLEIN, Gottesherrschaft,
   p. 48-50.
4) Un certain nombre de manuscrits et de versions présentent
   la béatitude des doux avant celle des affligés. Avec la
   plupart des éditeurs et commentateurs je reste fidèle à
   l'ordre habituel, mieux attesté. Mt 5,4 correspond ainsi à
   la béatitude des affligés.

5) Tels sont les arguments avancés entre autres par H.
   SCHUERMANN, Lk, p. 330 n. 30 ; S. SCHULZ, Q, p. 76 ; R.A.
   GUELICH, Matthean Beatitudes, surtout p. 427.

6) Cf. J. DUPONT, Béatitudes III, p. 41-64.

7) Ainsi J. DUPONT, Béatitudes I, p. 271-272 ; III, p. 41 n. 2 ;
   M.E. BOISMARD, Synopse II, p. 128.

8) J. ZUMSTEIN, La condition du croyant, p. 285 n. 1.

9) Les indications essentielles sont rassemblées dans G.
   STRECKER, Les macarismes, p. 188 n. 5.

(p. 424-425)

10) Voir, parmi les auteurs récents, H. FRANKEMOELLE, Makarismen, p. 61-63 ; E. SCHWEIZER, Matthäus und seine Gemeinde,
p. 73 n. 12. Autres indications dans S. SCHULZ, Q, p. 77
n. 128.

11) Voir surtout J. DUPONT, Béatitudes I, p. 272-296, dont l'argumentation fouillée est corroborée maintenant par H.Th.
WREGE, Bergpredigt, p. 8 n. 2. - Se prononcent dans le même
sens : K. KOCH, Formgeschichte, p. 51 ; M.E. BOISMARD,
Synopse II, p. 128 ; S. SCHULZ, Q, p. 77 ; A. POLAG,
Christologie, p. 41 n. 122. H. MERKLEIN, Gottesherrschaft,
p. 49.

12) Cf. J. DUPONT, Béatitudes I, p. 282 n. 4.

13) Lc 6,22 par. Mt 5,11 ; Mt 16,17 ; Lc 14,14 ; Jn 13,17.

14) Mt 5,3-10 ; Lc 12,43 par. Mt 24,46 ; Lc 12,37.

15) Les versions non canoniques des béatitudes (Evangile selon
Thomas, Pseudo-Clémentines) peuvent être négligées de ce
point de vue (voir G. STRECKER, Les macarismes, p.189s n.7).

16) Voir M.E. BOISMARD, Synopse II, p. 130 ; S. SCHULZ, Q, p.77 ;
J. DUPONT, Béatitudes III, p. 385-471 (surtout p. 465-469) ;
J. ZUMSTEIN, La condition du croyant, p. 284-308 (surtout
p. 291-292).
    R.A. GUELICH, Matthean Beatitudes, passim, réagit contre
la tendance à souligner unilatéralement l'accentuation éthique des béatitudes de Mt et à attribuer cet accent au rédacteur matthéen ; il estime que la tradition pré-matthéenne
en est largement responsable. Sur ce dernier point H.D.
BETZ, Makarismen, p. 3-7.17-19, se prononce dans le même sens.

17) J. DUPONT, Béatitudes I, p. 210, reste réservé parce qu'il
estime "probable que Jésus se soumettait aux conventions de
son milieu : il disait 'le Royaume des cieux' ". A la suite
de J. JEREMIAS, Verkündigung Jesu, p. 100-101, j'estime au

(p. 425-427)

contraire que Jésus n'a pas utilisé la formule rabbinique, mais qu'il a parlé du "Règne de Dieu".

18) J. DUPONT, Béatitudes I, p. 266 et n. 1.

19) Le substantif κλαυθμός est fréquent en Mt (7 fois, contre 1 fois en Lc 13,28 et 1 fois en Ac 20,37). Mais, mise à part la citation de Jr 31,15 en Mt 2,18, le vocable est limité à la formule stéréotypée des "pleurs et grincements des dents".

20) 11 fois dans l'évangile, 2 fois dans Ac, compte non tenu de Ac 8,24 D.

21) Lc 8,52 (2 fois) ; 22,62.

22) Lc 7,13.38 ; 23,28 (2 fois).

23) Voir les arguments dans J. DUPONT, Béatitudes III, p. 72-73.

24) Cf. S. SCHULZ, Q, p. 379 et n. 8 ; J. DUPONT, Béatitudes III, p. 71 ; O. LINTON, The Parable of the Children's Game, NTS 22, 1975-1976, p. 159-179 (à la p. 162).

25) J. DUPONT, Béatitudes III, p. 71-72. - R. BULTMANN, GST, p. 37, laissait ouverte la question de l'origine de Lc 19,41.

26) En Mt 26,53 le verbe est employé à l'intérieur d'un petit développement (Mt 26,52b-54) qui pourrait venir de "l'ultime Rédacteur matthéen" (M.E. BOISMARD, Synopse II, p. 395) ; en revanche il disparaît en Mt 8,2 (diff. Mc 1,40) ; 9,18 (diff. Mc 5,23 et Lc 8,41) et 15,30 (diff. Mc 7,32).
    Luc fait usage du verbe en 3,18, verset rédactionnel, mais ne le reprend pas en 5,12 (diff. Mc 1,40) ; 8,37 (diff. Mc 5,17 et Mt 8,34) et 8,38 (diff. Mc 5,18).

27) Mt 2,18 (cit.) ; 5,4 ; Lc 16,25 ; Ac 20,12 ; 28,14 (?).

(p. 427-428)

28) Voir les indications données par S. SCHULZ, Q, p. 77-78.

29) Lk, p. 331 n. 42 ; 332 n. 45.

30) H. FRANKEMOELLE, Makarismen, p. 64, adopte l'hypothèse, de même que H. MERKLEIN, Gottesherrschaft, p. 49.

31) Références bibliques et extra-bibliques dans J. DUPONT, Béatitudes II, p. 35 n. 5, et dans H.Th. WREGE, Bergpredigt, p. 16.

32) Voir P.E. JACQUEMIN, Les Béatitudes, p. 84 n. 7.

33) Ce contact, soit dit en passant, est une des raisons qui invitent à admettre, à l'encontre de la thèse de Wrege, l'existence d'une source commune.

34) Ainsi J. DUPONT, Béatitudes I, p. 267-271 ; G. STRECKER, Les macarismes, p. 195-196 n. 27 ; M.E. BOISMARD, Synopse II, p. 128. - E. SCHWEIZER, Mt, p. 47, estime lui aussi que Mt 5,4 est premier par rapport à Lc 6,24.25b. Il n'exclut pas la possibilité que Jésus ait formulé les béatitudes en s'inspirant d'Is 61,1ss et que Mt soit plus proche de la teneur primitive. Toutefois, prenant en compte une Traditionsgeschichte complexe, il penche plutôt pour le caractère primitif de la formulation de Lc 6,21b ; Mt 5,4 serait le fruit d'une adaptation secondaire de la tradition à Is 61,1ss. R.A. GUELICH, Matthean Beatitudes, p. 424 n. 52 et passim, se prononce dans le même sens.

35) Il est un fait que, dans bien des textes, κλαίω et πενθέω sont associés et presque synonymes (cf. K.H. RENGSTORF, ThWNT 3, p. 724 ; A. SCHLATTER, Lk, p. 247 ; voir surtout le bel exemple du POxy III,528, cité par MOULTON-MILLIGAN, p. 502). Mais πενθέω peut avoir aussi un sens plus large et

(p. 428-429)

36) Les vocables πενθέω et πένθος répondent habituellement à la racine hébraïque ᵓbl (cf. ThWNT 6, p. 41) et le participe de πενθέω rend plusieurs fois le participe hébreu ᵓbl (Gn 37,35 ; Ps 34(35),14 ; Is 61,2.3). Or les participes hébreux de ce type sont en fait des adjectifs verbaux (cf. P. JOUON, § 88Db, 96Bd). Notons d'ailleurs que les versions grecques traduisent parfois ᵓbl par un adjectif : LXX Jb 29, 25 utilise l'adjectif παθεινός (rare, mais attesté ailleurs ; cf. LIDDELL-SCOTT, p. 1285, et Supplement, p. 112) ; en Is 61,2 Aquila et Théodotion recourent à πενθεινός.

37) Béatitudes III, p. 65-78.

38) N. WALTER, Bearbeitung, p. 250.252 ; H.Th. WREGE, Bergpredigt, p. 10 et n. 1-2 ; G. SCHWARZ, Lukas 6,22a.23c.26, p. 270 ; J. ERNST, Lk, p. 215 ; G. SCHNEIDER, Lk, p. 151.

39) Cf. K.H. RENGSTORF, ThWNT 1, p. 656-660.

40) Qo 7,4.6 ; Si 21,20 ; 27,13.

41) Qo 2,1-11 ; 10,19.

42) Ps 26(25),10 ; 37(36),16 ; 49(48),7 ; 73(72),1-12 ; Pr 1, 11-14 ; 10,15 ; Jb 20,17-25 ; 27,16 ; 31,24 ; Si 5,1 ; 11,24. Il n'est pas sans intérêt de noter que Lc 12,16-21 met en oeuvre un thème de ce genre (cf. M.E. BOISMARD, Synopse II, p. 281).

43) Voir Qo 3,4, et le texte de Porphyre cité par J. DUPONT, Béatitudes III, p. 68 n. 4.

44) Cf. E. LEVINE, The Aramaic Version of Ruth (AnBib 58), Rome 1973, p. 79-80 et les notes.

45) Voir les contributions récentes de J. DUPONT, Béatitudes III, p. 213-384, et de H. FRANKEMOELLE, Jahwebund, p. 273-307

(p. 429-431)

46) Voir l'analyse nuancée de H.Th. WREGE, Bergpredigt, p. 18s.

47) Lc n'a jamais ce verbe, Mt l'emploie 5 fois en tout ; les emplois autres que Mt 5,6 sont tous dans la péricope, traditionnelle de fond mais fortement marquée par la rédaction matthéenne, du jugement dernier (Mt 25,31-46).

48) Le binôme est bien attesté dans le NT : Mt 5,6 ; 25,31-46 ; Jn 6,35 ; Rm 12,20 (cit.) ; 1 Co 4,11 ; Ap 7,16 (cit.) ; cf. 2 Co 11,27. Il l'est aussi dans l'AT et le judaïsme ; parmi les nombreux exemples donnés par J. DUPONT, Béatitudes III, p. 368-376, les textes du Deutéro et du Trito-Isaïe sont à relever en particulier.

49) Voir cependant J. DUPONT, Béatitudes III, p. 368-369 n. 2.

50) Lc 5,30.33 ; 7,33.34 ; 10,7 ; 12,19.29.45 ; 13,26 ; 17,8 (2 fois) ; 17,27.28 ; 22,30 ; Ac 9,9 ; 23,12.21.

51) 5,30.33 ; 10,7 (?).

52) Contre J. DUPONT, Béatitudes III, p. 368-369 n. 2, et Béatitudes I, p. 223 ; avec M.E. BOISMARD, Synopse II, p. 128 ; S. SCHULZ, Q, p. 77 ; J. ZUMSTEIN, La condition du croyant, p. 286; H. MERKLEIN, Gottesherrschaft, p. 49.

53) J. SCHMITT, La "béatitude" des "Pauvres" (Mt., V,3 et Lc., VI,20) : le dit de Jésus et ses relectures apostoliques. Communication faite au Centre d'Etudes et de Recherches Interdisciplinaires en Théologie (Faculté de Théologie Catholique de l'Université II de Strasbourg).
   Sans se prononcer sur la question de la provenance des diverses béatitudes, H.D. BETZ, Makarismen, p. 9.18, souligne lui aussi la différence entre la première béatitude et les suivantes. Selon lui le premier membre de Mt 5,3 est une sentence eschatologique anticipée alors que le deuxième membre des béatitudes suivantes n'exprime qu'une promesse eschatologique.

(p. 431)

54) Cf. E. LOHSE, Grundriss, p. 29.

55) Pour le rassasiement voir Ps 17(16),15 ; Sanhedrin 100a
    (Bill. I, p. 201) ; pour la consolation voir ci-dessus n. 44.

56) Prenant comme exemple le participe du verbe λέγω, J. HUMBERT,
    Syntaxe, p. 55, écrit : grâce à l'article "le participe
    peut désigner, soit un individu défini par l'activité du ver-
    be, soit un ensemble d'individus, également donnés par la
    réalité, qui sont définis dans les mêmes conditions : par
    exemple, ὁ λέγων peut se rapporter à l'homme qui parle de-
    vant nous, οἱ λέγοντες à ceux que nous entendons (ou pou-
    vons entendre) parler : l'article détermine un individu, ou
    une somme d'individus qui est, de ce fait, LIMITEE. Mais le
    même article peut aussi définir la catégorie OUVERTE qui
    est représentée comme celle des hommes que définit l'usage
    de la parole : ὁ λέγων (dont οἱ λέγοντες ne diffère guère)
    est alors l'homme qui est en situation de parler (consécu-
    tion) ou supposé parler (hypothèse). En face de tel ou de
    tels orateurs, on a l'Orateur (ou les Orateurs)". (Les sou-
    lignements sont de J. Humbert).

57) J'ai noté plus haut (note 36) que πενθῶν correspond à ᵓbl.
    Πεινῶ, quant à lui, répond d'ordinaire à la racine hébraïque
    r^{c}b (cf. ThWNT 6, p. 14) et le participe πεινῶν est plu-
    sieurs fois l'équivalent de l'adjectif verbal r^{c}b (voir par
    ex. LXX 1 R 2,5 ; Ps 145(146),7).

58) Béatitudes II, p. 39-49.

59) Par ex. LXX 1 R 2,5 ; Ps 145(146),7-9.

60) Par ex. Is 61,1-3 ; Si 7,34.

61) J. DUPONT, Béatitudes II, p. 47 n. 2-3.

62) L. GOPPELT, ThWNT 6, p. 14-15.

(p. 432-433)

63) Noter le parallélisme antithétique de Lc 1,53 : πεινάω - πλουτέω.

64) J. DUPONT, Béatitudes II, p. 13. Voir aussi H. SCHUERMANN, Lk, p. 411 : "macarisme à trois membres " (cf.p.326.328) ; K. KOCH, Formgeschichte, p. 52 : "ursprüngliche Einheit" ; de même G. SCHWARZ, "Ihnen gehört...", p. 341-343 ; G. SCHNEIDER, Lk, p. 151.
E. SCHWEIZER, Mt, p. 47, envisage une distinction entre la première béatitude et les deux autres, mais sans indiquer de raisons. Il ne paraît d'ailleurs pas la retenir, puisqu'il estime que les trois macarismes sont de Jésus (cf. aussi, id., Matthäus und seine Gemeinde, p. 71 n. 9). H. MERKLEIN, Gottesherrschaft, p. 51, laisse la question ouverte.

65) Par ex. E. BAMMEL, ThWNT 6, p. 905 et n. 189.

66) La phrase citée est de J. SCHMITT (cf. note 53 ci-dessus).

67) Makarismen, p. 60-61. - Pour une critique de l'argumentation de Frankemölle voir J.D.G. DUNN, Jesus and the Spirit, p. 376 n. 72.

68) Matthean Beatitudes, passim.

69) Les macarismes, p. 194 n. 20.

70) Relevons qu'elle est partagée par le vétéro-testamentaire W. ZIMMERLI, Seligpreisungen, p. 18-19, au moins en ce qui regarde la béatitude des pauvres et celle des affligés.

71) W. ZIMMERLI, op. cit., p. 17, attire l'attention sur la parenté des dits de Jésus avec le Trito-Isaïe en particulier.

72) Cf. J.D.G. DUNN, Jesus and the Spirit, p. 53-62 ; M.A.

(p. 433-435)

73) Cf. J. DUPONT, Béatitudes II, p. 96-99.

74) Pour l'association affligés-consoler voir encore Is 57,18 ; 66,10-13 ; Si 48,24.

75) W. ZIMMERLI, Seligpreisungen, p. 19, attire l'attention sur Is 49,10. Mais voir aussi Is 55,1-2 ; 61,6. On y insiste davantage sur l'apaisement de la soif.

76) On se reportera à J. DUPONT, Béatitudes II, p. 19-34, où les travaux antérieurs sont exploités et où l'on trouvera une abondante bibliographie. - L'essentiel se trouve dit aussi dans H. Th. WREGE, Bergpredigt, p. 13-15.

77) Mc 10,21 ; 14,5-7 ; Lc 19,8 ; Jc 2,2-9 ; cf. Ga 2,10 ; 2 Co 6,10 ; 8,2 ; Rm 15,26.

78) J. DUPONT, Béatitudes II, p. 27.

79) C'est le cas surtout dans les Psaumes et dans Sophonie. Le rapprochement entre "pauvre" et "pieux" est attesté aussi dans le judaïsme ancien (cf. E. PERCY, Botschaft, p. 64. 73-81), en particulier à Qumran (cf. J. MAIER, Texte II, p. 86-87).

80) J. DUPONT, Béatitudes II, p. 89 ; cf. E. SCHWEIZER, Mt, p.50.

81) Voir sur la question les développements de J. DUPONT, Béatitudes II, p. 53-90. En plus succinct : F. DUMORTIER, La fin d'une foi tranquille, Paris 1975, p. 37-65.

82) Voir J. DUPONT, Béatitudes II, p. 40-49.

83) Selon W. ZIMMERLI, Seligpreisungen, p. 18, les trois béatitudes se réfèrent à "drei Tatbestände der Niedrigkeit".

(p. 435-436)

84) Voir H.Th. WREGE, Bergpredigt, p. 12 ; H. FRANKEMOELLE,
Makarismen, p. 60 ; J. JEREMIAS, Verkündigung Jesu, p. 111-
115 ; P. HOFFMANN, Basileia-Verkündigung, p. 32.

85) Cf. J. JEREMIAS, Verkündigung Jesu, p. 115 ; H. MERKLEIN,
Gottesherrschaft, p. 53.

86) Cf. J. JEREMIAS, op. cit., p. 118 ; K. WOSCHITZ, Reflexionen, p. 74-75.

87) Le caractère paradoxal des béatitudes est vu et souligné entre
autres par J. WEISS, Predigt, p. 127-128 ; N. WALTER, Bearbei-
tung, p. 252-254 ; G. EICHHOLZ, Auslegung, p. 27 ; E.
SCHWEIZER, Mt, p. 50 ; H. MERKLEIN, Gottesherrschaft, p. 52-53.
Voir aussi, d'un point de vue plus large, les remarques de
H.D. BETZ, Makarismen, p. 14-17.

88) Pour un choix de textes vétéro-testamentaires voir
J. DUPONT, Béatitudes II, p. 73-79.

89) Cf. E. BAMMEL, ThWNT 6, p. 896-898 ; M. HENGEL, Eigentum
und Reichtum in der frühen Kirche. Aspekte einer frühchrist-
lichen Sozialgeschichte, Stuttgart 1973, p. 26-27.
Le texte d'Is 61,1-3, qui joue un grand rôle à Qumran,
n'échappe pas à cette spiritualisation ; voir J.A. SANDERS,
From Isaiah 61 to Luke 4, p. 89-92.

90) Cf. E. BAMMEL, ThWNT 6, p. 896.

91) Is 61,1ss est appliqué à ceux qui ont la vertu d'humilité
dans une tradition conservée notamment en Abodah Zarah
20b (cf. Bill. I, p. 194, et surtout F. BOEHL, Die Demut
(ענוה) als höchste der Tugenden, BZ 20,1976, p. 217-223).
Le texte vise de même l'humilité dans la Mekhilta à Ex 20,
21 (d'après J.A. SANDERS, From Isaiah 61 to Luke 4, p. 87).
En Pesiqta 148b (Bill. IV, p. 921) il est rapporté aux
justes.

(p. 436-437)

92) Aux yeux des rabbins le texte concerne les gens vertueux,
soit ceux qui exécutent avec joie les commandements (Tanchuma 154a ; cf. Bill. IV, p. 37), soit ceux qui partagent la
peine du prochain (Midrash Qoheleth 7,2 ; cf. Bill. IV,p.595).

93) Cette interprétation réaliste ou sociologique des béatitudes, au plan de Jésus, est défendue avec beaucoup de force
par J. DUPONT, Béatitudes II, p. 13-90, mais aussi par
E. PERCY, Botschaft, p. 82-87 ; N. WALTER, Bearbeitung,
p. 254 ; H.Th. WREGE, Bergpredigt, p. 12 ; J. ZUMSTEIN,
La condition du croyant, p. 289 et n. 1, p. 300-301. Elle
tend à devenir dominante dans l'exégèse actuelle.

94) Ainsi H. WINDISCH, Sprüche, p. 167 ; surtout E. LOHMEYER,
Mt, p. 83.

95) Cf. W. BAUER, col. 447 (IV) ; BDR § 162,7[9] ; N. TURNER,
Syntax, p. 231.

96) G. DALMAN, Worte, p. 104. - Notons que les versions syriaque
(peshitta) et christo-palestinienne de Mt 5,3 rendent
ἐστιν + gén. par dyl + pronom suffixe.

97) J. ZUMSTEIN, La condition du croyant, p. 296.

98) Avec E. PERCY, Botschaft, p. 106-108 ; J. SCHMID, Mt, p. 83 ;
R. SCHNACKENBURG, Gottes Herrschaft, p. 97 ; H. RIDDERBOS,
Coming, p. 26 ; G. EICHHOLZ, Auslegung, p. 28 ; surtout
H. SCHUERMANN, Lk, p. 330-331.

99) J. JEREMIAS, Verkündigung Jesu, p. 21-22.

100) J. DUPONT, Béatitudes II, p. 99 ; id., Jésus annonce, p. 169.
D'autres auteurs encore ont perçu et mis en relief cet aspect
actif de la Basileia, en particulier : J. SCHNIEWIND, Mt,
p. 41 ; G. BORNKAMM, Jesus, p. 70 ; W. GRUNDMANN, Mt, p. 119-
120 ; J. JEREMIAS, Verkündigung Jesu, p. 115.

(p. 437-438)

101) Voir les pièces du débat et les références bibliographiques dans J. DUPONT, Béatitudes II, p. 115-123.

102) On ne peut opposer, comme le fait A. PLUMMER, Luke, p. 180, la possession actuelle de la Basileia (première béatitude) et les compléments qui viendraient de l'avenir (béatitudes suivantes).

103) J. HERING, Royaume, p. 39.

104) Cf. J. DUPONT, Béatitudes II, p. 122-123 ; de même G. LOHFINK, Naherwartung, p. 44 ; P. HOFFMANN, Basileia-Verkündigung, p. 34-35 ; A. VOEGTLE, Der verkündigende und der verkündigte Jesus "Christus", p. 40.

105) J. ZUMSTEIN, La condition du croyant, p. 297.

106) W. ZIMMERLI, Seligpreisungen, p. 26, note finement que les béatitudes sont des "Worte lockender Einladung".

107) Cf. W. TRILLING, L'annonce, p. 75-76, et surtout H. SCHUERMANN, Lk, p. 332.

108) W. TRILLING, L'annonce, p. 76.

109) Cf. A. SCHLATTER, Mt, p. 134.

C H A P I T R E II

L'élection des "publicains et prostituées".
(Mt 21,31b)

Dans le groupe des logia qui portent sur la promesse de la participation à la Basileia eschatologique faite à des catégories déterminées de personnes tels les pauvres (Lc 6,20 par. ; cf. Lc 14,16-24 par.), les enfants (Mc 10,14 par.), et les païens (Lc 13,28-29 par.), l'étonnante déclaration rapportée en Mt 21,31b représente en quelque sorte un cas limite puisqu'elle établit la prééminence des pécheurs, concrètement des "publicains" et des "prostituées", sur les justes en ce qui regarde l'accès à la Basileia.

Le dit fait partie intégrante de la parabole des deux fils dissemblables (Mt 21,28-32) et ne peut, dans un premier temps du moins, être étudié indépendamment de la parabole.

I La parabole.

A) Le contexte.

1) La parabole des deux fils, propre à Mt, est un élément d'un ensemble plus vaste soigneusement composé par l'évangéliste, à savoir Mt 21,23-25,46. Cette partie de l'évangile se présente comme un grand diptyque dont chaque volet comporte cinq éléments : l'interrogatoire, l'inculpation, le verdict de condamnation, l'exécution de la peine et l'avertissement à l'adresse de la communauté[1].

Les matériaux du premier volet, dont la parabole fait partie, se répartissent ainsi :
a) Interrogatoire (21,23-27) : la question sur l'autorité et la contre-question de Jésus.
b) Inculpation (21,28-32) : les deux fils (cf. v. 32).
c) Verdict (21,33-46) : les vignerons homicides (cf. vv. 41.43).
d) Exécution de la peine (22,1-10) : les invités au festin (cf. v. 7).

2) La répétition des mêmes mots et formules vient s'ajouter au schéma général pour donner son unité à la section[2]. Ainsi :

- ʹΙωάννης : 21,25.32.
- πιστεύω + datif : 21,25.32.
- ὡς προφήτην ἔχουσιν τὸν ʹΙωάννην (21,26) - εἰς προφήτην αὐτὸν (=ʹΙησοῦν) εἶχον (21,46).
- ὁ ἀμπελών : 21,28.33.
- ἡ βασιλεία τοῦ θεοῦ : 21,31.43.
- ἀπέστειλεν τοὺς δούλους αὐτοῦ : 21,34 et 22,3.
- πάλιν ἀπέστειλεν ἄλλους δούλους : 21,36 et 22,4.
- ἀποκτείνω : 21,35 et 22,6.

3) Les matériaux ainsi agencés par le rédacteur sont de provenance diverse, en partie d'ailleurs discutée. Le développement sur l'habit nuptial (22,11-13) fut peut-être composé par Matthieu lui-même[3]. La parabole du festin (22,1-10) vient probablement de la source Q[4]. Quant à la discussion sur l'autorité (21,23-27) et à la parabole des vignerons homicides (21,33-45), Mt dépend sans aucun doute de Mc. Fidèle à sa méthode de l'amalgame, Matthieu a inséré dans une séquence marcienne la parabole des deux fils ; l'analyse devra montrer si cette dernière est empruntée à la tradition particulière de Mt ou bien si elle représente une composition du rédacteur.

4) L'insertion de la parabole des fils dissemblables dans la séquence marcienne a comme motif superficiel le fait que Mt 21, 28-32 concerne la vigne comme la parabole qui suit,celle des vignerons homicides. Mais l'ensemble ainsi obtenu (21,23-45) n'est pas un assemblage dépourvu de cohésion profonde. Dans la péricope sur l'autorité on assiste à un renversement situationnel facile à observer. D'abord sur la sellette face aux notables qui l'accusent, Jésus, par sa contre-question, provoque un renversement des rôles et accule les autorités juives à la défensive. Leur refus de répondre leur épargne l'accusation que déjà, cependant, ils se formulent en eux-mêmes : ἐρεῖ ἡμῖν, Διὰ τί οὖν οὐκ ἐπιστεύσατε αὐτῷ ; (21,25). Mais le répit ne dure qu'un moment, puisque Jésus les démasque par la parabole des deux fils. Le lien entre la controverse sur l'autorité et la parabole est marqué

clairement par le v. 32 et d'une façon moins directe par l'analogie entre les comportements des notables et du peuple à l'égard
du Baptiste d'une part et ceux des deux fils à l'égard de leur
père d'autre part[5]. L'accent repose manifestement sur l'attitude
négative des notables, et la parabole des vignerons homicides
va encore le renforcer[6].

B) Critique textuelle.

Trois textes se laissent restituer à partir des divers témoins de la tradition manuscrite ; en voici la présentation
schématique.
- Type 1 : le premier fils refuse, puis il se ravise et exécute
la volonté du père. Le deuxième accepte avec empressement mais
ne passe pas à l'action. C'est pourtant de ce deuxième fils que
les interlocuteurs affirment qu'il a fait la volonté de son
père. Tel est le texte dit occidental.
- Type 2 : l'ordonnance de la parabole est la même que dans le
schéma précédent, mais maintenant c'est le premier fils qui est
présenté comme ayant fait la volonté du père.
- Type 3 : le premier fils dit oui mais n'agit pas. Le second
commence par refuser, puis il change d'avis et accomplit la volonté du père. C'est en lui que les interlocuteurs reconnaissent
le bon fils.
Il ne serait guère utile d'énumérer ici les témoins des
diverses variantes et d'exposer en détail les arguments mis en
avant à l'appui de l'une ou de l'autre lecture[7]. En bref, il
semble actuellement acquis que le texte occidental ne témoigne
pas de la teneur primitive. Quant au choix entre les types 2
et 3, qui n'est d'ailleurs pas déterminant pour l'exégèse du
morceau, les arguments sont solides dans les deux hypothèses.
Cependant, le type 3, plus conforme à la logique du récit (l'en-
voi du deuxième fils se situe après le refus effectif du premier)
et à l'interprétation de la parabole dans une perspective d'histoire du salut (identifiés au fils qui dit oui mais n'agit pas,
les Juifs sont nommés d'abord), pourrait bien être une correc-
tion du type 2 qui, en l'occurrence, représenterait la lectio
difficilior. A la suite des PP. Benoit et Boismard dans leur
synopse et des éditeurs du Greek New Testament par exemple,

je retiens comme fondamental le texte qui présente comme le "premier" (fils) celui qui refuse en parole mais obéit en fait.

C) Le problème de l'unité de la parabole.

1) Le verset 32.

Les vv. 28-31 sont structurés par l'opposition entre deux
sujets. L'antithèse se poursuit au v. 32. En outre, des expressions caractéristiques des vv. 28-31 mais rares par ailleurs
se retrouvent précisément ici : οἱ τελῶναι καὶ αἱ πόρναι, μετα-
μέλομαι ὕστερον.

D'un autre côté, le même v. 32 reprend des vocables et des
motifs clés de la controverse sur l'autorité : la mention de
Jean, le comportement divers des Juifs à l'égard du Baptiste,
le verbe πιστεύω suivi du datif. Il est en d'autres termes le
lien entre la parabole et la péricope sur l'autorité[7bis]. Cette
fonction rédactionnelle ne plaide pas en faveur de l'appartenance
initiale du verset à la parabole des deux fils.

D'autres observations, qui portent sur le parallèle de Lc
7,29-30 et d'abord sur les dissonances   entre Mt 21,32 et 21,28-31
confirment d'ailleurs   cette conclusion :

a) Les inégalités entre Mt 21,28-31 et 21,32.

Aux vv. 28-31 l'opposition entre dire et faire (cf. v. 31a)
joue un rôle certain, en particulier au plan de la rédaction
matthéenne[8]. Cette opposition a disparu au v. 32.

En 21,28-31 le fils qui s'amende après avoir dit "non" et
change son refus en un "oui" effectif, ce fils représente certainement les pécheurs. Au v. 32 le "non" est au contraire le
fait des justes et il leur est reproché de n'avoir pas changé
d'avis. "De toute évidence, l'application proposée par le v. 32
est toute différente de ce à quoi conduit le récit"[9]. L'attitude
fustigée en 21,32 ne correspond à celle d'aucun des deux fils ;
on est sorti de la parabole, même si le vocabulaire de celle-ci
se retrouve partiellement dans le v. 32[10]. Manifestement la
parabole et l'application donnée au v. 32 n'appartiennent pas à
la même strate littéraire.

b) Le parallèle de Lc 7,29-30.

Le contexte pré-rédactionnel du fragment sous-jacent à
Mt 21,32 par. Lc 7,29-30 et sa teneur traditionnelle sont également difficiles à déterminer.

Selon certains auteurs, Lc 7,29-30 aurait été introduit dans
son contexte Q actuel par Luc même[11].

Pour d'autres la tradition conservée en Lc 7,29-30 se trou-
vait déjà rapportée à cette place dans la source Q. Le rédacteur
matthéen l'aurait déplacée pour y substituer Mt 11,12-15, ce
morceau répondant mieux au dessein de l'auteur de présenter un
témoignage direct en faveur du Baptiste[12].

Il n'est pas d'argument décisif pour ou contre l'une ou
l'autre de ces options critiques. Certes, comme nous le verrons
ultérieurement[13], l'hypothèse que Mt 11,12-15 doit sa place actuelle à la rédaction matthéenne ne manque pas de vraisemblance.
Mais cette hypothèse n'autorise pas à postuler que, dès la source Q, le fragment Lc 7,29-30 occupait sa place de maintenant et
que Luc s'est contenté de suivre la source. Tertium datur : la
place de Mt 11,12-13 et celle de Lc 7,29-30 peuvent être dues
à la rédaction dernière. Il se pourrait aussi que Lc 7,29-30
ait été mis là entre le moment de la rédaction terminale de Q
et la reprise de la source par Luc.

L'imprécision même de ces hypothèses porte à laisser la
question ouverte.

Mais qu'en est-il de la teneur traditionnelle du fragment ?
L'analyse met en lumière la part importante de la rédaction, en
Lc 7,29-30 aussi bien qu'en Mt 21,32.

En Lc 7,29-30 l'expression πᾶς ὁ λαός[14] est un lucanisme
caractérisé. Le choix de cette expression aura amené Luc à omettre αἱ πόρναι. On attribuera par conséquent à la tradition la
mention des prostituées et des publicains conservée en Mt 21,32[15].

Comme autres marques de la rédaction lucanienne le Père
Dupont[16] relève les vocables νομικοί[17], ἀθετέω, βουλή et, peut-
être, la figure étymologique "baptiser du baptême". J'y ajoute
l'expression τὸ βάπτισμα Ἰωάννου[18].

Mt 21,32 comporte de son côté divers éléments rédactionnels. J'ai indiqué précédemment ceux qui assurent le lien du
v. 32 avec le contexte, en particulier les verbes πιστεύω et με-
ταμέλομαι. Selon toute vraisemblance viennent également de la
rédaction : la particule γάρ[19], qui est fréquente en Mt et sert
souvent de raccord, l'article devant l'infinitif πιστεῦσαι[20],
enfin l'expression "la voie de la justice"[21].

Si la part de la rédaction se révèle à ce point importante dans
les deux évangiles, ne serait-ce point se perdre dans les conjectures que de tenter la restitution au mot près de la teneur
originelle qu'avait la tradition sinon la source commune (Q ?)
aux deux textes ? Du moins l'existence d'une telle tradition est-
elle des plus vraisemblables. Ses éléments essentiels, encore
discernables, auront été
- la mention de Jean-Baptiste,
- la présence de deux groupes de personnages,
- leur attitude opposée à l'égard de Jean,
- la constitution plus précise de l'un des groupes : les publicains et les prostituées,
- enfin l'idée que les pécheurs seuls ont reconnu le propos salvifique de Dieu[22].

La cause paraît dès lors entendue. Du moment que Mt 21,32 a
un parallèle en Lc 7,29-30 et qu'il n'y a pas de raison d'admettre que Luc a connu et omis la parabole des deux fils, Mt 21,
28-32 ne peut être une unité d'un seul jet ; le v. 32 est adventice[23].

La densité des éléments matthéens d'expression et de pensée et, surtout, le rôle joué par le v. 32 dans le contexte invitent à considérer ce verset comme une tradition[24] remaniée et
située à cette place par le rédacteur lui-même[25].

2) Le verset 31.

Le récit rapporté par la parabole se termine au v. 30. La
question posée par le narrateur et la réponse donnée par les auditeurs (v. 31a) s'y rattachent sans heurt. L'insistance sur
"faire" répond au contenu du récit, et la forme de l'ensemble est
classique[26]. Les paraboles des rabbins, en effet, se terminent

souvent sur une question et une réponse, et certaines paraboles
de Jésus sont construites de la même façon[27]. Pour toutes ces
raisons le v. 31a est à tenir pour une partie constitutive de
la parabole.

Il est plus difficile de se prononcer sur le caractère du
v. 31b. Dans l'étude de la question il importe de tenir compte
à la fois des critères formels et de l'analyse littéraire même.

a) La forme.

Bien des paraboles se terminent sans application interprétative[28], d'autres n'en ont reçu que dans un stade plus récent
de la tradition. Le caractère secondaire d'une application se
reconnaît à divers indices : la conclusion n'est pas en harmonie
avec la parabole ; elle réutilise un logion attesté ailleurs à
l'état isolé ; le dit interprétatif a d'habitude une portée générale ; souvent l'interprétation est introduite par οὕτως[29].
Aucun de ces indices n'est cependant présent ici. Quant à la formule (ἀμὴν) λέγω ὑμῖν[30], elle n'est pas concluante par elle-même,
puisqu'elle introduit tantôt la pointe même de la parabole[31],
tantôt une application[32] qui d'ailleurs n'est pas forcément secondaire[33].

Au point de vue de la forme le meilleur parallèle néo-testa-
mentaire de Mt 21,28-31 est la petite parabole des deux débi-
teurs conservée en Lc 7,41-43[34]. Comme l'a montré K. Berger[35],
cette forme particulière de parabole a des parallèles dans l'AT
et dans le judaïsme ancien[36]. La structure en est la suivante[37] :
1. l'exposé du cas,
2. l'avis des auditeurs de la parabole,
3. la sentence du narrateur, qui clôt le débat.

Dans pareille structure Mt 21,31b avec son introduction solennelle ἀμὴν λέγω ὑμῖν joue le même rôle que la "formule du
messager" dans le parallèle majeur de 2 S 12,7. En un sens plus
large, ἀμὴν λέγω ὑμῖν serait l'équivalent du serment qui, dans
l'AT, précède l'énoncé d'une sentence[38].

Ces observations tendent à établir l'appartenance originelle du v. 31b à la parabole. Pourtant, à y regarder de plus près,
le v. 31b ne correspond que très imparfaitement à ce que Berger

appelle non sans emphase "la forme de la décision juridique sur
la base d'un exemple"[39]. En 2 S 12,7a le débat est tranché par
la phrase laconique : "cet homme, c'est toi". Dans les parallèles
néo-testamentaires relevés par l'auteur[40] la parole de Jésus reste proche du récit parabolique : elle n'a de sens qu'en fonction
de ce dernier et constitue une manière de solution du problème
posé. Or ces traits ne se retrouvent pas en Mt 21,31b.

Au demeurant, la différence de style est nette entre Mt
21,28-31a et le v. 31b, il convient d'en tenir compte. Les traits
signalés par E. Lohmeyer[41] et H. Merkel[42] -le manque de couleurs
et la schématisation didactique- sont certes à rapprocher de la
présentation juridique et sapientielle que K. Berger[43] dit mar-
quante de la "décision juridique sur la base d'un exemple". Mais
ces caractéristiques, qui se vérifient en 21,28-31a, ne conviennent guère à la parole vigoureuse du v. 31b[44].

En somme les considérations formelles fournissent plutôt
des raisons de mettre en doute l'appartenance primitive du v. 31b
à la parabole. On aimerait être plus affirmatif. Mais la "forme
de la décision juridique sur la base d'un exemple" n'apparaît
pas assez ferme pour fonder quelque certitude en la matière.

b) L'analyse littéraire.

Diverses études récentes ont mis en relief l'importance
de la rédaction matthéenne en 21,28-32. Elle est sensible et dans
le style et dans le vocabulaire[45]. En voici les données les plus
marquantes.

Verset 28.

- Τί δὲ ὑμῖν δοκεῖ : Matthieu est le seul des synoptiques à utiliser cette formule et son équivalent de la 2e pers. du sing.[46].
Elle vient de la rédaction en 22,17 ; 22,42 ; 26,66 à en juger
par les parallèles respectifs de Mc[47], sans doute aussi en 18,12
(cf. Lc 15,4)[48]. En serait-il autrement dans les deux cas res-
tants ? Au défaut d'indices contraires, c'est peu vraisemblable.
- Ἔχω : là où il exprime l'idée d'avoir en se servant du verbe
ἔχω Matthieu suit généralement ses sources. Pourtant les emplois
rédactionnels ne manquent pas[49].

- Προσέρχομαι : le verbe est un matthéisme caractérisé[50].
- Σήμερον : l'adverbe est bien matthéen[51].

Verset 29.

- Ὁ δὲ ἀποκριθεὶς εἶπεν : la formule est fréquente dans Mt[52], le plus souvent elle vient du rédacteur[53].
- Ὕστερον : l'adverbe est typique de la rédaction[54].
- Ἀπέρχομαι : pour ce verbe le caractère rédactionnel de l'emploi est plus douteux, mais il ne peut être écarté[55].

Verset 30.

En plus des éléments (déjà signalés) communs au v. 30 et aux vv. 28-29, il faut mentionner ὡσαύτως[56].

Verset 31.

- Le génitif partitif précédé de ἐκ est bien attesté dans le premier évangile. En règle générale la tournure vient de la tradition, avant tout de Q. Signalons toutefois deux emplois rédactionnels : Mt 22,35 et 27,48 (diff. Mc 12,28 et 15,35).
- Τὸ θέλημα τοῦ πατρός : l'expression est caractéristique de Mt[57].
- Λέγουσιν, λέγει : la question des présents historiques n'est pas simple. D'après M.J. Lagrange[58], sur 93 présents historiques de Mt, il y en a 68 pour le verbe dire. Cette "prédominance du présent pour le verbe dire est bien dans sa (sc. de Matthieu) manière de poser la parole comme une chose importante et pour ainsi dire actuelle"[59]. Cependant, les nombreux emplois "sans καὶ avant et sans δέ ou οὖν etc... après"[60] ne viendraient pas du rédacteur mais seraient un reflet du substrat araméen[61]. N'oublions pas, toutefois, que le même usage est attesté en grec non sémitique[62]. En fait, plusieurs indices portent à penser que le rédacteur matthéen aime bien l'emploi asyndétique du présent historique de λέγειν[63].

Ainsi, les vocables et les tournures chers à Matthieu sont particulièrement nombreux dans la péricope. En revanche, il s'y trouve peu de traits indubitablement traditionnels[64]. Mais ce constat est trop global pour fonder à lui seul une conclusion

probable. Le fait à mon sens le plus significatif est l'inégale
répartition des deux séries d'éléments. Nombreux en 21,28-31a,
les traits rédactionnels sont pratiquement inexistants en 21,31b.
Certes, il arrive à Matthieu d'employer de lui-même la formule-
Amen suivie de ὅτι[65] et, si προάγω n'a rien de matthéen en soi,
l'auteur construit régulièrement le verbe à l'accusatif[66]. Mais
ces traits sont-ils typiques de la rédaction matthéenne ?

A l'inverse, il est en Mt 21,31b des éléments difficiles à
expliquer par le travail du rédacteur :
- Le présent προάγουσιν. Il existe une affinité thématique frap-
pante entre Mt 21,28-32 et Mt 7,21 ; les deux textes, en effet,
opposent le dire et le faire et soulignent l'importance primordiale du faire. Or c'est très vraisemblablement Matthieu lui-
même qui, en 7,21, a transformé la tradition de Q (cf. Lc 6,46)
pour en faire un logion sur l'entrée future dans la Basileia[67].
On attendrait de même le futur en Mt 21,31b si l'évangéliste en
était l'auteur[68].
- L'expression οἱ τελῶναι καὶ αἱ πόρναι. Très rare mais attestée partiellement en Lc 7,29-30[69], elle vient sans doute de la
tradition[70].
- Enfin et surtout l'expression βασιλεία τοῦ θεοῦ. En règle générale Matthieu parle du Règne des Cieux. Il lui arrive cependant
d'utiliser l'expression synoptique reçue, Règne de Dieu[71].
Certes, en Mt 21,43 la critique reconnaît une insertion sinon
même une création du rédacteur[72]. Mais il faut bien voir que
Matthieu avait là quelques raisons de recourir à βασιλεία τοῦ
θεοῦ : il voulait souligner l'aspect personnel du Règne de Dieu
sur Israël[73] et, peut-être, rappeler 21,31b à l'attention de ses
lecteurs[74]. En 12,28 et 19,24 l'expression est traditionnelle
comme l'attestent les parallèles de Lc 11,20 et de Mc 10,25. Il
n'y a pas de raisons suffisantes pour considérer qu'il en va
autrement en 21,31b[75].

Le caractère traditionnel du v. 31b et les traces de la
tradition décelables au v. 32 invitent à récuser la position de
H. Merkel et de M.D. Goulder[76], pour lesquels la péricope de
Mt 21,28-32, en son entier, est une création matthéenne. Deux
autres explications sont dès lors à envisager.

Considérant que "la tradition particulière" de Mt n'est
vraisemblablement qu'un ensemble de traditions disparates dont
certaines auront été encore orales au moment de leur réception
par l'évangéliste[77], on peut estimer que la forte coloration
matthéenne de la péricope n'est pas incompatible avec l'origine
traditionnelle de son donné foncier. Mais, dans cette hypothèse,
la différence entre le v. 31b d'une part et les vv. 28-31a de
l'autre en ce qui regarde la densité des éléments matthéens reste inexpliquée. En outre, il importe de tenir compte du schéma
matthéen à cinq parties explicité par E. Schweizer et rappelé au
début de ce chapitre, et de remarquer que, si les vv. 28-31a+32
correspondent bien à l'inculpation, le v. 31b en dépasse le cadre ; il constitue déjà un verdict de condamnation équivalant à
Mt 21,41.43.

L'explication qui paraît répondre le mieux à l'ensemble
des données est celle qui voit dans la parabole (21,28-31a) une
création de Matthieu[78], mais dans le v. 31b un logion traditionnel valorisé par l'évangéliste[79].

A l'hypothèse selon laquelle Mt 21,31b était primitivement
un logion indépendant, H. Merkel[80], qui s'appuie lui-même sur
E. Klostermann[81], oppose les pronoms ὑμῖν et ὑμᾶς du v. 31b. Certes, en l'absence d'un contexte, les destinataires visés par le
"vous" ne sont pas identifiés. Mais ce n'est pas là une raison
suffisante pour rejeter l'hypothèse[82]. Le même phénomène ne se
retrouve-t-il pas ailleurs, là précisément où l'introduction
actuelle d'un logion ou bien sa situation présente dans le contexte sont manifestement le fait de la rédaction[83] ?

Le logion emprunté par Matthieu à la tradition est trop
choquant pour cadrer avec les conceptions judaïques[84] et l'on ne
voit guère comment et pourquoi la communauté post-pascale aurait
été amenée à créer un dit où sont mentionnées les catégories
concrètes des publicains et des prostituées[85] et où fait défaut
toute référence directe à Jésus. Suivant toute vraisemblance
le logion vient de Jésus dont, positivement, il reflète l'attitude et la situation.

II Le sens du logion dans la bouche de Jésus.

A) Προάγουσιν.

1) Le verbe προάγω + acc. est employé dans des acceptions assez diverses dont voici les principales, compte tenu de la construction de Mt 21,31b :

a) Au sens spatial προάγω + acc. signifie tantôt conduire[86], tantôt marcher devant quelqu'un[87].

b) Au sens temporel le verbe signifie aller ou arriver avant, atteindre un but avant les autres, devancer -étant impliqué que les autres arriveront eux aussi, mais après[88].

Le sens spatial pourrait convenir ici[89] si l'on admettait que Jésus en l'occurrence manie l'ironie. Dans le cortège en marche vers la Basileia ceux qui se vantent d'être les guides ne sont en réalité que des attardés, des traînards. Mais pareille exégèse réduirait par trop le caractère menaçant de ce Drohwort.

Le sens temporel aussi enlèverait au logion de sa vigueur et correspondrait mal à l'extrême sévérité pour Israël qui caractérise les parallèles de la prédication de Jésus[90]. L'évangéliste, premier interprète du logion, l'a certainement compris comme une sentence d'exclusion, la logique même de la parabole en fournit la preuve[91].

Les difficultés s'estompent si l'on tient compte du substrat sémitique vraisemblable[92]. L'équivalent araméen de προάγω, le verbe qdm, possède à côté de sa signification temporelle un sens exclusif[93] qui convient tout à fait à la tonalité de Mt 21,31b. Nombre de commentateurs acceptent d'ailleurs ce sens[94]. Selon cette exégèse de προάγουσιν, l'entrée dans la Basileia est refusée aux destinataires du logion et accordée seulement aux publicains et aux prostituées.

2) Cette entrée se réalise-t-elle dès maintenant ? Le présent du verbe le suggère. On peut comprendre : en devenant disciples de Jésus les repentis entrent dès à présent dans la Basileia[95]. Cette interprétation a toutefois l'inconvénient de ne pouvoir s'appuyer sur des parallèles vestiges de l'enseignement même de Jésus. Les logia de l'entrée, en effet, envisagent en général une réalité à venir, le terme βασιλεία y désignant l'état plénier

et définitif du salut. Il en va de même des logia où la Basileia est attribuée à des groupes de personnes comme les pauvres (Lc 6,20 par.) ou les enfants (Mc 10,14 par.). Ne convient-il pas de considérer qu'en Mt 21,31b aussi le sens est futur[96] ? La grammaire ne s'y oppose pas[97], surtout si l'on se réfère au substrat sémitique : on sait que le participe araméen, foncièrement atemporel, a souvent le sens du futur[98].

Encore l'aspect temporel n'a-t-il pas l'importance que d'aucuns lui accordent dans l'exégèse du verset. La question primordiale, en effet, n'est pas de savoir quand se situe l'entrée dans le Royaume, mais qui entre et qui n'entre pas.

B) La Basileia.

Le logion oppose deux groupes de personnes. Le premier, précise le texte, est celui des publicains et des prostituées[99].

Il n'est guère besoin de s'attarder à l'appréciation négative que la société juive portait sur l'un et l'autre de ces milieux. A l'époque, en effet, "la prostitution classe celle qui s'y adonne dans une catégorie qui, selon l'orthopraxie juive, est celle des hors-la-loi"[100] , et il n'en va pas différemment du métier décrié des publicains[101]. Bref, publicains et prostituées sont "the typical representatives of the immoral and irreligious section of the community"[102].

L'autre groupe n'est pas défini avec précision, mais il ne fait pas de doute qu'il s'agit d'une catégorie opposée à la première, à savoir de justes, de purs, de gens "religieux" -au sens de l'establishment juif. Les justes seront exclus, les pécheurs, eux, entreront.

La forte accentuation polémique du logion s'explique dès lors qu'on tient compte de l'expérience de Jésus[103]. Nous savons que les notables religieux se sont opposés à Jésus avant tout en raison de son attitude à l'égard de la Loi et de la pureté qu'elle exigeait. De fait, entrer en contact avec les parias qui ignorent la Loi (cf. Jn 7,49), frayer avec les publicains et d'autres pécheurs notoires comme l'a fait Jésus, prêcher la "Bonne Nouvelle à ceux qui, d'après les normes en vigueur, étaient les moins dignes et les plus inaptes à accueillir le Règne de Dieu"[104], n'était-ce pas prendre une singulière liberté envers

la Loi ? Nous savons aussi que des pécheurs et des publicains
ont répondu par la foi et la conversion à la prévenance de Jésus
à leur égard[105]. A maintes reprises, en particulier dans les paraboles de Lc 15 et de Mt 20,1-15, Jésus a justifié son propre
comportement. Le logion de Mt 21,31b répond vraisemblablement au
même but[106]. Si le dit apparaît d'une inspiration plus polémique
que ces paraboles, ne serait-ce pas parce qu'il aura été prononc-
cé à un moment où Jésus avait définitivement renoncé à l'espoir
de gagner à sa cause les chefs religieux d'Israël[107] ?

Echo d'une situation concrète, le logion souligne aussi un
aspect central de la pensée eschatologique de Jésus : de son
idée de la Basileia et, en dernier ressort, de son idée de Dieu.
Promettre la Basileia aux pécheurs et en exclure les justes, revient à affirmer que l'ordre eschatologique comporte un renversement total des valeurs reçues[108]. Exclus, marginalisés dans un
régime religieux basé sur l'exigence de la Loi, les pécheurs deviennent des privilégiés dans un ordre essentiellement fondé sur
la grâce : la conversion leur est offerte, l'accès à Dieu leur
est ouvert, et ils en saisissent l'occasion. C'est parce que la
Basileia relève de la grâce que son entrée est refusée à ceux qui
pensent avoir des titres à faire valoir à cet effet et qu'elle
est promise en revanche à tous ceux, pécheurs y compris, qui
clament leur dépendance à l'égard du Dieu des pauvres.

DEUXIEME PARTIE
Première section
CHAPITRE II

(p. 451-454)

1) Cf. E. SCHWEIZER, Matthäus 21-25.

2) Outre E. SCHWEIZER, op. cit., voir W. TRILLING, Täufertradition, p. 284 ; M.E. BOISMARD, Synopse II, p. 342-343 ;
S. LEGASSE, Jésus et les prostituées, p. 143-144.

3) M.E. BOISMARD, Synopse II, p. 343. Pour une discussion plus
détaillée voir F. HAHN, Das Gleichnis von der Einladung
zum Festmahl, dans Verborum Veritas (FS G. Stählin),
p. 51-82 (surtout p. 74-82).

4) Cf. S. SCHULZ, Q, p. 398 et n. 174.

5) Cf. E. LOHMEYER, Mt, p. 311.

6) W. TRILLING, Täufertradition, p. 284.

7) On trouvera les éléments de la discussion dans J. SCHMID,
Das textgeschichtliche Problem der Parabel von den zwei
Söhnen, dans Vom Wort des Lebens (FS M. Meinertz), p. 68-
84, et dans B.M. METZGER, Textual Commentary, p. 55-56.

7bis) A. OGAWA, Paraboles, p. 123-124.

8) Voir H. BRAUN, Radikalismus II, p. 32 ; W. TRILLING, Israel,
p. 188-190 ; J.R. MICHAELS, The Parable of the Regretful
Son, HThR 61, 1968, p. 15-26 (à la p. 19) ; A. OGAWA, Paraboles, p. 121.

9) J. DUPONT, deux fils, p. 29. Voir surtout M. DIBELIUS,
Täufer, p. 20-21 n. 2 ; J. SCHMID, Mt, p. 303-304 ;
E. LOHMEYER, Mt, p. 309.311.

(p. 454-455)

10) E. LOHMEYER, Mt, p. 311, dit fort justement : "Die Verwand-
schaft der Worte verdeckt künstlich den Gegensatz in der
Sache".

11) R. BULTMANN, GST, p. 22 ; D. LUEHRMANN, Redaktion, p. 28 ;
F. CHRIST, Jesus Sophia, p. 77-78 ; P. HOFFMANN, Logienquelle,
p. 194-195 ; M.D. GOULDER, Midrash, p. 358-359. - Sans se
prononcer nettement, P. FIEDLER, Sünder, p. 235-236, envisage avec faveur l'hypothèse mentionnée.

12) Ainsi W. TRILLING, Täufertradition, p. 275-276. Dans le même
sens : G. STRECKER, Weg, p. 153 n. 1 ; H. SCHUERMANN, Lk,
p. 422 ; A. KRETZER, Herrschaft der Himmel, p. 155 n. 20 ;
J. DUPONT, Béatitudes III, p. 218 (avec prudence).

13) Voir p. 509-510.

14) Voir J. DUPONT, Béatitudes III, p. 216 n. 4.

15) Pour le détail de l'argumentation je renvoie à J. DUPONT,
loc. cit., à H. SCHUERMANN, Lk, p. 423 n. 107, et à
P. FIEDLER, Sünder, p. 235. Voir aussi A. OGAWA, Paraboles,
p. 122.

16) Béatitudes III, p. 216-217 et les notes.

17) De même S. SCHULZ, Q, p. 107 et n. 90. - H. SCHUERMANN, Lk,
p. 422 n. 96, en revanche, constatant que les autres emplois
(Lc 10,25 ; 11,45.46.52 ; 14,3) appartiennent à Q -est-ce
bien le cas pour Lc 10,25 et 14,3 ? - , estime qu'en 7,29
aussi Q avait déjà ce mot. Voir dans le même sens F. REHKOPF,
Sonderquelle, p. 95.
    Le caractère traditionnel de οἱ (δὲ) φαρισαῖοι καὶ οἱ
νομικοί semble confirmé par l'observation suivante : quand
la rédaction lucanienne présente ces deux groupes de personnages elle utilise tantôt l'expression οἱ γραμματεῖς καὶ οἱ
φαρισαῖοι (5,21 diff. Mc 2,6 ; 6,7 diff. Mc 3,1.6 ; 11,53 (?),
tantôt la variante οἱ φαρισαῖοι καὶ οἱ γραμματεῖς (15,2 ;
cf. 5,30 diff. Mc 2,16).

(p. 455-456)

18) L'expression se lit en Mc 11,30 par. ; Lc 7,29 ; Ac 1,22 ;
18,25 ; 19,3.

19) Voir par ex. 20,1 ; 22,14. Cf. A. KRETZER, Herrschaft der
Himmel, p. 156.

20) J. DUPONT, Béatitudes III, p. 217.

21) Traditionnelle dans le judaïsme, l'expression est vraisemblablement à inscrire au compte de Matthieu, même si on ne
la lit pas ailleurs dans son évangile. On se reportera à
l'argumentation convaincante présentée par J. DUPONT,
Béatitudes III, p. 218-222. Voir aussi P. FIEDLER, Sünder,
p. 235.

22) Partant du fait que l'accord sur δικαιοσύνη (Mt) et δικαιόω
(Lc) ne peut être l'effet du hasard et constatant la coloration matthéenne de Mt 21,32a dans l'expression (δικαιοσύνη)
et la pensée (justice comme fidélité à la volonté de Dieu),
on est amené à considérer ἐδικαίωσαν τὸν θεόν (Lc 7,29)
comme venant de la tradition. On observera d'ailleurs que
le verbe δικαιόω (Mt 11,19 ; 12,37 ; Lc 7,29.35 ; 10,29 ;
16,15 ; 18,14 ; Ac 13,38.39) est typique non pas de la rédaction lucanienne (10,29 est le seul emploi lucanien vraisemblable) mais de la tradition (Q et tradition particulière ; voir F. REHKOPF, Sonderquelle, p. 93).

23) Dans leur immense majorité les auteurs admettent le caractère adventice du v. 32. Quelques voix discordantes percent
néanmoins : M.J. LAGRANGE, Mt, p. 411, et H. MERKEL, Gleichnis, p. 259.
    L'argument invoqué de part et d'autre est la cohérence
de l'ensemble Mt 21,28-32. Lagrange précise (p. 412) que le
v. 32 "ne prétend pas être une explication de la parabole,
explication déjà donnée ; c'est le mot de la fin qui débus-
que les chefs de leur silence affecté". C'est dire implicitement que le v. 32 a pour fonction de lier les vv. 28-31

(p. 456-457)

et les vv. 23-27. La cohérence est manifeste, mais elle
vient de la rédaction.

24) H. MERKEL, Gleichnis, pour qui la parabole est entièrement
rédactionnelle, n'évoque pas une seule fois le parallèle
de Lc 7,29-30 !

25) Pour J. JEREMIAS, Gleichnisse, p. 79, suivi par N. PERRIN,
Rediscovering, p. 119, le v. 32 aura été joint à la parabole dès avant la rédaction matthéenne.

26) Cf. E. LOHMEYER, Mt, p. 308.

27) Cf. R. BULTMANN, GST, p. 197-199.

28) Cf. J. JEREMIAS, Gleichnisse, p. 104.

29) Cf. J. JEREMIAS, op. cit., p. 103-112 ; R. BULTMANN, GST,
p. 199-202.

30) Cf. R. BULTMANN, GST, p. 197 ; J. JEREMIAS, Gleichnisse,
p. 79 et n. 1.

31) Par ex. Lc 18,14a ; 14,24 ; Mt 5,26.

32) Par ex. Lc 15,7.10 ; 16,8 D.

33) Selon R. BULTMANN, GST, p. 197, et J. JEREMIAS, Gleichnisse,
p. 78-79, il n'y a pas lieu de compter avec une application
secondaire en Mt 21,31b; de même A. OGAWA, Paraboles, p. 123.

34) Voir E. HIRSCH,Frühgeschichte II, p. 317 ; U. WILCKENS,
Vergebung für die Sünderin (Lk 7,36-50), dans Orientierung
an Jesus (FS J. Schmid), p. 394-424 (à la p. 406).

35) Materialien zu Form und Ueberlieferungsgeschichte neutesta-
mentlicher Gleichnisse, NT 15, 1973, p. 1-37.

(p. 457-458)

36) Il s'agit du chant de la vigne (Is 5,1-7) mais surtout de la parabole de Nathan (2 S 12,1-7) et de ses reprises dans le judaïsme.

37) K. BERGER, Materialien, p. 22 n. 2 ; p. 24 n. 1.

38) K. BERGER, op. cit., p. 23 et n. 1.

39) "Die Form des exemplarischen Rechtsentscheides" (p. 36).

40) Les plus proches sont Lc 7,43b ; Mc 12,9 ; Mt 17,26 ; Lc 18,14.

41) Mt, p. 306.

42) Gleichnis, p. 260.

43) Materialien, p. 21.

44) Est-ce pour avoir senti cette différence que G. SELLIN, Lukas als Gleichniserzähler : die Erzählung vom barmherzigen Samariter (Lk 10,25-37), ZNW 65, 1974, p. 166-189 (à la p. 180) insiste sur la parenté de Mt 21,28-31a (c'est moi qui souligne) avec Lc 7,41-43 ? Il dit à juste titre que les deux textes sont des "esquisses" d'un récit à trois personnages.

E. SCHWEIZER, Mt, p. 268, pense que, si la parabole est authentique, elle se terminait sans doute par une phrase similaire à Lc 7,43b : "vous avez bien jugé".

45) Voir avant tout l'article cité de H. MERKEL, mais aussi A. KRETZER, Herrschaft der Himmel, p. 155-156 ; M.E. BOISMARD, Synopse II, p. 339-340 ; M.D. GOULDER, Midrash, p. 413-415.

46) Mt 17,25 ; 18,12 ; 21,28 ; 22,17 ; 22,42 ; 26,66.

47) Mc 12,14 ; 12,35 ; 14,64.

(p. 458-459)

48) S SCHULZ, Q, p. 387 et n. 65.

49) Mt 12,11 (?) ; 14,17 ; 19,16 ; 21,38 ; 22,24 ; 22,25 ; 27,16
à comparer aux parallèles respectifs de Mc.

50) Cf. M.J. LAGRANGE, Mt, p. CVII.

51) Cf. M.E. BOISMARD, Synopse II, p. 339.

52) Voir M.E. BOISMARD, Synopse II, p. 339 ; H. MERKEL, Gleichnis, p. 255.

53) Comme emplois rédactionnels probables j'ai relevé : 12,39 ;
12,48 ; 13,11 ; 15,3.13.26 ; 16,2 ; 17,11 ; 24,2 ; 26,23.66.

54) Cf. H. MERKEL, Gleichnis, p. 256 ; M.E. BOISMARD, Synopse
II, p. 339.

55) H. MERKEL, Gleichnis, p. 256, repère des emplois rédactionnels. De fait, Matthieu ajoute parfois le verbe (8,33 ;
14,16 ; 16,21 ; 26,36.44 ; 27,60) ou choisit ἀπέρχομαι à la
place d'un verbe similaire de sa source (8,18.32 ; 9,7 ;
28,8). Mais Merkel oublie de signaler que l'inverse se produit aussi fréquemment : ἀπέρχομαι de Mc disparaît en Mt,
soit par omission (8,3 ; 9,19 ; 14,10.16 ; 15,28 ; 26,17),
soit au profit d'un verbe apparenté (4,22 ; 8,34 ; 14,13 ;
15,21 ; 18,8 ; 21,6 ; 26,14)
Le P. BOISMARD (p. 339) fait une observation plus précise : comme verbe terminant une phrase, ἀπέρχομαι est typique de Mt. L'observation est exacte, mais les cas sont
trop peu nombreux pour emporter la décision. Néanmoins, la
présence de la tournure en Mt 20,5 est un indice supplémentaire en faveur de son emploi rédactionnel en 21,29 : cette
autre parabole de la vigne (20,1-16) n'est guère éloignée
de notre texte, le rédacteur pouvait l'avoir encore en tête.

(p. 459)

56) H. MERKEL, Gleichnis, p. 256 ; M.E. BOISMARD, Synopse II,
    p. 339. - Noter les trois emplois rapprochés de 20,5 ;
    21,30 et 21,36.

57) Cf. W. TRILLING, Israel, p. 187-192.

58) Mt, p. XCII.

59) M.J. LAGRANGE, ibid.

60) ibid.

61) N. TURNER, Syntax, p. 60-62, se prononce dans le même sens.
    Dans son ouvrage plus récent (Style, p. 35), le même auteur
    est plus réservé.

62) Cf. W. HENDRIKS, Zur Kollektionsgeschichte des Markusevange-
    liums, dans L'Evangile selon Marc (éd. M. Sabbe), p. 35-
    57 (à la p. 46).

63) Voir l'étude fouillée de W. SCHENK, Präsens historicum, sur-
    tout p. 468-469.
        Notons seulement ici 1. que Matthieu introduit une for-
    mule avec "dire" là où le parallèle de Mc n'en comporte pas
    (pour λέγει voir Mt 21,42 ; 22,43 ; 27,22 ; pour λέγουσιν
    21,41 ; 22,42), et 2. que les formules se lisent dans des
    textes où la rédaction de Matthieu est reconnue forte par
    la critique sur la base d'autres critères, ainsi en 19,16-
    22 ; 20,20-28 (3 fois) ; 27,15-26.
        A. FUCHS, Sprachliche Untersuchungen zu Matthäus und
    Lukas (AnBib 49), Rome 1971, p. 119-125, observe de son
    côté que la formule entière (τότε, καὶ) λέγει ὁ ᾿Ιησοῦς
    est une transition typique de Mt.

64) Cf. H. MERKEL, Gleichnis, p. 257 ; A. KRÉTZER, Herrschaft
    der Himmel, p. 156.

(p. 460)

65) Cf. H. MERKEL, Gleichnis, p. 256 et n. 29.

66) H. MERKEL (p. 257) a raison d'attirer l'attention sur Mt 14,
22 et 21,19 où Matthieu introduit l'accusatif (diff. Mc 6,
45 et 11,9).

67) Cf. les indications de S. SCHULZ, Q, p. 427 et n. 177, et
de J. DUPONT, Béatitudes III, p. 252-259. Voir aussi Mt 5,20
(οὐ μὴ εἰσέλθητε), un logion que la plupart des critiques
attribuent à la rédaction de Matthieu (cf. ci-dessous p. 555).

68) En Mt 19,17, autre logion rédactionnel sur l' "entrée" (diff.
Mc 10,18), la forme du verbe n'est pas future, mais le sens
l'est clairement en raison du contexte.

69) On ne la lit qu'ici et dans la tradition reprise en Mt 21,32.

70) H. MERKEL, Gleichnis, p. 257, suggère que la glose matthéenne de la πορνεία dans le logion du divorce (Mt 5,32 ; 19,9)
pourrait rendre compte de l'emploi du vocable πόρναι dans
notre texte. - Quant à M.D. GOULDER, Midrash, p. 414, qui
décèle chez Matthieu une tendance aux antithèses dont l'un
des exemples est la constitution d'une "paire masculin -
féminin" (cf. p. 98), il voit dans le "male-and-female pair"
des prostituées et des publicains une marque de la rédaction. L'auteur reconnaît toutefois que cette forme n'est pas
limitée à Mt.
    Ces "indices" potentiels de rédaction ne pèsent pas
lourd en regard de la rareté et de la force de l'expression
(avec P. FIEDLER, Sünder, p. 234).

71) Mt 12,28 ; 19,24 ; 21,43.

72) Voir J. ZUMSTEIN, La condition du croyant, p. 375-376 n. 3.

73) Cf. A. KRETZER, Herrschaft der Himmel, p. 165-167.

(p. 460-461)

74) Cf. E. SCHWEIZER, Matthäus 21-25, p. 365.

75) Insistent sur le caractère traditionnel de l'expression :
W. TRILLING, Israel, p. 59 ; W.GRUNDMANN, Mt, p. 458 ;
A. KRETZER, Herrschaft der Himmel, p. 156.

    M.D. GOULDER, Midrash, p. 332 n. 64 et p. 414, veut ex-
pliquer le choix de "Règne de Dieu" en 21,31.43 par le rapport allégorique établi entre le propriétaire de la vigne
et le père d'un côté, Dieu de l'autre côté. Je note seulement que, si cette explication était la bonne, on attendrait, à tout le moins dans la parabole des deux fils, l'expression βασιλεία τοῦ πατρός attestée en Mt et seulement
chez lui (13,43 ; 26,29 ; cf. 25,34).

76) Voir encore, dans le même sens, V. HASLER, Amen, p. 93-94.

77) Cf. W.G. KUEMMEL, Einleitung, p. 80-81.

78) S. LEGASSE, Jésus et les prostituées, p. 145 n. 39, se montre
bien optimiste quand il dit que l'authenticité de la parabole
"fait peu de doute".

79) A. JUELICHER, Gleichnisreden II, p. 382, estime possible que
le logion de 21,31b était primitivement indépendant de la
parabole, et E. SCHWEIZER, Mt, p. 267-268, envisage favorablement cette possibilité. Selon M.E. BOISMARD, Synopse II,
p. 339, "nous sommes...devant une composition de l'ultime
Rédacteur matthéen qui adapte au contexte un logion de Jésus".

80) H. MERKEL, Gleichnis, p. 259 et n. 47.

81) Notons cependant que E. KLOSTERMANN, Mt, p. 169, se contente
d'affirmer que le v. 31 (sans distinction entre v. 31a et v.
31b) n'est pas à séparer de la parabole ; il ne donne aucun
argument.

(p. 461-462)

82) P. FIEDLER, Sünder, p. 236-238, tout en accordant lui aussi
du crédit à l'opinion de Klostermann, n'exclut pas la possibilité de voir en Mt 21,31b "ein Einzelwort Jesu". Il préfè-
re toutefois une autre explication. Selon lui, Mt 21,31b for-
mait une unité (en Q) avec le fragment traditionnel conservé en Mt 21,32ab par. Lc 7,29-30 ; plus précisément, Mt 21,
31b, omis par Luc, suivait la constatation faite en Mt 21,
32ab.par. et en tirait la conséquence. - L'hypothèse est
ingénieuse mais reste très incertaine. Au reste, à notre
point de vue, elle ne fait que reculer le problème.

83) Voir Lc 11,20 par. ; 13,28-29 par. ; 13,2b-5 ; 16,15 ; 17,21.

84) A. JUELICHER, Gleichnisreden II, p. 382, voit dans la force
provocante de la parole un indice de son authenticité.

85) Luc (5,32) a senti le besoin d'ajouter à Mc 2,17 que Jésus
appelle les pécheurs "à la repentance". Ne serait-ce pas
pour couper court à toute interprétation allant dans le sens
du libertinisme ? (cf. H. SCHUERMANN, Lk, p. 291, avec ren-
vois à Rm 6,1 et Jude 8ss). Le danger d'une interprétation
abusive était au moins aussi grand en ce qui regarde Mt 21,
31b.

86) Par ex. 2 M 10,1 ; Ac 17,5.

87) Par ex. Jdt 10,22 (avec gén.) ; Mt 2,9 ; Mc 10,32.

88) Par ex. Mt 14,22 ; 26,32 ; 28,7.

89) Cf. E. LOHMEYER, Mt, p. 308 (sans exclure le sens temporel,
cf. n. 2).

90) Mc 2,17 par. ; Lc 10,12-15 par. ; Lc 11,31-32 par. ; 13,28-
29 par. ; 18,9-14.

91) Cf. J. SCHMID, Mt, p. 303 ; P. FIEDLER, Sünder, p. 237.

(p. 462-463)

92) Certes, l'existence d'un substrat sémitique n'est pas prouvée (voir les réserves de P. FIEDLER, Sünder, p. 237), mais
il est légitime d'en tenir compte à partir du moment où
l'historicité foncière du dit est rendue probable ou vraisemblable par d'autres indications.

93) Exemples dans M. JASTROW, p. 1316, et dans J. JEREMIAS,
Gleichnisse, p. 126 n. 2.

94) Voir J. DUPONT, deux fils, p. 25, et les auteurs indiqués
par lui à la n. 10. Ajoutons à la liste : H. WINDISCH,
Sprüche, p. 166 ; H. BRAUN, Radikalismus II, p. 35 n. 1 ;
J.M. ROBINSON, Kerygma, p. 226 n. 19 ; A. KRETZER, Herrschaft der Himmel, p. 156 ; L. GOPPELT, Theologie I, p.114
et 188.

95) Cf. G.E. LADD, Jesus, p. 194-195. Voir aussi A. JUELICHER,
Gleichnisreden II, p. 371 ; J. BONSIRVEN, Règne, p. 47 ;
P. BONNARD, Mt, p. 313 (sur la base du contexte de Mt).

96) Ainsi la plupart des auteurs, en particulier J. WEISS,
Predigt, p. 79 ; H. BRAUN, Radikalismus II, p. 35 n. 1 ;
R. WALKER, Heilsgeschichte, p. 66 ; S. SCHULZ, Stunde,
p. 192 ; L. GOPPELT, Theologie I, p. 188.

97) BDR § 323 ; N. TURNER, Syntax, p. 63.

98) W.B. STEVENSON, Grammar, p. 56.

99) A l'époque hellénistique πορνεία ne s'applique plus seulement
à la prostitution, mais πορνή continue de désigner ordinai-
rement la prostituée (cf. F. HAUCK - S. SCHULZ, ThWNT 6,
p. 579-595).

100) S. LEGASSE, Jésus et les prostituées, p. 142.

(p. 463-464)

101) Pour les publicains on trouvera les données dans O. MICHEL,
ThWNT 8, p. 101-103 ; voir aussi P. FIEDLER, Sünder,
p. 140-142.

Touchant les prostituées, un exemple particulièrement
significatif est le soin mis par Flavius-Josèphe à éviter
le mot πορνή là où il devrait normalement l'employer dans
l'évocation de l'histoire d'Israël (cf. K.H. RENGSTORF,
ThWNT 6, p. 588-589, et S. LEGASSE, Jésus et les prostituées,
p. 139-140).

102) T.W. MANSON, Sayings, p. 223. Citons aussi P. GAECHTER, Mt,
p. 678-679 : "Beide Menschengruppen, die Jesus nur beispiels-
weise für viele ähnliche anführte, gehörten auf die rab-
binischen Sündertafeln". - Voir encore J. DUPONT, Béatitudes III, p. 429.

103) A. JUELICHER, Gleichnisreden II, p. 371, et surtout E.
LOHMEYER, Mt, p. 309-310, soulignent fortement ce point à
propos de la parabole. Je pense que l'observation vaut
pareillement pour le logion isolé.

104) S. LEGASSE, Jésus et les prostituées, p. 151.

105) Lc 7,36-50 ; 19,1-10.

106) J. JEREMIAS, Gleichnisse, p. 79 ; R. BULTMANN, Jesus,
p. 138-140.

107) E. NEUHAEUSLER, Anspruch, p. 104. On peut toutefois comprendre le Drohwort comme ultime appel à la conversion (ainsi P. FIEDLER, Sünder, p. 238, qui se prononce pour le
sens temporel de προάγω).

108) Cf. E. LOHMEYER, Mt, p. 308.

C H A P I T R E   III

Le Règne et les enfants.
(Mc 10,13-16 par.)

L'accueil réservé par Jésus aux enfants et, accompagnant le
geste, sa déclaration sur leur prérogative religieuse et eschatologique (Mc 10,13-16 par.) sont plus que des traits humains
touchants, voire idylliques. Le geste et le dit offrent en fait
une signification théologique fondamentale qu'il importe de préciser.

Le récit appartient à la triple tradition. La version lucanienne (Lc 18,15-17) reprend manifestement celle de Mc et n'y
apporte que de menues retouches, la plus nette étant l'omission
de Mc 10,16, conclusion du récit marcien.
Mt (19,13-15) apparaît plus original. Ne comportant pas le
logion sur l'entrée dans la Basileia (Mc 10,15 par. Lc 18,17),
caractérisé en outre par des expressions et des tournures propres[1],
le récit du premier évangile est considéré par d'aucuns comme
l'écho d'une tradition particulière, différente de celle de Mc[2].
Mais la rédaction matthéenne rend largement compte des particularités : τότε et ἐκεῖθεν font partie des matthéismes reconnus[3],
la réduction des éléments narratifs et le procédé de l'inclusion
sont des faits courants dans la rédaction du premier évangile[4].
Quant au logion sur l'entrée dans la Basileia (Mc 10,15), il aura été omis par Matthieu en raison de son utilisation antérieure
en Mt 18,3[5]. Dès lors l'influence sur le récit de Mt d'une tradition parallèle à Mc est peu vraisemblable, même si elle ne peut
être entièrement exclue. Aussi notre étude sera-t-elle limitée
au texte de Mc, plus exactement à la tradition à laquelle le récit marcien permet de remonter.

I La tradition pré-marcienne.

A n'en pas douter, le récit conservé en Mc 10,13-16 existait à l'état isolé, il n'a été intégré dans la trame évangélique
que dans un second temps[6], et ce vraisemblablement par Marc même[7].

Par son genre littéraire il fait partie des paradigmes[8] ou, selon
la terminologie de Bultmann, des apophtegmes biographiques.

L'appartenance à un genre littéraire typé ne signifie pas
cependant que le récit soit d'une seule venue. Examiné à ce point
de vue il pose problème à cause du v. 15 et, d'une façon moins
sensible, à cause de certains traits mineurs que nous aurons à
considérer.

A) Le verset 15.

Les tensions et inégalités sont réelles entre Mc 10,15 et
le contexte immédiat ; relevons : a) la présence au v. 15 d'une
nouvelle formule d'introduction (ἀμὴν λέγω ὑμῖν), b) le passage
du pluriel παιδία (10,13-14) au singulier παιδίον (10,15) et
c) le retour au pluriel (αὐτά) en 10,16.

Ces hiatus de surface trahissent un glissement de la pensée. Alors qu'aux vv. 13-14+16 des enfants réels sont les prota-
gonistes du récit, au v. 15 l'enfant n'est plus qu'un point de
référence : les gens que le logion a réellement en vue sont des
adultes. De plus, en ce qui regarde la Basileia les mouvements
sont inversés : au v. 14 elle vient chez les hommes en quelque
sorte ; au v. 15b, en revanche, c'est le mouvement de l'individu
vers la Basileia qui est au premier plan[9]. Enfin, le ton même du
discours change du tout au tout : à la promesse sans réticences
du v. 14 fait suite, au v. 15, un avertissement sévère[10].

La conclusion s'impose : le v. 15 ne peut être qu'un élément rapporté[11]. Quoi qu'il en soit de la provenance précise[12]
du logion, son insertion dans le contexte est probablement le
fait de Marc lui-même. Elle répond bien, en effet, au souci -sen-
sible dans la rédaction du contexte large- d'illustrer le thème
de la "suite" de Jésus[13].

B) Autres éléments secondaires ?

1) Dans le texte de Mc 10,13-16 le lien entre les deux paroles
de Jésus (v. 14 et v. 15) est fourni par le pronom τοιούτων du
v. 14 : la Basileia est promise à ceux qui sont tels que les enfants. Ainsi τοιούτων implique la clause de comparaison ὡς (παιδίον) du v. 15 et "constitue la préparation naturelle de

l'élargissement des perspectives dont témoigne le v. 15"[14]. N'y
a-t-il pas lieu, dès lors, d'attribuer τοιούτων à la rédaction
marcienne, qui aurait remplacé par τοιούτων un αὐτῶν ou un τούτων
primitif[15] ? L'hypothèse pourrait être retenue sans plus s'il
était avéré que le pronom τοιοῦτος représente effectivement une
caractéristique marcienne. Or ce n'est guère le cas[16]. Il n'est
pas sûr, par conséquent, qu'il faille écarter l'appartenance de
τοιούτων au logion traditionnel.

De ce démonstratif on peut proposer deux interprétations,
à peine distinctes dans le fond. La première laisse au pronom
sa nuance qualitative et comparative habituelle ; elle y voit
la désignation des enfants et de leurs pareils[17]. Dans cette hypothèse il importe de ne pas se laisser abuser par le v. 15, secondaire, ce qui porterait à donner un sens symbolique à l'enfant. Au plan immédiat et concret, le texte vise les enfants et
d'autres catégories de personnes qui leur sont objectivement semblables, sous un rapport à préciser ultérieurement. Dans l'ensemble générique ainsi envisagé, les enfants ne représentent que
la pars pro toto.

La seconde interprétation à envisager ici s'appuie sur l'évolution du sens de τοιοῦτος . A l'époque hellénistique ce pronom
conserve certes ses nuances qualitative et comparative dans la
plupart de ses emplois. Cependant il est attesté aussi comme équivalent du démonstratif simple οὗτος[18]. Dans notre texte la cohérence entre la monition de Jésus (v. 14b) et sa motivation (v. 14c)
suffit à fonder ce sens purement démonstratif de τοιοῦτος.

2) Au point de vue littéraire les mots μὴ κωλύετε αὐτά (v. 14)
apparaissent comme une légère redondance puisqu'ils ne font que
reprendre, sur le mode négatif, le contenu du premier impératif
(ἄφετε κτλ). L'expression μὴ κωλύετε ne se lit qu'une autre fois
dans Mc : dans le récit qui rapporte les réactions des disciples
à l'adresse de l'exorciste étranger à leur groupe (Mc 9,38-40).
L'analogie entre les épisodes de l'exorciste et des enfants est
patente, et la formule μὴ κωλύετε se trouve manifestement mieux en place
dans le premier que dans le second. Ce fait littéraire -et non
pas l'influence très conjecturale de la pratique baptismale[19]-
autorise l'hypothèse que, malgré l'asyndète ἄφετε - κωλύετε[20],
la clause μὴ κωλύετε αὐτά est secondaire. Un indice supplémentaire pourrait bien être fourni à l'appui de l'hypothèse par le fait

que Mc 10,14 relève du phénomène plus général de la dualité ou redondance caractéristique de l'évangile de Mc. Encore le débat sur ce point n'est-il pas clos[21].

3) Restent à examiner les éléments narratifs qui encadrent le dit. Marc y est-il intervenu ?

a) A en croire le P. Boismard[22], la tradition en son état le plus ancien -nous l'atteindrions par les citations qu'en font Clément d'Alexandrie et Epiphane- mentionnait dès le début du récit l'imposition des mains et la bénédiction. C'est "Mc-intermédiaire" qui aurait remplacé le verbe ἐπιτίθημι, qu'on lisait au v. 13, par ἄπτω et déplacé la mention des deux gestes sacrés pour en faire la conclusion du récit au v. 16.

L'hypothèse paraît fragile : elle ne postule pas seulement la priorité de ἐπιτίθημι sur ἄπτω ; elle ne pose même pas le problème du motif pour lequel le rédacteur aurait procédé au changement de vocables, en contrevenant de surcroît à ses habitudes littéraires[23]. En revanche, si l'on admet que ἄπτω de Mc 10,13 est primitif, le passage du texte de Mc à celui de Mt 19,13, dont paraissent dépendre Clément et Epiphane[24], autrement dit le passage de ἄπτω à ἐπιτίθημι s'explique par adaptation au langage communautaire et plus spécialement baptismal[25] de l'imposition des mains.

b) La finale du récit (v. 16) ne trahissant pas d'intérêt communautaire immédiat, seules des considérations littéraires pourraient conduire à y reconnaître une addition. G. Klein[26] note que les apophtegmes se terminent le plus souvent sur la parole de Jésus et que, de ce point de vue, le v. 16 est suspect. Mais l'argument décisif, selon lui, est le verbe ἐναγκαλίζομαι, attesté seulement deux fois dans le NT, à savoir en Mc 9,36 et 10,16 : comme le verbe vient du rédacteur en 9,36, il doit en aller de même, pense-t-il, en 10,16[27], ce qui l'incline à conclure que tout le v. 16 est un ajout de Marc.

Le raisonnement est par trop rapide. L'auteur ne tient pas compte de la différence et à vrai dire de la distance qui sépare Mc 10,13-16, pièce au type littéraire bien marqué, et 9,33-41, assemblage hétéroclite de scènes et de logia divers. Selon toute vraisemblance, Marc s'est inspiré de l'apophtegme traditionnel (10,13-16) pour rédiger la petite scène de l'enfant en 9,36[28].

Ainsi, mis à part le v. 15 certainement inséré et sans doute la clause μὴ κωλύετε αὐτά, la teneur de l'apophtegme dans la tradition ne devait guère différer de ce que nous lisons dans Mc 10,13+14+16.

II Sitz im Leben et provenance du récit.

Prenant appui sur le genre littéraire, sur les idées prétendues évoluées de Mc 10,13-14+16, voire sur la situation communautaire dont témoignerait le morceau, quelques critiques tiennent l'épisode des enfants pour une création post-pascale.

1) Selon R. Bultmann[29], le genre même de l'apophtegme biographique est un indice négatif de l'historicité. Presque tous les morceaux qui en relèvent seraient à considérer comme présentant des "scènes idéales" et à attribuer par conséquent à la communauté post-pascale[30]. Dans l'analyse même de Mc 10,13-16 l'auteur s'exprime toutefois avec une certaine prudence[31], -qu'il oublie par la suite[32].

M. Dibelius a fort justement réagi contre ce "préjugé indémontrable"[33]. Les apophtegmes biographiques comportent des détails qui ne sont guère compatibles avec des "scènes idéales". Dans notre péricope en particulier il y a lieu de noter la colère de Jésus à l'égard des disciples ainsi que son comportement décrit au v. 16[34].

2) Les conceptions évoluées, reflets de la situation post-pascale, porteraient à la fois sur les disciples et sur Jésus.

Les disciples, tout d'abord, tiennent une position moyenne, médiatrice même, entre Jésus et l'auditoire évangélique. Or pareille présentation trahirait la Communauté visant à mettre en valeur ses ministres[35].

Ce point de vue est difficilement recevable. On ne voit guère, en effet, comment la Communauté pourrait mettre l'accent sur le rôle ministériel des disciples et souligner dans le même temps la mauvaise humeur de Jésus à leur encontre[36]. De plus G. Klein méconnaît un fait fondamental dûment établi par les recherches récentes sur les ministères communautaires : pour

valoriser leurs ministères les églises n'en précisent nulle part
le lieu intermédiaire entre le Christ et les fidèles ; elles les
situent dès le départ en référence à Jésus, le modèle du comportement ministériel.

En ce qui regarde la présentation de Jésus, deux traits
de nature diverse en marqueraient, selon G. Klein, la provenance
récente. Le premier concerne la formulation même de la partie positive du logion : "Laissez venir à moi les enfants" ; l'expression "venir à moi" trahirait par elle-même la foi pascale au Seigneur glorifié[37]. Le deuxième indice sur lequel l'auteur pense
pouvoir s'appuyer est l'accentuation parénétique de la péricope :
dans un dit à postuler derrière Mc 9,37+41 le Jésus de l'histoire
avait demandé aux siens d'accueillir les enfants ; la Communauté
crée la "scène idéale" de Mc 10,13-16 pour montrer que la pratique
de Jésus était conforme à ses exigences, en d'autres termes pour
présenter Jésus comme le modèle à imiter par les chrétiens[38].

La seconde de ces observations, dont G. Klein reconnaît
d'ailleurs lui-même le caractère hypothétique, pourrait à la rigueur rendre compte des éléments narratifs de la péricope, mais
non point du logion même de Mc 10,14. Pour ce qui est de l'invitation "laissez venir à moi les enfants", son implication christologique ne peut guère être contestée. Mais la discrétion même de cette
christologie[39] et surtout sa référence, certaine quoique non précisée, au Règne de Dieu, nous orientent vers le Jésus de l'histoire plutôt que vers la communauté post-pascale.

3) On doit se demander si Mc 10,13-14+16 est à mettre en rapport
avec des problèmes précis que posait à la Communauté la présence
des enfants dans ses rangs.

Certains critiques ont pensé au baptême des enfants[40]. Mais,
si l'on ne peut exclure l'hypothèse qu'à un moment donné de son
histoire la péricope a pu être utilisée à des fins de discipline
baptismale, ce ne pouvait être que sous la forme d'une réutilisa-
tion. Le contexte baptismal ne fut certainement pas le premier
Sitz im Leben communautaire de la péricope[41], et il serait haute-
ment abusif de voir en Mc 10,13-14+16 une légende étiologique
créée pour justifier l'usage établi de baptiser des enfants[42].

La péricope avait-elle du moins pour propos de recommander
aux églises une attitude positive à l'égard des enfants[43] ?

C'est possible, mais nous manquons de toute indication   ponctuelle qui nous autoriserait à affirmer que la Communauté avait effectivement besoin d'une telle recommandation. Nous pouvons à
peine le conjecturer[44].

Nous savons, par contre, que dans les communautés post-pasca-
les l'enfant n'a pas tardé à être considéré comme un type et, dans
ce sens, un symbole du croyant.

Le fait est patent dans la rédaction matthéenne : la composition de Mt 18,1-14 passe sans heurt des "enfants" aux "petits",
les uns et les autres représentant la même catégorie de disciples[45].

La relecture opérée dans Mc 10,13-16 moyennant l'adjonc-
tion du v. 15 à l'apophtegme traditionnel en fournit de son côté
un bon exemple au niveau antérieur de la rédaction marcienne :
du fait de cet ajout, les enfants sont maintenant "the models
of new membership"[46].

Il est possible de remonter plus haut. Le logion parallèle
de Mc 9,37 sur l'accueil de l'enfant "au nom de" Jésus semble
bien témoigner de la même tendance à la typisation de l'enfant
dès le stade pré-rédactionnel. De contenu et de forme (protase
introduite par ὅς ἄν) il est certainement apparenté aux dits de
Mc 9,41 sur le "verre d'eau" donné au disciple et de Mc 9,42
touchant le scandale des "petits". Serait-il téméraire de voir
dans cette large parenté l'indice que les trois logia étaient
groupés bien avant la composition du deuxième évangile[47] et même qu'ils faisaient partie d'une "early sayings collection" qui
perce encore à travers tout l'évangile de Mc[48] ? Dès la tradition
pré-marcienne on aura ainsi placé les enfants (9,37), les disciples (9,41) et les petits (9,42) sur la même ligne. La Communauté
s'est reconnue dans les enfants accueillis par Jésus. Du coup
elle pouvait tenir l'apophtegme pour un encouragement que lui
adressait son Maître[49]. Le macarisme des pauvres (Lc 6,20 par.)
et le logion du "petit troupeau" (Lc 12,32) représentent à
ce point de vue des parallèles adéquats de ces fragments anciens. Au reste, la "Heilspredigt"[50]   -R. Bultmann l'a noté-
est le Sitz im Leben qui répond le mieux aux apophtegmes biographiques en général[51].

Que conclure de ces faits quant à l'origine même de la péricope ? Toute indication sur un quelconque motif communautaire à valoriser la problématique du récit avant même la tendance à la présentation typique de l'enfant fait défaut. De ce fait l'exégète en est réduit inévitablement aux conjectures. D'après l'explication la moins aléatoire un logion mettant en scène des enfants, et ce sans en marquer déjà la valeur symbolique, a dû être transmis à la Communauté. Une triple considération fonde la vraisemblance de cette conclusion : 1. Il est difficile d'admettre que la Communauté ait elle-même créé un tel dit ; 2. il est impossible -nous le verrons- d'expliquer Mc 10,14 à partir du judaïsme ; 3. des parallèles pré-synoptiques excellents appuient l'authenticité foncière du logion[52].

Ajoutons que la conclusion est à étendre à l'épisode lui-même. La connexion entre le logion (10,14) et la scène (10,13. 14a.16) apparaît singulièrement étroite. Au regard de la Formgeschichte le fait pourrait signifier que la scène a été formée secondairement à partir de la parole par un rédacteur particulièrement habile. En l'occurrence, toutefois, on ne voit guère comment le dit aurait pu exister isolément : même si les mots μὴ κωλύετε αὐτά sont adventices, la première partie du logion suppose à n'en pas douter une scène concrète. Sur la base de l'authenticité du dit, on est fondé à admettre l'historicité substantielle de la scène sans pour autant nier la stylisation secondaire du paradigme[53]. Ainsi comportement et proclamation se répondent et s'éclairent mutuellement.

III La portée du geste et de la parole de Jésus.

L'accueil réservé par Jésus aux enfants mériterait à peine de retenir notre attention s'il s'agissait d'un comportement courant dans le milieu juif de l'époque. Rien ne suggère qu'il en fut effectivement ainsi[54]. Il n'y a, à ma connaissance, qu'un seul parallèle proche à citer, et il se lit dans un texte tardif, au traité Soph^erim 18,5[55].

De même, le geste n'aurait qu'une portée limitée s'il n'était que l'expression de la psychologie humaine de Jésus, de sa tendresse pour les enfants. Influencé par sa propre sensibilité

à l'égard des petits, le lecteur moderne peut effectivement être
tenté de s'en tenir là. Mais, à négliger la distance qui sépare
à ce point de vue la civilisation moderne et les vues beaucoup
moins idéalisées de l'homme antique, et juif en particulier, on
risque de passer à côté de l'essentiel. Pour la période hellénistique, certes, les textes et les représentations artistiques ne
font pas défaut qui attestent une réelle ouverture à l'individua-
lité de l'enfant[56]. Mais peut-on aller jusqu'à établir une relation positive entre l'attitude de Jésus et la redécouverte de
l'enfant dans la société gréco-romaine ? Ce n'est guère vraisemblable[57]. La parabole des enfants sur la place (Lc 7,31-32 par.)
montre d'ailleurs assez que "Jésus... écarte de l'enfant toute
valorisation non seulement religieuse mais même humaine, en en
faisant le type de la faiblesse dans l'ordre de l'intelligence
et de la réflexion"[58]. Pour Jésus, comme pour ses contemporains
palestiniens, l'enfant est l'exemple même de la légèreté, voire
de la frivolité qui se traduit par son incapacité à se décider
et à s'engager dans une voie librement choisie. Bref, le recours
à la psychologie de Jésus, surtout à une psychologie abusivement
modernisée, ne suffit d'aucune manière pour expliquer l'épisode
de Mc 10,13-16. La connexion entre le geste et la parole, le
fait, plus précisément, que l'accueil est motivé par la promesse
de la Basileia aux enfants (γάρ : v. 14c) invite l'exégète à
dépasser le plan psychologique et à proposer une interprétation
qui tienne compte du contexte socio-religieux. Pour ce faire il
est indispensable de présenter au préalable un aperçu sur l'image
de l'enfant qui avait cours dans le judaïsme contemporain des
origines chrétiennes.

A) L'enfant dans le judaïsme ancien.

Rappelons à grands traits les vues dominantes dans les milieux juifs, surtout palestiniens, sur la condition spirituelle
des enfants et sur leur place dans la vie religieuse de la société juive.

1) Le judaïsme palestinien.

Dans la littérature rabbinique il est quelques textes où
l'enfant en tant que tel est présenté comme le bénéficiaire de
la sollicitude divine[59] et même comme le privilégié de Dieu[60].

Pourtant, la portée de ces témoignages ne doit pas être
surévaluée[61]. Les textes, au fait, sont limités ; de plus leur
interprétation reste incertaine. L'enfant est-il réellement un
privilégié de Dieu en raison de son innocence religieuse ? La
phrase célèbre, aux attestations multiples[62], qui assimile le
prosélyte "à un enfant nouveau-né" pourrait porter à le penser.
Mais la signification en est-elle religieuse ou simplement juridique[63] ? En tout état de cause, l'innocence religieuse éventuel-
lement attribuée au nouveau-né n'est pas étendue aux enfants mineurs dans leur ensemble, ainsi que le montre la discussion sur
leur participation au monde à venir.

a) Les enfants et le "monde à venir".

Le débat des rabbins sur la participation des enfants, Israélites ou païens, au ^cwlm hb³ fait état d'avis variés.

Suivant une opinion présentée comme commune par une baraïta
de Sanhedrin 110b[64], seuls les enfants des païens impies n'auront pas de part au monde à venir. Toutefois, d'après une baraïta
du Midrash Ruth 1,17 et plusieurs passages du Talmud palestinien[65],
l'entrée dans le monde à venir est refusée aux enfants des païens
indistinctement, comme l'indique l'absence de toute précision.

Là où la discussion porte sur les enfants des Israélites
(sans autre précision), elle traite seulement de l'âge à partir
duquel ils seront ressuscités[66]. Là, au contraire, où l'on dis-
cute du sort eschatologique des enfants des Israélites impies,
la divergence de vues est foncière chez les rabbins. L'optimisme
dont R. Joshua (v. 90) témoigne à ce sujet[67] ne deviendra dominant que chez les rabbins postérieurs[68]. Vers la fin du premier
siècle chrétien il ne s'est pas encore imposé. Opposant déclaré
de R. Joshua, R. Gamaliel II (v. 90) professe que les enfants
des Juifs impies seront exclus du monde à venir[69] et les mêmes
vues pessimistes sont attribuées par d'autres traditions à R.
Eliezer (v. 90),alors que R. Joshua trouve un allié en Aqiba[70]

Les motivations respectives des opinions exposées sont difficiles à dégager, car l'argumentation apparente n'est que scripturaire. Cependant, la tendance profonde semble être de faire
dépendre le sort des enfants du comportement moral et religieux
des parents. Seules les vues optimistes de R. Joshua, reprises
un demi-siècle après par R. Aqiba, rompent le schématisme de pareille logique doctrinale en prêtant une attention particulière
aux enfants mêmes.

b) L'enfant dans la vie religieuse du peuple.

Dans la vie religieuse de la société juive l'enfant fait
l'objet d'une réelle sollicitude.

On doit lui assurer tout d'abord une initiation précoce à
la Loi. Dans ce contexte les témoignages abondent qui semblent
trahir une haute estime de l'enfance[71]. A y regarder de près,
on s'aperçoit toutefois que l'estime va en fait à la connaissance
de la Loi, à la Loi elle-même, et non à l'enfant[72]. La sentence
de R. Jonathan (v. 220)[73] est significative à cet égard : ensei-
gner la Torah à un fils du "peuple de la terre" est un acte particulièrement apprécié par le Très-Haut. La preuve ? "Si du vil
tu extrais le précieux, tu seras comme ma propre bouche" (Jr 15,19).

Le judaïsme se préoccupe aussi de la participation de
l'enfant -plus exactement du garçon- aux manifestations du culte[74].
Le garçon doit devenir le plus tôt possible un membre à part entière de la communauté et assumer les responsabilités qui incom-
bent à l'Israélite adulte[75]. Toute sa formation religieuse n'a
d'autre but que de le sortir rapidement de la condition inférieure
de l'enfance. Mutatis mutandis on pourrait reprendre ici le jugement que H.I. Marrou énonçait pour l'éducation classique : "En
premier lieu, écrit-il, cette éducation est tout entière ordonnée
comme à sa fin vers la formation de l'homme adulte et non vers
le développement de l'enfant"[76]. L'enfant juif ne prend valeur
au point de vue religieux qu'à mesure qu'il acquiert ses diverses
majorités, jusqu'à la majorité religieuse totale de ses treize
ans[77]. C'est d'une manière graduelle seulement qu'il est admis
aux pratiques rituelles fondamentales de la vie juive.

Avant sa maturité il est associé aux autres catégories
socio-religieuses de rang inférieur. La formule "femmes, esclaves

(païens) et enfants (mineurs)"[78] en fournit la meilleure illustra-
tion[79]. Selon une prescription de la Mishna[80] "femmes, enfants,
esclaves n'entrent pas dans le nombre des personnes pour lesquelles on bénit"[81]. Dans un autre texte mishnique[82] la triade est
opposée à un groupe comprenant les Lévites, les Israélites, les
prosélytes et les esclaves affranchis. A l'occasion l'enfant est
même rangé parmi les gens tarés, affectés d'impuretés diverses.
Ainsi, d'après Ḥagiga I,1, "tous sont obligés à paraître devant
Dieu, sauf le sourd, l'idiot et l'enfant, l'homme aux organes
bouchés, l'androgyne, les femmes, les esclaves non affranchis,
les boiteux, les aveugles, les vieillards et ceux qui ne peuvent
marcher"[83]. Pas plus que le sourd et le fou, l'enfant ne peut va-
lidement prélever les Terumot[84].

Des appréciations du même genre se lisent d'ailleurs en
dehors de tout contexte juridique ou religieux. Citons la sentence célèbre attribuée à R. Dosa ben Archinos[85] : "Dormir le
matin, boire du vin à midi, bavarder avec des enfants, siéger
dans les synagogues des ᶜammey haᵓareṣ font sortir les hommes du
monde"[86]. Les enfants sont mis là sur le même pied que le "peuple
de la terre"[87] Le constat a la valeur d'une dépréciation de principe : on sait combien les "purs" en Israël méprisaient la "racaille qui ignore la Loi" (Jn 7,49)[88].

Il est vrai que les textes signalés datent pour l'essentiel
de l'ère tannaîte. Pour la période antérieure les témoignages
sont plus rares ; ils suffisent cependant à montrer que le rabbinisme n'innovera guère quand il mettra en lumière les traits
avant tout négatifs de l'enfant, son immaturité religieuse en particulier. Sans doute en est-il qui soulignent à l'occasion l'innocence de l'enfant[89], mais les accents négatifs paraissent domi-
nants.

Reprenant la parénèse domestique de l'antique sagesse, le
Siracide prône une pédagogie qui vise avant tout à faire courber
l'échine[90].

A Qumran, où des gens mariés et des enfants vivaient dans
l'entourage sinon dans les rangs mêmes de la communauté[91], l'enfant mineur est assimilé, comme plus tard chez les rabbins, aux
femmes et à d'autres catégories inférieures de gens plus ou
moins impurs[92]. Les prescriptions réglementaires sur la formation

progressive de l'enfant (1 QSa I,6-9) dénotent moins un intérêt pour l'enfant même que le souci d'en faire "un membre adulte de l'alliance"[93].

Les synoptiques infirmeraient-ils ce tableau ? Des fragments traditionnels qui s'y rapportent au sujet, Lc 7,31-32 par. souligne la frivolité des enfants, Lc 1,17 en dénonce implicitement la dépravation morale[94]. Les deux textes parallèles de Mc 9, 36-37 par. et 10,13-16 par. précisent, au contraire, que les enfants sont, à l'instar des pauvres de la béatitude, les clients du Règne ; en regard des autres textes néo-testamentaires et d'abord des témoignages juifs, ils constituent à n'en pas douter des exceptions remarquables.

2) Le judaïsme hellénistique.

Témoin de la revalorisation dont l'enfant est l'objet dans le monde hellénistique[95], le judaïsme de la Dispersion s'exprime sur le sujet avec des accents plus positifs que le judaïsme palestinien. On y est sensible, par exemple, aux malheurs des enfants, victimes innocentes de massacres[96] ou de l'adultère des parents[97]. Encore ces témoignages se lisent-ils en des contextes qui montrent bien que l'innocence dont il est question ne se confond pas avec une qualité morale ou religieuse particulière.

Dans l'ensemble, d'ailleurs, le judaïsme hellénistique reste nettement en deçà de ce que disent certains textes hellénistiques, surtout populaires, sur la candeur et l'innocence des petits[98]. Pour les Juifs de la Diaspora grecque, comme pour ceux de la mère-patrie, l'enfant est avant tout le type de l'insensé, l'exemple même de l'immaturité.

Dans son récit de l'épisode de Marah (Ex 15,23)[99], Flavius-Josèphe explique que l'amertume des eaux jette Moïse dans un embarras d'autant plus grand qu'il a devant lui "la foule des enfants et des femmes, qui n'étaient pas de force à recevoir les enseignements de la raison" (Trad. J. Weill).

Comme le livre de la Sagesse[100], Philon d'Alexandrie parle volontiers du παῖς ἄφρων[101] et mesure toute la distance qui sépare l'ἀνήρ τέλειος du νήπιον παιδίον[102]. Il faut se garder d'imiter ce dernier : "... ne va pas, comme un enfant insensé, ébloui par le clinquant des hasards heureux, te rassasier d'illusions et d'opinions erronées"[103].

Saint Paul ne pense guère autrement : pour lui aussi l'enfant se définit en première ligne par ses carences, son immaturité[104].

B) Les enfants et le Règne.

Comparés aux vues reçues dans le judaïsme hellénistique et palestinien sur la condition socio-religieuse de l'enfant, le geste et la parole de Jésus que rapporte Mc 10,13-14.16 apparaissent dans leur pleine et provocante originalité. Son attitude est d'autant plus surprenante que, rappelons-le, en ce qui concerne la psychologie, l'image que Jésus se faisait de l'enfant n'a pas dû être bien différente de celle de ses contemporains palestiniens, et que, par ailleurs, il semble avoir pris quelque distance par rapport aux réalités de l'institution et de la vie domestiques.

La déclaration de Jésus en Mc 10,14 et les assertions des rabbins dans le débat sur la participation des enfants au monde à venir sont sans aucun doute apparentées par le thème[105], car Basileia et "monde à venir" se répondent au moins pour une part. Mais, à la différence des rabbins, Jésus ne demande pas quels enfants participeront à la Basileia, ni si les enfants aussi auront part au salut plénier : il promet la Basileia aux enfants comme tels, précisément à eux et parce qu'ils sont enfants[106]. Mais à quel titre les enfants ont-ils une telle prérogative ?

1) Les interprétations habituellement proposées, quoique diverses en elles-mêmes, ont ceci de commun qu'elles cherchent du côté de l'enfant la réponse à la question posée.

L'enfant, dit-on, représente l'avenir de la société ; il est par ailleurs l'objet privilégié de la sentimentalité hellénistique. Mais aucun de ces motifs, que, du reste, on n'a invoqués que très occasionnellement, n'a probablement joué dans la pensée de Jésus[107].

L'exégèse de naguère mettait volontiers l'accent sur les qualités morales de l'enfant, sur son humilité et son innocence en particulier[108]. Pareille explication opère avec des vues anachroniques, -on l'a trop dit pour qu'il soit indiqué d'y insister à nouveau[109].

Suivant une autre interprétation, plus constructive, Jésus aura vu dans l'enfant celui qui incarne une attitude spirituelle, la seule qui soit bonne devant Dieu. L'enfant, en effet, attend tout de l'autre, il accueille avec empressement les cadeaux qui lui sont faits : il représente la "pure réceptivité"[110]. Commandée par la clause ὡς παιδίον de Mc 10,15[111], verset qui, nous l'avons vu, ne faisait pas partie de l'apophtegme en son état le plus ancien, cette exégèse, laquelle introduit dans le débat l'idée de disposition spirituelle intime, reste aussi trop imprécise et à vrai dire trop abstraite pour correspondre pleinement aux données des autres logia sur les élus du Règne.

Au fait, le vrai motif de l'élection des enfants est leur pauvreté objective[112], cause de leur réceptivité. Pour Jésus "l'enfant est un être faible, sans prétention, dont l'humilité est plus sociale que subjective"[113]. Rejeté par l'establishment parmi les marginaux de la société religieuse, l'enfant est à la limite plus qu'un mineur : un paria, un méprisé[114].

2) Aussi bien l'explication dernière de l'attitude de Jésus est-elle à chercher moins en partant des enfants, de leur âge[115] de leurs qualités ou dispositions spirituelles, que du côté de Jésus lui-même, dans son amour pour les déclassés du peuple. Dans la pensée de Jésus l'enfant appartient à une "chaîne dont les autres maillons s'appellent : les petits, les moindres d'entre les frères, les accablés, les pauvres, les persécutés, ceux qui souffrent, les publicains et les pécheurs"[116]. Selon la comparaison suggestive de A. Oepke, comme l'eau ne peut que descendre la pente et se diriger vers les plaines et les vallées, ainsi l'amour de Jésus le porte spontanément vers ceux qui sont refoulés au bas, dans le fond même de la société[117].

Jésus justifie l' "extraordinaire retournement des valeurs"[118], qu'il annonce et inaugure déjà, en se référant au Dieu dont il est le représentant. Son comportement, en d'autres termes, n'est que l'expression de son message, en premier lieu de son témoignage rendu à Dieu, ainsi que l'indique la clause γάρ de Mc 10,14. Jésus accueille les enfants parce que Dieu leur destine la Basileia. C'est dans l'amour gratuit du Père que se trouve l'explication ultime de la prérogative eschatologique donnée aux enfants comme aux autres marginaux de l'institution judaïque[119].

Une double conclusion se dégage ainsi du récit de Mc 10, 13-14.16 :

1. Contrairement aux convictions du judaïsme contemporain, en particulier du rabbinisme naissant, la Basileia n'est pas liée à l'activité religieuse des hommes. Pur effet de la grâce divine, elle est donnée à ceux qui n'ont pas de titre à faire valoir pour y prendre part. En raison de la dimension polémique qui lui est inhérente, le logion doit être compris à la lumière de l'anti-conformisme socio-religieux de Jésus [120]. La venue du Règne sera marquée par le renversement des valeurs constitutives du judaïsme. Le Règne même implique fondamentalement la négation de l'ordre socio-religieux établi.

2. Comme dans la béatitude des pauvres (Lc 6,20 par.), son parallèle le plus proche, le Règne est une réalité future. Mais , tout en restant objet de promesse et d'attente, le salut de l'eschaton s'annonce déjà et même trouve sa réalisation inchoative dans le geste d'accueil de Jésus.

DEUXIEME PARTIE
Première section
CHAPITRE III

(p. 477)

1) Notons τότε, προσφέρω au passif, προσεύχομαι, l'inclusion
formée par ἐπιτίθημι τὰς χεῖρας.

2) Ainsi E. LOHMEYER, Mt, p. 284. - W. GRUNDMANN, Mt, p. 430,
tout en admettant que Mt dépend de Mc, compte avec l'influence d'une tradition parallèle.

3) On ne saurait en dire autant du passif de προσφέρω : il
n'est attesté que trois fois (Mt 12,22 ; 18,24 ; 19,13),
dont deux fois en concurrence avec une autre leçon moins
bien attestée (προσήνεγκαν en 12,22 ; προσήχθη en 18,24),
alors que le pluriel actif indéfini se lit quatre fois dans
l'évangile (4,24 ; 8,16 ; 9,2.32). Il reste que la construction passive est sans doute rédactionnelle en 12,22 (diff.
Lc 11,14) : cf. S. SCHULZ, Q, p. 204 et n. 203.
G. KLEIN, Jesus und die Kinder, p. 64, explique le passif
(et l'omission de Mc 10,15) par le souci qu'avait Matthieu
de concentrer toute la lumière sur les enfants, les disciples
et Jésus, en laissant dans l'ombre les adultes qui sont
censés amener les enfants. Mais quelle est, à cet égard, la
différence entre le sujet implicite de l'indéfini προσέφερον
(Mc 10,13) et le complément d'agent non exprimé du passif
προσηνέχθησαν (Mt 19,13) ?

4) Pour un examen plus détaillé voir S. LEGASSE, Jésus et l'enfant, p. 41-43.

5) Avec E. KLOSTERMANN, Mt, p. 157 ; E. PERCY, Botschaft, p. 36-
37 n. 5 ; J. SCHMID, Mk, p. 189 ; E. HAENCHEN, Weg, p. 348 ;
J. DUPONT, Béatitudes II, p. 154 ; K.G. REPLOH, Lehrer,
p. 189 ; E. SCHWEIZER, Mt, p. 251.

(p. 477-478)

6) K.G. REPLOH, Lehrer, p. 186.

7) R. PESCH, Mk II, p. 128-131.

8) M. DIBELIUS, FG, p. 40, le range parmi les huit paradigmes de type à peu près pur.

9) G. KLEIN, Jesus und die Kinder, p. 68.

10) H. FLENDER, Botschaft, p. 45.

11) Telle est l'opinion nettement dominante. A la longue liste des auteurs dressée par J. DUPONT, Béatitudes II, p. 155 n.1, qui est lui-même de cet avis, ajoutons pour la période plus récente : S. LEGASSE, Jésus et l'enfant, p. 38 ; K.G. REPLOH, Lehrer, p. 187-188 ; G. KLEIN, Jesus und die Kinder, p. 67-68 ; H. FLENDER, Botschaft, p. 45 ; M.E. BOISMARD, Synopse II, p. 310 ; C. PERROT, lecture, p. 88.99 ; J.I.H. McDONALD, Receiving, p. 328 ; J. DELORME, mariage, p. 48 ; R. PESCH, Mk II, p. 133. J. GNILKA, Mk II, p. 80.

12) Mc 10,15 donne lieu aux observations suivantes :
    1. Le verbe δέχομαι est un terme technique du vocabulaire missionnaire de la communauté post-pascale : Lc 8,13 ; Ac 8,14 ; 11,1 ; 17,11 ; 1 Th 1,6 ; 2,13 ; 2 Co 11,4 ; Jc 1,21 ; cf. Mc 4,20 (παραδέχομαι) ; Ac 2,41 (ἀποδέχομαι). Son emploi en Mc 10,15 paraît plus proche de ces textes que de la tournure rabbinique "accueillir (qbl) le Règne des Cieux" (ou "le joug du Règne des Cieux").
    2. Divers textes attestent qu'à un stade relativement récent de l'évolution qu'elle aura subie dans les communautés post-pascales la notion de Basileia "s'identifiait avec le message chrétien" (S. LEGASSE, Jésus et l'enfant, p. 188) : voir 1 Co 4,20 (à rapprocher de 1 Co 2,4) ; Col 4,11 (cf. R. SCHNACKENBURG, Gottes Herrschaft, p. 202 ; E. LOHSE, Kolosser, p. 242 ; E. GRAESSER, Gottesherrschaft, p. 20 n.46) Mt 4,23 ; 9,35 ; 24,17 ; 13,19 ; Lc 4,43 ; 8,1 ; 16,16 ;

(p. 478)

Ac 8,12. Le logion de Mc 10,15 se comprendrait assez bien dans cette ligne.

3. Comme logion de l'entrée dans la Basileia, Mc 10,15 comporte implicitement le thème du jugement (cf. J. JEREMIAS, Verkündigung Jesu, p. 153). Or la référence au jugement est un topos de la prédication missionnaire aux païens (1 Th 1, 9-10 ; Ac 17,31 ; He 6,2).

4. Par sa forme Mc 10,15 appartient au groupe des logia appelés par E. Käsemann "Sätze heiligen Rechts". Pour une partie au moins de ces phrases à protase conditionnelle ("celui qui, si quelqu'un"), le Sitz im Leben vraisemblable est la catéchèse fondamentale dans le contexte de la mission aux païens. Mc 10,15 ne serait-il pas à mettre en rapport avec la conversion initiale ? Voir sur ce point K. BERGER, Die sog. "Sätze heiligen Rechts" im N.T. Ihre Funktion und ihr Sitz im Leben, ThZ 28, 1972, p. 305-330 (surtout p.316s).

Quelques parallèles de forme et de contenu, au Sitz im Leben missionnaire, renforcent la portée de cette indication : Ac 15,1b ; Rm 10,9.11 ; 2 Th 2,12 (cf. 2,10) ; Mc 16,16 ; Jn 3,18.

5. Dans la tradition la plus ancienne la Basileia n'est jamais présentée comme le don salvifique échu à un individu (cf. E. LOHMEYER, Mk, p. 204 ; R. SCHNACKENBURG, Gottes Herrschaft, p. 97).

Au vu de ces indices convergents, l'hypothèse de l'authenticité de Mc 10,15, une hypothèse défendue entre autres par R. BULTMANN, GST, p. 110, J. DUPONT, Béatitudes II, p. 175s, J.I.H. McDONALD, Receiving, p. 332, et R. PESCH, Mk II, p. 133, apparaît moins vraisemblable que celle de la provenance communautaire du logion. Outre K. BERGER et S. LEGASSE déjà mentionnés, se prononcent pour cette dernière : R.H. FULLER, Mission, p. 30 ; W.G. KUEMMEL, Promise, p. 126 n. 77 ; R. SCHNACKENBURG, Gottes Herrschaft, p. 97 ; H. FLENDER, Botschaft, p. 44-45 ; K.G. REPLOH, Lehrer, p. 188 ; G. KLEIN, Jesus und die Kinder, p. 68 ; J. JEREMIAS, Verkündigung Jesu, p. 153-154 n. 13 ; J. DELORME, mariage, p. 48-49.

(p. 478-479)

13) E. SCHWEIZER, Mk, p. 117 ; J. DUPONT, Béatitudes II, p.152 ;
C. PERROT, lecture, p. 99 ; R. PESCH, Mk II, p. 131.134.
   K. WEISS, Ekklesiologie, p. 423-424, est d'un avis différent. Certes, il reconnaît en 10,15 un "Interpretament",
mais il l'estime antérieur à Marc. Pour l'évangéliste, pense
t-il, qui veut donner un enseignement sur l'admission des
enfants dans la communauté chrétienne, le sens symbolique
attribué à l'enfant au v. 15 était plutôt gênant (cf. p. 426).
Mais une telle exégèse est arbitraire, en particulier parce
qu'elle ne fait guère cas du pronom τοιούτων au v. 14 (cf.
J. DELORME, mariage, p. 49). Au reste, K. WEISS lui-même
admet (p. 420) qu'en Mc 9,36-42 la rédaction marcienne iden-
tifie enfants et croyants.

14) J. DUPONT, Béatitudes II, p. 156. Cf. S. LEGASSE, Jésus et l'enfant, p. 38 ; J. DELORME, mariage, p. 46.

15) J. DUPONT, Béatitudes II, p. 157-158 ; J. GNILKA, Mk II, p. 80.
Pour R. PESCH, Mk II, p. 132, c'est là "eine plausible Annahme".

16) A la suite de Hawkins, J. DUPONT, loc. cit., voit dans τοιοῦτος un terme caractéristique de Mc. Mais, des passages invoqués à l'appui par Dupont, seul 13,19 est clairement rédactionnel (cf. R. PESCH, Naherwartungen, p. 151). Mc 4,33
ne vient probablement pas de la rédaction marcienne mais
constitue la conclusion de l'ensemble pré-marcien sur les
paraboles (avec H.W. KUHN, Sammlungen, p. 132-135 ; G.
MINETTE DE TILLESSE, secret, p. 184 ; R. PESCH, Mk I, p. 264s).

17) J. DELORME, mariage, p. 51 n. 12, propose comme paraphrase :
"aux enfants et à leurs pareils".

18) Voir BDR § 304,2 ; N. TURNER, Syntax, p. 46 ; E. PERCY, Botschaft, p. 31 ; S. LEGASSE, Jésus et l'enfant, p.39 n. 1-2.
   Dans la LXX τοιοῦτος répond normalement aux pronoms com-
posés avec la particule k^e, mais traduit à l'occasion un démonstratif simple (sans nuance comparative) : Nb 15,13 ; Jl 1,2..

(p. 479-480)

19) N'ayant pas à entrer ici dans la discussion sur le baptême
des enfants, je me contente de signaler le problème. O.
CULLMANN, Spuren, pense avoir trouvé des traces d'une ancienne formule baptismale où κωλύειν avait sa place fixe.
Indépendamment du fait que l'existence même d'une telle
formule reste hypothétique, il est à noter que les passages
du NT (cf. aussi Evangile des Ebionites, d'après Epiphane,
Haer. 30,13,8 (HENNECKE-SCHNEEMELCHER I, p. 103)) qui utilisent le verbe κωλύειν dans le contexte baptismal (Ac 8,36 ;
10,47 ; 11,17 ; cf. διακωλύειν en Mt 3,14) sont tous nettement plus récents que notre texte.

20) L'asyndète passe à juste titre pour une caractéristique de
l'araméen, mais elle est naturelle aussi en grec dans les
phrases à l'impératif ou dans des exposés visant à marquer
la vivacité des sentiments (cf. M. BLACK, Aramaic Approach,
p. 56-58 ; J. HUMBERT, Syntaxe, p. 87).

21) Voir F. NEIRYNCK, Duality, et R. PESCH, Mk I, p. 24.
Neirynck est revenu sur la question dans sa recension du
premier volume du commentaire de Pesch sur Mc, dans EThL
53, 1977, p. 153-181 (aux p. 177-179).

22) M.E. BOISMARD, Synopse II, p. 309-310.

23) Le verbe ἅπτω se lit 11 fois en Mc mais, à l'exception de
10,13, il est toujours employé en rapport avec la maladie.

24) Voir les textes dans BENOIT-BOISMARD, Synopse I, p. 209.

25) Cf. E. LOHSE, ThWNT 9, p. 421 et n. 48.

26) Jesus und die Kinder, p. 66-67.

27) Voir dans le même sens M.E. BOISMARD, Synopse II, p. 310.

(p. 480-482)

28) Avec R. BULTMANN, GST, p. 70 ; R. SCHNACKENBURG, Markus 9,
33-50, p. 145 ; H.W. KUHN, Sammlungen, p. 33-34.

    R. PESCH, Mk II, p. 105.131-133, est favorable à l'hypo-
thèse que, dans la tradition pré-marcienne, Mc 9,36-37 faisait suite à l'apophtegme Mc 10,13-14.16, la nouvelle introduction (Mc 9,36 à lire après 10,16) ne comprenant peut-être
pas encore les mots ἐναγκαλισάμενος αὐτό. Dans cette hypothèse le caractère rédactionnel de ἐναγκαλίζομαι est obvie
pour 9,36, mais tout à fait invraisemblable pour Mc 10,16.

29) GST, p. 60.

30) GST, p. 58-64.

31) "Ist schon das ursprüngliche Stück V. 13.14.16 wohl eine
ideale Szene, ... so ist durch die Einfügung von v. 15 der
ideale Charakter der Szene jedenfalls völlig deutlich ge-
macht" (GST, p. 32 ; c'est moi qui souligne).

32) GST p. 59-60. - V. HASLER, Amen, p. 38, emboîte le pas.

33) FG, p. 160.

34) FG, p. 158 ; cf. S. LEGASSE, Jésus et l'enfant, p. 326-327.
C. PERROT, lecture, p. 117, parle d' "éléments inassimila-
bles".

35) G. KLEIN, Jesus und die Kinder, p. 73-74.

36) L'observation est faite par C. PERROT, lecture, p. 96.

37) G. KLEIN, Jesus und die Kinder, p. 69. Il s'appuie sur Mt
11,28, dont il affirme, comme déjà E. LOHMEYER, Mk, p. 205,
que c'est le seul autre texte syn. où l'expression "venir
à moi" est mise dans la bouche de Jésus. Cette affirmation
est manifestement erronée (cf. Lc 6,47 ; 14,26).

(p. 482)

38) G. KLEIN, op. cit.,p. 69-70.

39) A ce point de vue Lc 6,47 et 14,26 sont plus explicites :
l'expression "venir à moi", que Luc a introduite dans les
deux textes venant de Q (cf. S. SCHULZ, Q, p. 312), y fut
appelée par le thème de la "suite de Jésus" (cf. H. SCHUERMANN,
Lk, p. 382 n. 18). Dans l'apophtegme amplifié (cf. v. 15)
et dans le contexte élargi de Mc, le thème de la "suite"
est certes présent, mais l'était-il déjà dans le fragment
primitif de 10,13-14.16 ?
    Le "parallèle" de Mt 11,28 est original à la fois par
son vocabulaire (δεῦτε) et par sa coloration nettement sapientielle (cf. F. CHRIST, Jesus Sophia, p. 102-103). Au
reste, l'origine post-pascale de Mt 11,28-30 n'est pas établie.

40) Indications bibliographiques dans J. DUPONT, Béatitudes II,
p. 158-159 n. 5 ; S. LEGASSE, Jésus et l'enfant, p. 210-214.

41) Notons que les arguments avancés par J. JEREMIAS, Kindertaufe, p. 63-68, portent sur Mc 10,15, que nous avons reconnu comme adventice (arguments 1 et 4), sur κωλύειν (argument 2) et sur la précision lucanienne τὰ βρέφη (argument 3),
autrement dit sur des éléments qui ne font pas partie de la
teneur caractéristique de la tradition à son stade initial.
J. Jeremias en tient d'ailleurs rigoureusement compte dans
ses conclusions : on n'aura commencé à baptiser les enfants
de parents chrétiens qu'entre 60 et 70.

42) A ma connaissance personne n'est d'ailleurs allé aussi loin.
Pourtant, O. CULLMANN, Spuren, p. 530, fait bien d'écarter
un malentendu possible : "Ich behaupte nicht, dass... die
Urkirche die Begebenheit von Mk 10,13-16 erfunden habe, um
die Kindertaufe zu rechtfertigen" (c'est Cullmann qui souligne).

(p. 482-484)

43) C'est ce que suggère R. SCHNACKENBURG dans une note addition-
nelle à son étude sur Mc 9,33-50 (cf. Schriften, p. 153).

44) Se basant sur l'attitude violente de Jésus à l'égard des disciples, C. PERROT, lecture, p. 95-96, met notre morceau en
rapport avec le problème posé à la Communauté par l'admission des nouveaux membres. A l'encontre de groupes rigoris-
tes, les milieux qui transmettent le logion se prononcent
pour l'ouverture à la masse, au "peuple de la terre", aux
pêcheurs.

45) Cf. W. PESCH, Seelsorger, p. 21 ; S. LEGASSE, Jésus et l'enfant, p. 338.

46) W. KELBER, Kingdom, p. 91.

47) Voir surtout H.W. KUHN, Sammlungen, p. 33-35 ; R. SCHNACKENBURG,
Schriften, p. 153.

48) Voir E. BEST, An Early Sayings Collection, NT 18, 1976,
p. 1-16 (surtout p. 12-14).

49) K. WEISS, Ekklesiologie, p. 427, propose une explication
analogue pour le sens du morceau au niveau pré-marcien : la
Communauté exprime sa conscience d'être élue, elle se reconnaît dans ces enfants auxquels est promis le Règne.

50) Cf. R. BULTMANN, GST, p. 113-117.

51) GST, p. 64 : les apophtegmes "dienen der lebendigen Verge-
genwärtigung des Meisters, sie dienen zu Trost und Mahnung
der hoffenden Gemeinde".

52) Lc 6,20 par. (les πτωχοί) ; Lc 10,21 par. (les νήπιοι). Voir
encore Mc 2,14 par. ; Lc 19,1-10.

(p. 484-486)

3) Nombreux sont de fait les tenants de l'historicité foncière
de l'épisode. Je renvoie en particulier à E. PERCY, Botschaft, p. 34 ; C. PERROT, lecture, p. 99-100.115-119 ;
R. PESCH, Mk II, p. 133, J. GNILKA, Mk II, p. 82.

4) Dans les textes cités par Bill. I, p. 807-808, il est question d'imposition des mains, mais guère d'enfants.

5) Bill. II, p. 138. D'après H.L. STRACK, Einleitung, p. 72-73,
ce traité date de l'époque des Geonim.

6) Cf. A. OEPKE, ThWNT 5, p. 639-640.

7) Cf. A. OEPKE, ThWNT 5, p. 647-648.

8) S. LEGASSE, Jésus et l'enfant, p. 317.

9) Ainsi R. Joshua (v. 90) estime que les enfants mineurs des
Israélites impies auront part au monde à venir ; il fonde
son opinion sur Ps 116,6 : "Dieu protège les simples" (T Sanhedrin 13,1, dans Bill. IV, p. 1195).

0) En plus de la sentence de R. Juda ben Simon (v. 320), citée
par S. LEGASSE, Jésus et l'enfant, p. 283, et par J.I.H
McDONALD, Receiving, p. 329, on pourra voir la belle parabole attribuée à R. Meir (v. 150) et conservée dans le Midrash
Cantique 1,4 (Bill. I, p. 854-855) : les enfants sont des
garants plus sûrs auprès de Dieu que les patriarches eux-mêmes
et que les prophètes.

51) Il paraît exagéré de parler sans plus de "the deep respect
for children in the rabbinic tradition" (J.I.H. McDONALD,
Receiving, p. 329).

52) Cf. Bill. II, p. 423.

(p. 486-487)

63) K.G. KUHN, ThWNT 6, p. 739, estime que le sens premier est juridique. J. JEREMIAS, Kindertaufe, p. 39-43, pense au contraire que le sens religieux est fondamental ; la sentence exprime les idées d'un nouveau départ, d'une renaissance et d'une recréation, à l'occasion la rémission des péchés y est associée.

64) Elle est attestée aussi en T Sanhedrin 13,2 ; Midrash Qoheleth 9,4 (textes cités dans Bill. IV, p. 1184).

65) Bill. IV, p. 1184-1185.

66) Bill. IV, p. 1195.

67) Cf. note 59.

68) Bill. IV, p. 1196.

69) T. Sanhedrin 13,1.

70) Bill. IV, p. 1195.

71) Bill. I, p. 780-781.

72) Voir A. OEPKE, Jesus und das Kind, col. 35 ; S. LEGASSE, Jésus et l'enfant, p. 282.

73) Baba Mezia 85a (Bill. I, p. 780).

74) Cf. A. OEPKE, ThWNT 5, p. 646.

75) Voir les exemples donnés dans Bill. II, p. 144-147.

76) H.I. MARROU, Histoire de l'éducation dans l'Antiquité (L'Univers Historique), Paris [6]1965, p. 325.

(p. 487-488)

77) A propos de Flavius-Josèphe, A. OEPKE, Jesus und das Kind,
col. 35-36, écrit : "Dass schon ein Kind wirklich fromm sein
kann -freilich kindlich- ist weder dem Juden noch dem Stoi-
ker Josephus geläufig". Ce jugement ne vaut pas que pour
Josèphe.

78) Voir J. JEREMIAS, Jerusalem zur Zeit Jesu. Eine kulturgeschicht-
liche Untersuchung zur neutestamentlichen Zeitgeschichte,
Göttingen [3]1962, p. 412.

79) On peut sans aucun doute appliquer aux enfants ce que P.
Billerbeck (III, p. 559) dit de la femme à ce propos : "In
einigen Stellen wird die Frau hinsichtlich der Erfüllung
gewisser Gebote auf eine Linie mit den Sklaven und Kindern
gestellt. Das beweist mehr als alles andre die inferiore
Stellung, die die Frau im Vergleich mit dem Manne zum Gesetz
einnahm".

80) Berakoth VII,2 (J. BONSIRVEN, Textes rabbiniques, n° 450).

81) Le contexte du passage rapporte la halaka selon laquelle
trois personnes ayant mangé ensemble doivent prononcer ensemble la bénédiction, et énumère ensuite les cas où cette
halaka ne s'applique pas. Voir encore Berakoth III,3 (Bill.
II, p. 145-146) ; Sukka II,8 (Bill. II, p. 145) et, dans
un contexte non plus religieux mais juridique, Baba Mezia
I,5 (Bill. IV, p. 173).

82) Sheqalim I,3.6 (Bill. I, p. 762.765).

83) Trad. J. BONSIRVEN, Textes rabbiniques, n° 1093.

84) Terumoth I,1 (J. BONSIRVEN, Textes rabbiniques, n° 553). Sur
les terumoth voir Nb 18,8-9 ; Dt 18,4.

85) H.L. STRACK, Einleitung, p. 123, situe l'activité de ce rab-
bin entre 90 et 130. Il semble bien qu'on puisse remonter

(p. 488-489)

vers la première de ces dates (cf. Bill. V-VI, p. 148), si
ce n'est plus haut encore (cf. Ch. ALBECK, Einführung in
die Mischna(SJ VI), Berlin-New York 1971, p. 398).

86) Aboth III,10 (J. BONSIRVEN, Textes rabbiniques, n° 23).

87) Cf. encore Bill. II, p. 514.

88) Nombreux textes cités dans Bill. II, p. 494-519. A relever
pour leur ancienneté les sentences de Hillel (Aboth II,6)
et de R. Eliezer (Sota IX,15).

89) K. BERGER, Amen-Worte, p. 43-44, attire l'attention sur
Jub 23,9ss.

90) Si 7,23-24 ; 30,1-13. Voir R. VOELTZEL, L'enfant et son éduca-
cation dans la Bible (Le Point Théologique), Paris 1973,
p. 33-36.

91) Cf. H. BRAUN, Qumran und das Neue Testament, II, Tübingen
1966, p. 336 ; F.M. CROSS, Die antike Bibliothek von Qumran
und die moderne biblische Wissenschaft, Neukirchen-Vluyn
1967, p. 101-102.

92) Voir 1 QM VII,3-6 et 4 QDb, cités dans J. DUPONT, Béatitudes
II, p. 148.

93) S. LEGASSE, Jésus et l'enfant, p. 285.

94) Ainsi A. SCHLATTER, Lk, p. 153. - A l'inverse, H. SAHLIN,
Der Messias und das Gottesvolk, Uppsala 1945, p. 82-83, et
W. GRUNDMANN, Lk, p. 52, voient dans les τέκνα des modèles
d'innocence et de sainteté. En tout état de cause Lc 1,17,
où il est question du couple parents-enfants, ne touche
qu'indirectement le débat.

95) Voir les ex. cités par A. OEPKE, Jesus und das Kind, col.57s.

(p. 489-491)

96) 2 M 8,4 ; Philon, In Flaccum 68.

97) Philon, De Decalogo 130.

98) Exemples dans S. LEGASSE, Jésus et l'enfant, p. 278-280.

99) AJ III,5 (cité par A. SCHLATTER, Mt, p. 575).

100) Sg 12,24 ; voir 15,14.

101) De Sobrietate 15,23 ; De Somniis II,116 ; De Sacrificiis
     Abelis et Caini 51 ; cf. Quis Rerum Divinarum Heres sit
     73 : ὡς ἄφρων καὶ νήπιος παῖς.

102) De Sobrietate 9.

103) De Sobrietate 15 (trad. J. GOREZ).

104) Cf. A. OEPKE, Jesus und das Kind, col. 36 ; J. DUPONT,
     Béatitudes II, p. 149-151.

105) R. BULTMANN, GST, p. 32 et n. 1.

106) E. PERCY, Botschaft, p. 31-33.

107) Voir A. OEPKE, Jesus und das Kind, col. 55-59.

108) Voir les exemples donnés par J. DUPONT, Béatitudes II,
     p. 159, et par S. LEGASSE, Jésus et l'enfant, p. 269-276.

109) Voir S. LEGASSE, Jésus et l'enfant, p. 276-287.

110) E. PERCY, Botschaft, p. 33.

111) Ainsi, en tout cas, chez E. PERCY, Botschaft, p. 31.33 ; V.
     TAYLOR, Mk, p. 422-424 ; M. DIBELIUS, Jesus, p. 99 ;
     J. SCHMID, Mk, p. 189.

(p. 491)

112) J. SCHNIEWIND, Mk, p. 137 : "Dabei ist weder an die Unschuld
noch an die Demut (im Sinn einer ethischen 'Tugeng') noch
an die Fröhlichkeit der Kinder gedacht, sondern an ihre
Hilflosigkeit, ihre 'objektive' Demut, ihr tatsächliches
Gering- und Kleinsein". - A. OEPKE, ThWNT 5, p. 648, utilise
un vocabulaire similaire : "Kleinheit, Unfertigkeit und
Hilfsbedürftigkeit".

113) P. BONNARD, Mt, p. 268.

114) Dans Mt 18,10 Jésus demande "de ne pas mépriser aucun de ces
petits". Le logion, il est vrai, pose des problèmes en ce
qui regarde sa provenance et l'identification des "petits".
    1. Le verset est parfaitement à sa place dans le contexte matthéen. Il pourrait s'agir néanmoins d'un logion traditionnel retouché, peut-être authentique dans le fond (cf.
S. LEGASSE, Jésus et l'enfant, p. 62-63 ; W. PESCH, Seelsorger, p. 29).
    2. Dans le contexte actuel du morceau les μικροί ne sont
certainement pas des enfants, mais tel a pu être le cas dans
un état antérieur de la tradition (cf. R. BULTMANN, GST,
p. 155 ; C. SCHNEIDER, ThWNT 3, p. 633 ; H. BRAUN, Radikalismus II, p. 86 n. 3 ; G. BARTH, Gesetzesverständnis,
p. 114). Certes, O. MICHEL, ThWNT 5, p. 653-655 (surtout p.
655 n. 21), et S. LEGASSE, Jésus et l'enfant, p. 104-119
(surtout p. 111-112) tiennent à juste titre à la distinction
entre "petits" et "enfants" dès la prédication de Jésus.
Mais si l'on voit (avec S. LEGASSE, p. 112) dans les μικροί
les foules, les publicains et les pécheurs il n'y a pas de
raison de ne pas y inclure les enfants. Comme le pense
J. SCHNIEWIND, Mt, p. 198, il est possible de donner ici au
vocable μικροί son sens le plus extensif : les pauvres, les
incultes, les gens d'un rang social inférieur, mais aussi les
enfants.

115) E. LOHMEYER, Mk, p. 203, et R. PESCH, Mk II, p. 132, envisagent avec quelque sympathie la possibilité de rapprocher

(p. 491-492)

Mc 10,14 de Mc 9,1 : de par leur âge les enfants feraient partie de "ceux qui ne goûteront pas la mort" avant la venue du Règne.

116) A. OEPKE, Jesus und das Kind, col. 77.

117) L'auteur utilisait déjà la même image dans son article : Urchristentum und Kindertaufe, ZNW 29, 1930, p. 81-111 (à la p. 98), à propos de Mc 10,15. Le passage vaut d'être cité : "Das kleine, noch ganz auf fremde Hilfe angewiesene Kind stellt Jesus seinen Jüngern zum Vorbild hin. Aber dabei hat man sich zu erinnern, dass die Liebe Jesu dem Wasser gleich die Niederungen sucht und dass insofern die Begriffe Kinder, Frauen, Kleine, Zöllner und Sünder auf einer Linie liegen".

118) C. PERROT, lecture, p. 97 ; cf. A. OEPKE, Jesus und das Kind, col. 77.

119) Voir les excellentes pages de S. LEGASSE, Jésus et l'enfant, p. 326-333.

120) Voir R. BULTMANN Jesus, p. 140 ; R. OTTO, Reich, p. 88-89 ; W. GRUNDMANN, Mk, p. 206-207.

C H A P I T R E   IV

Le Règne aux mains des "violents".
(Lc 16,16 ; Mt 11,12-13)

Entre la parabole de l'intendant malhonnête enrichie de quelques logia (Lc 16,1-13) et celle de l'homme riche et du pauvre
Lazare (16,19-31), le rédacteur lucanien[1] a situé quatre dits :
Lc 16,15 ; 16,16 ; 16,17 ; 16,18. Bien qu'ils aient comme thème
commun la Loi, les trois premiers logia ne forment pas une unité
originaire : le heurt entre 16,16 et 16,17 est indéniable. Entre
les vv. 17 et 18, il est vrai, on peut découvrir un certain lien
(principe / application). Mais l'absence de toute particule de
liaison (on attendrait à tout le moins un οὖν au début du v. 18),
la tension interne entre le contenu du v. 18 et la prescription de
la Loi (Dt 24,1), le fait enfin qu'en Mt les parallèles respectifs
sont nettement séparés l'un de l'autre[2], tous ces traits portent à
penser qu'il s'agit de deux dits primitivement isolés.

Il n'est pas à exclure que le groupement des logia de
Lc 16,16-18 ait été réalisé par le rédacteur lucanien[3], mais
cette hypothèse serait plus convaincante si la fonction et le
sens de ces logia dans leur contexte actuel se dégageaient avec
quelque netteté. Comme ce n'est pas le cas[4], il vaut mieux admettre que Luc a déjà trouvé groupés au moins les trois logia de
16,16-18. Une juxtaposition de dits se rapportant globalement
au même thème sans s'harmoniser entre eux se conçoit d'ailleurs
mieux à un stade ancien, où la tradition est fragmentaire et opère surtout par association de mots ou d'idées[5].

Lc 16,16 a son parallèle en Mt 11,12-13. En raison des mots
'Ιωάννης (Mt 11,11 ; 11,12-13) et βασιλεία (11,11 ; 11,12), communs à la version matthéenne de notre logion et au contexte ante,
en raison aussi de l'importance accordée à Jean à la fois dans
le logion et dans le contexte ante et post (11,11 ; 11,14),
Mt 11,12-13 est soudé plus solidement à son contexte que ce n'est
le fait de Lc 16,16. Il faut néanmoins reconnaître que la composition du texte matthéen n'est pas parfaite[6].

Si, par hypothèse, l'ordonnance du texte actuel de Mt 11,
11-13 était déjà celle de la source, on pourrait envisager que
Luc, sensible au hiatus existant entre Mt 11,11 et 11,12-13,

a retiré notre logion de son contexte primitif. Mais, comme nous
l'avons vu, Lc 16,16 est mal en place dans son contexte actuel.
En somme Luc aurait démantelé une composition satisfaisante à
plus d'un égard pour en réaliser une autre, plus mauvaise. Ce
n'est guère vraisemblable[7]. L'hypothèse inverse, qui compte avec
une "rédaction" de Mt 11,11-13 postérieure à Q, paraît plus vraisemblable.

L'examen du texte de Mt plaide d'ailleurs en faveur de
cette hypothèse et permet de la préciser. En effet, du moment
que Mt 11,14-15, dépourvu de parallèle en Lc, vient sans doute
de Matthieu et que ces versets, à l'instar de 11,(12)-13, soulignent le rôle hors de pair de Jean-Baptiste, il est permis de
conclure que l'unité primitive de Q (Mt 11,7-11 = Lc 7,24-28)
a été enrichie par Matthieu lui-même. Le rédacteur a pratiqué cet
élargissement en réutilisant un morceau emprunté à la source
Q (Mt 11,12-13 par. Lc 16,16) auquel il a joint une conclusion
forgée à partir de matériaux puisés à la tradition marcienne[8].

De cette analyse sommaire nous retiendrons que, en Mt aussi bien qu'en Lc, le contexte du logion des violents est secondaire et qu'au niveau de la source Q il n'y a plus moyen de situer
le dit dans un contexte précis. Une exégèse soucieuse de dégager
le sens du dit, non dans la rédaction de Mt et de Lc, mais dans
la tradition, doit se résoudre à considérer le logion en lui-même,
comme dit isolé[9].

I La teneur du logion dans la source Q.

Les ressemblances étroites, dans le vocabulaire et dans le
contenu, entre Mt 11,12-13 et Lc 16,16 supposent que les deux
évangélistes utilisent une même tradition. Mais les divergences
entre les deux versions posent immédiatement la question de la
teneur primitive de cette tradition. Tenter de la restituer est
la première tâche de l'exégèse.

Pour mener à bien cette tâche nous avons à nous occuper des
divergences mentionnées qui, en l'occurrence, portent à la fois
sur l'ordre des éléments et sur la formulation même du logion.

A) L'ordre des éléments.

Chez Lc l'affirmation sur la "Loi et les Prophètes" (16,16a)
précède l'énoncé à deux membres sur le Règne (16,16b). En Mt
nous avons l'ordre inverse.

1) L'enchaînement entre les deux parties du logion.

Mt 11,13 est relié à 11,12 par la particule γάρ. En lisant
ce γάρ, on s'attend à voir motivées les affirmations centrales
du v. 12, celles qui sont exprimées par les verbes (βιάζεται et
άρπάζουσιν). En fait, d'un point de vue logique, le v. 13 ne
peut motiver que l'indication circonstancielle du v. 12, à savoir les mots άπὸ δὲ τῶν ἡμερῶν ᾽Ιωάννου. Si cette indication
circonstancielle était placée à la fin du v. 12 il n'y aurait
rien à redire. Mais que le v. 13 se réfère au v. 12a par-dessus
les deux affirmations verbales, voilà qui paraît suspect.

En Lc l'enchaînement des deux parties du logion se fait
littérairement sans problème. De plus, en mentionnant en premier
lieu l'ancien (Loi-Prophètes) et en deuxième lieu le nouveau
(Basileia) son texte correspond au déroulement normal de l'histoire du salut.

2) Le vocabulaire.

Dans le texte de Lc l'affirmation relative à la Basileia
est introduite par άπὸ τότε. Cette expression ne se lit jamais
ailleurs en Lc-Ac. En revanche, la formule temporelle utilisée
en Mt 11,12a ("les jours de") n'est pas inconnue de Luc[10]. S'il
l'avait lue dans sa source, on ne voit guère pourquoi il l'aurait
remplacée par άπὸ τότε.

Dans l'ordonnance du texte de Mt, άπὸ τότε ne pouvait figu-
rer en tête du v. 12, n'ayant pas de référent. Ne serait-ce pas
le déplacement des éléments du logion qui aura contraint Matthieu
à remplacer par "les jours de"[11] l'expression άπὸ τότε, laquelle
pourtant lui est chère[12] ?

A partir de ces deux séries d'observations, l'hypothèse
selon laquelle c'est Luc qui a conservé l'ordre primitif des

éléments du logion acquiert un haut degré de vraisemblance. Pour
qu'elle s'impose tout à fait, il faut pouvoir rendre compte du
motif du changement opéré par Matthieu. Ce motif se laisse trouver. Le logion qui précède (Mt 11,11) suggère que Jean, tout grand
qu'il soit, se trouve néanmoins hors de la Basileia. Cette vue
ne correspond manifestement pas à la conception du premier évangéliste pour lequel Jean est du côté de Jésus[13] et proclame comme lui la Basileia (Mt 3,2 ; 4,17). Il la corrige en faisant suivre 11,11b immédiatement d'une affirmation qui met Jean en rapport avec le Règne ; à la lumière des conceptions matthéennes
sur le Baptiste, en effet, ἀπό de 11,12a est à comprendre très
vraisemblablement au sens inclusif[14].

On est fondé ainsi à conclure que l'ordre des éléments en
Mt 11,12-13 est la conséquence d'un remaniement et que, sur ce
point, Luc est resté fidèle à la source[15].

B) La teneur de la première partie : Lc 16,16a ; Mt 11,13.

1) Lc 16,16a.

Le texte de Lc appelle peu de remarques. L'expression "la
Loi et les Prophètes" est largement attestée dans le NT, à divers
niveaux, et n'a rien qui doive surprendre[16]. La préposition
μέχρι(ς), assez rare dans le NT (17 fois), est encore employée
par Luc en Ac 10,30 et 20,7. C'est insuffisant pour qu'on soit
autorisé à compter avec une préférence particulière de notre
auteur pour cette préposition[17].

2) Mt 11,13.

Plusieurs indications laissent supposer que l'évangéliste
ne s'est pas contenté de reproduire tel quel le texte qu'il lisait dans Q.
a) La particule γάρ a été amenée par l'interversion des deux parties du logion primitif.
b) La préposition ἕως est fréquente chez Mt[18]. A en croire S.
Schulz[19], elle ne viendrait du rédacteur qu'en Mt 22,26. Mais
l'examen des textes invite à retenir la provenance rédactionnelle
de la préposition en d'autres passages encore[20]. En 11,13 aussi

ἔως pourrait venir de la main de Matthieu.

c) Les trois autres divergences de Mt 11,13 par rapport à Lc 16, 16a, soit πάντες, la mention des prophètes avant celle de la Loi, le verbe προφητεύω, ne comportent guère de traits de vocabulaire ou de style trahissant la main de Matthieu[21], mais il est en l'occurrence une indication d'un autre type. Les trois particularités ont en effet pour fonction commune de mettre en relief l'aspect prophétique de l'Ecriture[22] et de présenter Jean, inaugurateur de l'ère eschatologique dans la conception de Matthieu, comme l'aboutissement de la prophétie, comme sa réalisation[23]. Or ce double motif se trouve derrière le v. 14 qui, en dépendance probable d'un dit de la tradition marcienne (Mc 9,11-13) et, par ce biais, de la tradition vétéro-testamentaire sur l'Elie eschatologique[24], présente Jean comme l'Elie redivivus annoncé (cf. μέλλων). Du moment que Matthieu lui-même a placé là le v. 14 -tel est l'avis de la critique-, les différences de Mt 11,13 avec Lc 16,16a qui répondent au même propos sont dues elles aussi, selon toute probabilité, à la rédaction matthéenne.

La teneur primitive du logion des violents dans sa première partie paraît avoir été conservée par Lc 16,16a[25].

C) La teneur de la deuxième partie : Lc 16,16b ; Mt 11,12.

Dans Lc et dans Mt la deuxième partie du logion comporte deux membres. Dans le premier βασιλεία est sujet grammatical, dans le deuxième βασιλεία devient l'objet de l'action. Quelques vocables sont communs à Mt et à Lc : βασιλεία, βιάζομαι, καί, αὐτήν. Mais les divergences sont importantes et rendent délicate la reconstitution de la teneur primitive.

1) Le vocabulaire.

Nous avons vu que l'introduction temporelle "depuis les jours de" est due à la plume de Matthieu. Il en va sans doute de même pour le qualificatif "Baptiste"[25bis] et pour l'expression ἔως ἄρτι[26]. Reste à examiner le vocabulaire de l'affirmation centrale du logion.

1. Selon son habitude, le rédacteur aura remplacé "Règne de Dieu" par "Règne des cieux".

2. Le mot βιαστής est un hapax biblique.

3. Le verbe ἀρπάζω n'est jamais employé dans Mc et dans Lc[27], mais il se trouve encore deux fois en Mt : en Mt 12,29a, selon la leçon la mieux attestée, il remplace le verbe composé διαρπάζω (= Mc 3,27a) que Mt 12,29b a en parallèle avec Mc 3,27b ; en Mt 13,19 ἀρπάζω est substitué à αἴρω (= Mc 4,15).

Quoique deux emplois sur les trois soient rédactionnels, il serait téméraire d'en tirer la conclusion qu'en Mt 11,12 aussi le verbe trahit la main de Matthieu. En effet, a) 11,12 est le premier de ces emplois et les deux autres pourraient bien s'en inspirer et b) l'association entre βιάζομαι et ἀρπάζω est obvie et courante du point de vue de la sémantique[28].

b) Lc 16,16b.

Le verbe εὐαγγελίζομαι est un lucanisme reconnu. L'association de ce verbe et de βασιλεία est elle aussi caractéristique de Lc, elle se trouve expressément en Lc 4,43 et 8,1[29] de même qu'en Ac 8,12 et indirectement en Lc 9,6[30].

Habituellement le verbe εὐαγγελίζομαι est au moyen chez Luc. Seuls notre texte et Lc 7,22 (par. Mt 11,5 = Q)dérogent à la règle en employant le verbe au passif. Est-ce à dire que, pour cette raison, la tournure de Lc 16,16 ne peut être attribuée à la main de Luc mais "must either also be derived from the Q-source and so be superior to Matthew 11,12, or have a different origin"[31] ? Je ne le pense pas. En fait, Lc 16,16 est bien différent de Lc 7,22 où le verbe a un sujet personnel. L'emploi passif du verbe εὐαγγελίζομαι en Lc 16,16 s'explique bien par le fait que le logion traditionnel (cf. Mt 11,12) comportait déjà l'expression ἡ βασιλεία comme sujet. Luc aura seulement remplacé par εὐαγγελίζομαι , qu'il affectionne, le verbe de la source,-d'après toute probabilité βιάζεται. Il obtenait ainsi une construction différente de celle qu'il emploie quand il écrit librement, mais de sens strictement équivalent.

Luc a emprunté le verbe βιάζομαι à sa source en ce qui regarde la fin du logion : πᾶς εἰς αὐτὴν βιάζεται. Il n'emploie ce verbe qu'ici. Mais seul des auteurs du NT il connaît et utilise deux fois le composé παραβιάζομαι[32], au sens de contraindre aimablement, un peu comme on dit : retenir à dîner. Dans les deux cas l'action à laquelle la contrainte se propose d'aboutir est indiquée

par le verbe εἰσέρχομαι[33]. Le verbe simple βιάζομαι peut lui-même
désigner occasionnellement une pression amicale[34]. Sous réserve
que ce sens positif se vérifie dans le logion (voir plus loin)
on peut au moins se demander si Luc n'a pas ajouté au verbe
βιάζομαι la préposition εἰς qui rappelle εἰσέρχομαι, complément
du verbe παραβιάζομαι[35].

2) Le sens du logion.

Nul exégète ne contestera que la version matthéenne du
logion est très difficile à comprendre, même le sens du passage
dans la rédaction reste obscur.

On ne peut en dire autant de la version de Lc. Si l'on
tient compte des Actes, l'annonce de la Basileia ne peut être
que la proclamation du message chrétien. A la lumière du souci
missionnaire et universaliste de Luc, on peut penser que pour lui
l'annonce de la Basileia "a pour corollaire l'invitation pres-
sante adressée à tous les hommes, c'est-à-dire à chacun d'entre
eux..."[36]. Le dernier membre de Lc 16,16 doit alors se comprendre
lui aussi au sens positif, ce que la philologie permet tout à
fait. Cette exégèse de Lc 16,16, qui n'est pas nouvelle dans ses
grandes lignes[37], a été reprise récemment et étayée avec plus de
soin par Ph. Menoud[38]. Elle est convaincante et, à juste titre,
largement retenue à l'heure actuelle[39].

Lc 16,16b se caractérise ainsi par des traits littéraires
bien lucaniens et par une clarté plus grande que ce n'est le
fait de Mt 11,12. Tout porte à croire que Lc 16,16 est le résultat d'un remaniement rédactionnel fait par Luc et que le texte primitif du logion est à chercher derrière Mt 11,12.

On doit évidemment compter avec la possibilité que Matthieu
aussi a retravaillé le texte de la source. Mais comme, exception
faite de οὐρανῶν, il n'y a pas de traces sensibles d'une telle
rédaction dans la deuxième partie du logion (à partir de ἡ βασιλεία), on est en droit de considérer le texte de Mt comme substantiellement identique à celui de Q. Sans oublier la part d'hypothèse inhérente à une telle entreprise, la teneur de ce dernier
peut être restituée comme suit : ὁ νόμος καὶ οἱ προφῆται μέχρι
Ἰωάννου· ἀπὸ τότε ἡ βασιλεία τοῦ θεοῦ βιάζεται καὶ βιασταὶ
ἁρπάζουσιν αὐτήν[39bis].

II Le problème de l'unité du logion.

Jusqu'à présent j'ai parlé de Lc 16,16a = Mt 11,13 et de Lc 16,16b = Mt 11,12 comme de deux parties d'un logion unique. Ces termes sont justifiés tant qu'on s'en tient au plan de la source Q. Mais le restent-ils quand on remonte plus haut dans l'histoire de la tradition ?

Le problème de l'unité originaire du logion est rarement posé de façon explicite par les commentateurs, de sorte que les positions de bon nombre d'entre eux apparaissent floues et difficiles à préciser[40]. Quelques-uns pourtant se prononcent clairement. Parmi eux les uns pensent que Lc 16,16 par. Mt 11,12-13 représente bien une unité dès le départ[41]. Selon d'autres, au contraire, il s'agit d'un groupement de deux logia primitivement indépendants. Cette dernière position ne surprend pas chez les critiques pour lesquels Mt est plus conforme que Lc au texte de la source[42], puisque, de fait, les deux "parties" sont moins solidement unies en Mt 11,12-13 qu'en Lc 16,16. Mais l'opinion est partagée par des auteurs qui accordent la priorité au texte de Lc en ce qui concerne l'ordre des deux énoncés (Lc 16,16ab = Mt 11,13.12) et la teneur du premier (Lc 16,16a = Mt 11,13)[43]. L'hypothèse d'une indépendance primitive entre Lc 16,16a = Mt 11,13 d'une part et Lc 16,16b = Mt 11,12 de l'autre mérite d'être considérée.

Elle peut s'appuyer sur plusieurs indices, de valeur d'ailleurs inégale :

1. Ἰωάννης ne serait-il pas le mot-crochet qui a entraîné la fusion entre Mt 11,12 et 11,13[44] ? L'indice, toutefois, ne vaut que si Mt représente le texte primitif.

2. Même si l'on estime que l'incipit temporel (Mt 11,12a) est secondaire on doit reconnaître que Mt 11,12 a pu exister indépendamment de Lc 16,16a. Il suffirait de postuler une introduction -un simple ἰδού ou bien la formule-Amen- qui sera tombée au moment du groupement.

3. Les deux versions de l'énoncé sur la Loi et les Prophètes (Lc 16,16a ; Mt 11,13) peuvent, chacune à sa façon, se comprendre comme des affirmations isolées relatives à la période révolue de l'histoire du salut[45].

4. Enfin et surtout il faut considérer ceci. A cause de sa difficulté intrinsèque et de l'absence de parallèles dans le judaïsme ancien et dans la communauté post-pascale, Mt 11,12 est à attribuer sans doute au Jésus terrestre. On ne saurait être aussi affirmatif pour Lc 16,16a. L'expression "la Loi et les Prophètes" ou
des tournures apparentées sont, sinon fréquentes, du moins bien
attestées dans le judaïsme ancien et dans le NT[46]. Dans ce dernier elles sont employées surtout par les rédacteurs Matthieu[47]
et Luc[48], mais on les trouve dans des textes plus anciens[49].
De par son contenu -la Loi et les Prophètes comme époque maintenant révolue- le logion pourrait sans doute exprimer la conscience qu'avait Jésus d'apporter du nouveau[50]. Mais il peut tout aussi bien représenter le point de vue de judéo-chrétiens hellénistiques sur l'histoire du salut[51], peut-être même sur la caducité
de la Loi[52]. Quoi qu'il en soit le logion trahit une réflexion
théologique et celle-ci caractérise plus la communauté post-pascale que le Jésus de l'histoire.

Bien que les indices mentionnés n'aient rien de contrai-
gnant, l'hypothèse selon laquelle le logion primitif se réduisait
à Mt 11,12 ne manque pas de vraisemblance et peut être retenue.

III L'exégèse du logion primitif.

Interpréter un logion sans le secours d'un contexte littéraire est toujours une entreprise difficile. Dans le cas présent la tâche est encore plus ardue qu'ailleurs, du fait même
que plusieurs termes du logion sont imprécis ou ambigus. La difficulté est cependant moins grande, du moins en ce qui regarde
la philologie, dans la deuxième affirmation (βιασταί ἁρπάζουσιν)
que dans la première (ἡ βασιλεία... βιάζεται) Il est donc indiqué de commencer par le deuxième membre du logion.

A) Le deuxième membre du logion.

1) Observations philologiques.

a) Bien que le mot βιαστής soit extrêmement rare son sens se laisse dégager assez sûrement à partir d'autres dérivés de βιάζομαι ;
le βιαστής est un violent, quelqu'un qui se lance à l'assaut[53].

b) Dans son acception fondamentale, le verbe ἁρπάζω[54] désigne
une action se décomposant en deux mouvements : prendre de force
et emporter. Mais le deuxième mouvement n'est pas toujours présent, le verbe est employé couramment au sens de : s'emparer de,
se saisir de. A l'occasion ἁρπάζω + acc. équivaut à διαρπάζω et
signifie : piller, mettre à sac[55].

Le terme connote la soudaineté, la rapidité d'une action[56].
Quand cette connotation est dominante ἁρπάζω peut s'employer
pour une action légitime ou moralement neutre[57]. Mais cet usage
est rare. Dans la grande majorité des cas le verbe est à prendre en mauvaise part : il indique une violence contraire à la
nature et au droit, le geste de quelqu'un qui outrepasse ses
droits[58]. La note négative est particulièrement nette quand
ἁρπάζω est employé conjointement à βιάζομαι et aux dérivés de ce
verbe[59].

Ces données philologiques fondamentales ne suffisent pas
à préciser le sens de notre logion, mais elles autorisent à
écarter comme peu vraisemblables les exégèses qui donnent de la
phrase une interprétation positive.
1. A cause de la coloration fortement péjorative de son vocabulaire, le logion peut difficilement se comprendre comme une parole qui loue et encourage[60] ceux qui savent se faire violence à
eux-mêmes, pratiquer le renoncement total en vue du Règne[61].Cer-
tes, il ne manque pas de parallèles où Jésus formule des exigences sévères pour qui veut avoir part à la Basileia[62] et où il
recourt à une "expression provocante et paradoxale"[63]. Mais le
verbe ἁρπάζω ne convient guère pour désigner le zèle pour la Basileia. De plus le logion ne comporte pas la note exhortative,
présente d'une manière ou d'une autre dans les logia prétendus
parallèles[64], et n'envisage pas comme eux l'entrée future dans
le Royaume. L'interprétation positive ne pourrait être prise en
considération que si Lc 16,16b avait conservé la teneur primitive
du dit.
2. Le verbe ἁρπάζω ne signifie pas faire venir ou faire pression
sur. La philologie n'autorise guère[65] à voir dans le logion une
critique de Zélotes qui voudraient faire venir de force le Règne
et, en ce sens, exerceraient une pression sur lui.

2) L'identification des βιασταί.

Le sens fondamental de βιασταί est établi (des violents)
mais, comme le terme est à peu près inattesté, on ne peut partir
de lui seul pour identifier les βιασταί ; il faut sans cesse garder en vue la relation avec le verbe ἁρπάζω.

Ainsi l'hypothèse qui voit dans les violents des "persécuteurs" a bien quelque appui dans le mot même de βιασταί[66], mais
elle n'est guère compatible avec ἁρπάζουσιν[67].

Le verbe ἁρπάζω est encore employé deux autres fois dans
le premier évangile (Mt 12,29 et 13,19). Il est indiqué d'examiner si ces deux passages jettent quelque lumière sur notre logion.

a) Dans l'interprétation de la parabole du semeur (Mc 4,13-20 par.)
interprétation reconnue secondaire par l'ensemble de la critique, Mt (13,19) utilise le verbe ἁρπάζω là où Mc a αἴρω : ἔρχεται
ὁ πονηρὸς καὶ ἁρπάζει τὸ ἐσπαρμένον ἐν τῇ καρδίᾳ αὐτοῦ.

A partir de ce texte où ἁρπάζει signifie sans conteste en-
lever, d'aucuns ont proposé de comprendre dans un sens analogue
l'emploi fait en Mt 11,12 du même verbe[68] : les βιασταί seraient
des gens qui, en s'opposant à Jésus et à la diffusion de son message, enlèvent de fait la Basileia aux hommes. On aurait à les
rapprocher de ceux qui, d'après Mt 23,13 par. Lc 11,52, n'entrent
pas eux-mêmes dans la Basileia et empêchent les autres de le
faire.

On peut se demander si pour l'interprétation du logion primitif il est légitime de se baser sur une expression venant de
la rédaction de Matthieu (13,19). Mais, indépendamment de ce
point, l'exégèse présentée paraît contenir une bonne part de vérité. Sa force réside en ceci : en attendant sa venue définitive,
où elle s'imposera et où personne ne pourra plus s'y opposer, la
Basileia est avant tout présente en tant que proclamée, dans le
kérygme. Il s'ensuit que s'opposer à Jésus et aux missionnaires
chrétiens c'est faire en quelque sorte violence à la Basileia[69].

Il reste que cette explication ne rend pas vraiment compte de
l'emploi du verbe ἁρπάζουσιν. En outre, pour Jésus la présence de
la Basileia n'est pas limitée au kérygme ; elle s'affirme aussi
dans les exorcismes, les guérisons, le pardon accordé.

b) Dans le <u>mashal</u> sur le Fort (Mc 3,27 par.) Marc emploie deux
fois le verbe διαρπάζω. Matthieu conserve ce terme dans le deuxième membre du logion (Mt 12,29b), mais dans le premier (12,29a)
il utilise à sa place le verbe simple ἁρπάζω. Or ce logion, comme celui qui le précède en Mt (12,28), doit être mis en rapport
avec la thématique de la lutte entre Dieu et Satan pour la su-
prématie eschatologique. N'en serait-il pas de même en Mt 11,12 ?
Les βιασταί seraient dès lors les forces de Satan combattant contre Dieu.

Cette hypothèse, ancienne[70], a été reprise et développée
par O. Betz qui trouve dans les textes de Qumran de nouveaux
arguments en sa faveur[71]. La violence faite au Règne aurait son
équivalent dans l'attaque lancée contre le sanctuaire eschatologique de Dieu par Satan et ses agents. Les βιασταί seraient à
rapprocher des ^cryṣym des textes de Qumran[72]. Dans les <u>Hodayoth</u>,
particulièrement en 1 QH VI,25-36, est décrit un double mouvement :
attaque des ennemis et contre-attaque de Dieu. Betz retrouve ce
double mouvement dans notre logion, quoique en ordre inversé puisque l'intervention divine (βιάζεται est pris comme moyen) précède la réaction des ennemis de Dieu qui "attaquent et pillent"[73]
le Règne.

Les rapprochements proposés par Betz sont problématiques[74].
Son hypothèse apparaît éclairante pour le sens de βιασταί, mais
elle ne satisfait pas en ce qui regarde ἁρπάζουσιν ; certes, ce
verbe peut signifier à l'occasion piller, mais il n'est guère approprié pour désigner l'attaque lancée contre le Règne[75]. Au demeurant, on ne voit pas très bien ce que peut signifier une mise à sac
du Règne par Satan et les siens[76].

En somme les emplois synoptiques de ἁρπάζω ne sont guère
éclairants. Il reste à tenter une explication qui s'appuie avant
tout sur les vocables, leur sens et leurs connotations[77].

c) Comme nous l'avons vu, ἁρπάζω (se saisir de, s'emparer de) comporte la double connotation de la rapidité et de l'action s'opposant au propos de quelqu'un, à la nature, au droit, à la norme.
Or cette deuxième connotation se retrouve non moins nette pour
βιάζομαι et pour les dérivés de ce verbe. L'action évoquée par les
mots βιασταί ἁρπάζουσιν n'est-elle pas dès lors une <u>usurpation</u>[78] ?
Les βιασταί, en d'autres termes, ne seraient-ils pas des gens qui

s'emparent de la Basileia alors qu'ils n'en sont pas les héritiers légitimes et qu'ils ne remplissent pas les conditions re-
quises pour la participation au Règne ? Selon les idées reçues
dans le judaïsme ancien, les héritiers de la Basileia, de la
Vie ou du "monde à venir" sont par principe les justes, les
pieux observateurs de la Loi, les ὅσιοι Κυρίου comme il est dit
dans PsSal 14,10[79]. Le vocable βιασταί convient pour définir la
catégorie opposée : celle des publicains, des pécheurs, de la
racaille qui ignore la Loi.

A ma connaissance, F.W. Danker[80] a été le premier à proposer une explication de ce genre. Selon lui ce sont les contextes
respectifs de Mt 11,12 et de Lc 16,16 qui invitent à recourir à
cette hypothèse. En regroupant les trois logia de Lc 16,16.17.18
et en remaniant le texte du logion sous-jacent à Mt 11,12 et Lc
16,16, Luc aurait composé un petit ensemble représentant une attaque de Jésus contre les Pharisiens. Dans cette attaque πᾶς εἰς
αὐτὴν βιάζεται serait la reprise d'un reproche adressé par les
Pharisiens à Jésus : n'importe qui, le premier venu (πᾶς !)
force l'entrée dans le Royaume ; βιάζεται serait donc à prendre
en mauvaise part même chez Lc.

Nous avons vu plus haut que, tout au contraire, Lc 16,16b
doit être compris, dans l'intelligence lucanienne du passage,
in bonam partem. Le pilier central de l'édifice de Danker apparaît ainsi peu solide. Les remarques faites par l'auteur à propos de Mt 11,12 et de son contexte, quoique plus pertinentes[81],
ne suffisent pas à étayer l'hypothèse. Pourtant, même si les analyses de Danker sont criticables[82], son intuition me paraît juste[83]. Son interprétation a pour elle le vocabulaire même du fragment. Elle propose de plus un Sitz im Leben très vraisemblable
pour le dit de Jésus. L'ouverture de ce dernier sur les marginaux
et les pécheurs est un des traits les plus caractéristiques de
sa théologie, de sa prédication et de son action ; et il est certain que pareil fait n'a pas pu ne pas susciter l'animosité et
le courroux des "justes"[84]. Certes, le judaïsme aussi sait que
Dieu "fait lever son soleil sur les méchants et sur les bons et
tomber la pluie sur les justes et sur les injustes" (Mt 5,45)[85].
Il est cependant des textes[86] d'après lesquels les rabbins mon-
traient quelque réticence devant cette bonté universelle de Dieu,
un peu anormale à leur gré[87]. Il se trouve même des affirmations

allant dans un sens diamétralement opposé : "Dieu aime les bons
et déteste les méchants", dit par exemple Flavius-Josèphe[88]. En
aucun cas il ne pouvait être question d'une prédilection de Dieu
pour les pécheurs !

Bref, il y a vraisemblablement un lien à établir entre le
logion des violents et la mise en question de l'establishment religieux impliquée dans la parole et dans la pratique de Jésus.

La coloration négative de ἁρπάζουσιν et de βιασταί peut se
comprendre de deux façons, qui ne s'opposent d'ailleurs pas abso-
lument.

1. Βιασταί pourrait être une désignation méprisante -comparable
à εὐνοῦχοι de Mt 19,12- forgée par les notables du judaïsme officiel. La phrase entière se comprendrait comme une protestation
contre ce qui est en train de se passer : les publicains et les
pécheurs accaparent le Règne alors qu'ils n'y ont pas droit. Jésus se contenterait de reprendre directement le sobriquet de la
bouche de ses adversaires. Cette hypothèse rencontre cependant
une difficulté : comment expliquer l'absence d'une clause telle
que λέγουσιν (cf. Mt 11,18-19 par.) ou ὡς λέγετε[89] ?

2. Jésus a pu recourir à ce langage de sa propre initiative afin
de mieux mettre en valeur le caractère paradoxal et, au regard
du judaïsme, choquant de l'élection des réprouvés. Les "usurpa-
teurs" sont préférés aux héritiers légitimes. On pense aux simples
qui bénéficient de la révélation de préférence aux intelligents
(Lc 10,21 par.), aux prostituées et aux publicains qui ont pris
de l'avance sur le chemin de la Basileia (Mt 21,31b). Mais Jésus
aurait-il choisi une expression aussi infâmante pour désigner
ceux dont il était l'ami, sans y avoir été poussé par l'attitude
et par les propos des "justes" ? Il est difficile de le croire.
Aussi le logion s'explique-t-il le mieux si l'on y voit non point
la citation mais le simple écho de ce que disaient les représentants du judaïsme officiel dans leur réaction au ministère de
Jésus[90].

B) Le premier membre du logion.

L'exégèse du premier membre du logion doit tenir compte à la
fois des données philologiques et des articulations possibles
entre les deux membres du dit.

1) Observations philologiques.

Du seul point de vue philologique il est possible de comprendre la phrase de plusieurs façons[91]. Le verbe βιάζομαι peut
être au passif (subir une violence) ou au moyen. Ce dernier est
alors soit transitif (violer, violenter), soit intransitif (user
de violence, se frayer de force un chemin).

Comme le moyen-transitif n'est guère vraisemblable en raison
de l'absence d'un objet, et que le passif peut être pris en bonne part (la sainte violence mise en oeuvre pour le Règne) comme
en mauvaise part, les possibilités sont fondamentalement au nombre de trois :
- la Basileia se fraye un chemin, se manifeste avec efficacité,
fait irruption ;
- la Basileia est objet d'attaques ;
- la Basileia est recherchée avec un zèle ardent.

2) Le lien entre les deux membres du logion.

Dès lors qu'on tient compte du lien entre les deux membres
du logion, on ne peut plus guère envisager pour le premier membre un sens passif in bonam partem. Le deuxième membre visant une
action hostile, une usurpation, il faudrait admettre que le logion considère successivement deux attitudes différentes à l'égard
du Règne : d'abord un zèle digne d'éloge, ensuite une violence
usurpatrice. On conviendra que ce n'est guère vraisemblable.

Les deux possibilités restantes -βιάζεται comme moyen et
βιάζεται comme passif in malam partem- apparaissent compatibles
à des degrés divers avec le sens que nous avons dégagé pour le
second membre du logion.

a) Le moyen.

Il n'y aurait rien de surprenant si le deuxième membre, qui
se réfère à la réaction de certaines gens mis en présence de la
Basileia, était précédé d'une affirmation portant sur la venue
de celle-ci[92].

La philologie ne s'oppose pas à cette intelligence de ἡ
βασιλεία βιάζεται ; à dire vrai, elle la favorise plutôt, puisque

βιάζομαι est plus fréquent au moyen qu'au passif[93].

L'hypothèse peut se réclamer aussi de quelques parallèles, à première vue du moins :

1. Si βιάζομαι équivaut bien à prs̱[94] comme d'aucuns le pensent, alors l'interprétation de βιάζεται au sens d'une irruption du Règne a quelque appui en Ex 19,21-24[95] et en 2 S 5,20[96], deux textes qui parlent d'une "irruption" de Iahvé. Mais ces parallèles, incertains et en tout cas trop généraux, sont peu probants.

2. D'après quelques auteurs[97], Mt 11,12 a son meilleur parallèle dans le logion où Jésus interprète ses exorcismes pratiqués dans la force de Dieu comme des signes de la venue effective du Règne (Lc 11,20 par.). Le rapprochement n'est pas dépourvu de fondement. Il reste qu'en Mt 11,12 l'idée de force caractériserait -dans l'hypothèse- la venue même et non les signes ou les actes de puissance qui en témoignent (Lc 11,20 par.). Le seul logion dans lequel la venue elle-même est qualifiée explicitement par une expression appartenant au champ sémantique de la force est Mc 9,1 (venue ἐν δυνάμει). A la lumière de Mc 9,1 et si βιάζεται indiquait effectivement l'irruption du Règne, l'idée de violence inhérente à βιάζεται inviterait à penser plutôt à la venue future, définitive, celle précisément qu'évoque Mc 9,1. Or, quelle que soit l'interprétation retenue pour le logion dans son ensemble, les critiques sont généralement d'avis que Mt 11,12 a en vue le présent. En somme, βιάζομαι ne convient guère pour exprimer la venue présente, non encore éclatante du Règne. De plus -et c'est une difficulté supplémentaire pour l'hypothèse- on ne voit pas bien comment expliquer le choix d'un vocable à la coloration négative si marquée[98].

Ainsi, et bien que nul argument décisif ne puisse lui être opposé, l'hypothèse selon laquelle βιάζεται est à prendre comme un moyen et désigne la venue présente du Règne[99] ne paraît pas pleinement satisfaisante.

b) Le passif.

La coloration négative habituelle de βιάζομαι et la reprise de βιάζεται par βιασταί au membre suivant invitent à penser que, dans le premier membre aussi, le Règne n'est pas sujet réel de l'action mais objet d'une entreprise violente. Autrement dit :

βιάζεται est un passif pris in malam partem et désigne l'agression subie par la Basileia. Le sens du premier membre est alors fondamentalement le même que celui du deuxième.

La principale objection couramment faite à cette interprétation de ἡ βασιλεία βιάζεται est que, dans l'hypothèse, les deux membres du logion constitueraient une tautologie[100]. La critique, cependant, n'est pas fondée. Le deuxième stique ne fait pas que reprendre le premier, il apporte une précision en nommant les auteurs de l'usurpation -les βιασταί- et en spécifiant que la violence (βιάζεται) est une saisie indue (ἀρπάζουσιν)[101]. Le rapport entre les membres n'est pas à proprement parler un parallélisme synonymique, le deuxième stique représente plutôt une épexégèse[102] du premier : "Le Règne de Dieu souffre violence, oui, des violents s'en emparent".

C) La Basileia.

L'apport de ce logion pour l'étude de la pensée de Jésus sur le Règne est triple.

1) Le Règne présent.

Les verbes du logion sont au présent. La violence subie par le Règne suppose que ce dernier est une réalité actuelle sur laquelle des hommes peuvent avoir prise[103] Avec des arguments divers selon les exégèses proposées, les critiques, dans leur grande majorité[104], sont d'accord pour dire que le logion relève du pôle présent de la prédication de Jésus sur le Règne de Dieu[105]

2) L'élection divine.

D'après l'interprétation proposée dans cette étude, les βιασταί sont les marginaux, en particulier les publicains et les pécheurs. La coloration négative du vocabulaire, que nous avons expliquée par l'écho fait par Jésus à des critiques venant des notables religieux, ne doit pas donner le change sur la portée véritable du dit. En dépit des apparences, c'est d'une expérience positive de Jésus, et non pas d'une situation déplorée par lui, que le logion rend compte. L'appel de Dieu, dont Jésus est le

porteur, s'adresse à tout le monde, en priorité à ceux que la
religion de la Loi écarte et met en marge de la vie religieuse.
Ils ont désormais une chance et, constate le logion, ils ont su
la saisir, ils ont "sauté" sur l'occasion[106] qui leur était offerte. Jésus, qui se dit envoyé pour les pécheurs et non pour les
justes (Mc 2,17 par.), atteste par ce logion le succès au moins
relatif de sa mission[107].

A la lumière des observations qui précèdent, il apparaît
que le terme βασιλεία désigne ici l'activité salvifique de
Dieu[108] à laquelle les publicains et les pécheurs se sont ouverts.
La forme sous laquelle ils expérimentent concrètement l'activité
divine n'est pas précisée dans le dit. En se basant sur la qualité des bénéficiaires -des pécheurs- on peut penser qu'elle con-
siste dans le pardon qui leur est accordé, dans la communion
avec Jésus désormais effective et vécue.

3) Le lien avec la personne de Jésus.

Quoique la discrétion sur le lien entre la présence du Règne et la personne de Jésus soit encore plus grande ici que dans
les logia parallèles (Lc 11,20 ; 7,18-23...) -discrétion qui est
sans doute un indice d'historicité-, on ne peut guère douter que
ce lien existe de fait. C'est en accueillant le message de Jésus
et en s'ouvrant à son action, et seulement ainsi, qu'on peut faire dès à présent l'expérience du Règne de Dieu. L'activité salvifique de Dieu se coule dans celle de Jésus.

Le lien entre présence du Règne et personne de Jésus apparaît mieux si l'on tient compte de Lc 16,16a et du ἀπὸ τότε qui,
dès la source Q, ouvrait le logion des violents. Sans doute ai-je
retenu plus haut l'hypothèse selon laquelle Lc 16,16a est un
ajout, mais, je l'ai noté, ce point de vue ne s'impose pas. On
ne peut entièrement exclure l'hypothèse rivale qui voit dans
Lc 16,16a + Mt 11,12 une unité originaire, et il est bon de tenir
compte aussi de cette possibilité d'appréciation.

Il n'y a pas lieu de s'arrêter ici à l'interminable débat
exégétique sur le sens, inclusif ou exclusif, à donner à ἀπὸ τότε
(Lc 16,16) ou à ἀπὸ τῶν ἡμερῶν (Mt 11,12) aux plans respectifs
de la rédaction de Q, de Mt et de Lc [109]. Il me semble clair, en effet que, pour Jésus, le Baptiste ne peut se situer du côté du

Règne, du côté de la présence dynamique et directe de Dieu. Ainsi que nous l'avons vu dans l'étude de Lc 7,28 par., la distance prise par Jésus à l'égard du Baptiste et la différence entre sa prédication et celle de Jean sont deux faits intimement liés. Sur la base de sa conviction et de son expérience de la présence du Règne, "Jésus conçoit qu'il y a un abîme entre Jean-Baptiste et lui. Jean marque la fin d'une économie, celle de la Loi et des prophètes. Lui inaugure une économie nouvelle, le Royaume de Dieu, c'est-à-dire l'ère messianique"[110]. Parce que le Règne est là, celui qui a mission de le proclamer et de le traduire dans son agir de grâce est radicalement différent de Jean : il ne peut être que l'Envoyé eschatologique de Dieu[111].

DEUXIEME PARTIE
Première section
CHAPITRE IV

(p. 509-510)

1) Lc 16,14 fait figure de transition et vient probablement de
la main de Luc (cf. W.G. KUEMMEL, "Gesetz", p. 91 n. 8 ;
M.E. BOISMARD, Synopse II, p. 298).

2) Lc 16,17 = Mt 5,18 ; Lc 16,18 = Mt 5,32.

3) Les critiques sont nombreux à se prononcer en ce sens. Voir
les indications données par H. SCHUERMANN, TrU, p. 132-133
n. 39. Comme auteurs plus récents mentionnons P. HOFFMANN,
Logienquelle, p. 54-56 ; J. ERNST, Lk, p. 469 (cet auteur
ne prend pas position d'une manière nette).

4) Voir W.G. KUEMMEL, "Gesetz", p. 92-93, et G. SCHNEIDER,
Lk, p. 337.

5) Voir J. DUPONT, Béatitudes I, p. 114-115.

6) Il y a un hiatus entre Mt 11,11b et 11,12-15 dans l'appréciation portée sur le Baptiste. De plus l'accent de 11,12 porte d'abord sur le Règne tandis qu'en 11,14 (et 11,13) c'est
Jean qui se trouve au premier plan.

7) Contre D. LUEHRMANN, Redaktion, p. 28. Avec J. WEISS, Predigt, p. 192 ; F.W. DANKER, Luke 16,16, p. 241 ; W. TRILLING,
Täufertradition, p. 276, H. MERKLEIN, Gottesherrschaft,
p. 87-88.

8) Pour Mt 11,14 voir Mc 9,11-13 par. Mt 17,10-13 ; pour Mt
11,15 voir Mc 4,9.23.

9) Déjà M. DIBELIUS, Täufer, p. 23, le soulignait.

(p. 511-512)

10) Lc 1,5.7.18.75 ; 4,25 ; 17,26.28 ; Ac 7,45 ; 13,41.

11) Il a encore cette tournure en Mt 2,1 ; 23,30 ; 24,37.

12) Elle est employée trois fois (Mt 4,17 ; 16,21 ; 26,16) et
vient probablement du rédacteur dans les trois cas.

13) Cf. W. TRILLING, Täufertradition, surtout p. 277 ; W. WINK,
John, p. 29-30 ; E. NEUHAEUSLER, Anspruch, p. 86 n. 150.

14) Pour le sens inclusif de ἀπό en Mt 11,12, voir aussi P.
HOFFMANN, Logienquelle, p. 66. Notons qu'au jugement de cet
auteur (p. 51), l'ordre primitif des éléments du logion ne
peut plus être restitué.

15) Ainsi T.W. MANSON, Sayings, p. 134 ; S. SCHULZ, Q, p. 261
(où l'on trouvera d'autres indications bibliographiques à
la note 582) ; H. MERKLEIN, Gottesherrschaft, p. 87 ; B.D.
CHILTON, God, p. 210-211.

16) Mt 5,17 ; 7,12 ; 22,40 ; Lc 16,16 ; 24,44 ; Jn 1,45 ; Ac
13,15 ; 24,14 ; 28,23 ; Rm 3,21 (j'ai inclus dans la liste
les textes comportant des expressions équivalentes, comme
"Moïse et les prophètes").

17) Il est à noter 1. que Lc 21,32 remplace μέχρις de Mc 13,30
par ἄχρι et 2. que ἄχρι est beaucoup plus fréquent et plus
lucanien que μέχρι : ἄχρι ne se lit jamais en Mc, 1 fois
seulement en Mt (24,38 ; cf. 13,30 vl), mais 4 fois en Lc
(1,20 ; 4,13 ; 17,27 ; 21,24) et 15 fois dans Ac.

18) D'après la Concordance de Moulton-Geden ἕως (comme préposition) se lit 27 fois dans le premier évangile.

19) S. SCHULZ, Q, p. 261 et n. 590. - Voir les remarques critiques
de B.D. CHILTON, God, p. 215.

20) S. SCHULZ lui-même (p. 321) compte 11,12 et 18,21-22 parmi
les emplois où ἕως vient de la rédaction. Il convient d'y

(p. 513-514)

ajouter comme cas au moins possibles : Mt 1,17 ; 27,8.64 ; 28,20.

21) Relevons cependant que Matthieu emploie le verbe προφητεύω un peu plus souvent (Mt 7,22 ; 11,13 ; 15,7 ; 26,68) que Marc (Mc 7,6 ; 14,65) et que Luc (Lc 1,67 ; 22,64) et que le verbe vient sans doute du rédacteur en Mt 7,22 diff. Lc 13,26.

22) Cf. W. TRILLING, Täufertradition, p. 279 ; A. KRETZER, Herrschaft der Himmel, p. 70 ; R. BANKS, Law, p. 218.

23) La préposition ἕως semble indiquer ici non pas tellement que Jean est le dernier de la chaîne des prophètes, mais qu'avec lui la prophétie a atteint son but (cf. surtout P. HOFFMANN, Logienquelle, p. 60-61).

24) Ml 3,23 ; Si 48,10.

25) Ainsi la plupart des auteurs. Voir avant tout W.G. KUEMMEL, "Gesetz", p. 97, et S. SCHULZ, Q, p. 261.262 n. 605, qui fournissent tous deux d'autres références bibliographiques.

25bis) Voir H. MERKLEIN, Gottesherrschaft, p. 81, et ci-dessus p.158

26) Ἄρτι ne se lit jamais en Mc et Lc, mais 7 fois en Mt (3,15 ; 9,18 ; 11,12 ; 23,39 ; 26,29 ; 26,53.64). L'adverbe a été introduit par Matthieu dans des textes puisés à ses sources en Mt 9,18 ; 26,29.64, sans doute aussi 23,39. Il est vrai que ἕως ἄρτι ne se lit qu'en 11,12 et que ἀπ' ἄρτι est plus typique (23,39 ; 26,29.64).

27) Cf. pourtant Ac 8,39 ; 23,10.

28) G. SCHRENK, ThWNT 1, p. 609 n. 7. Pour Flavius-Josèphe voir P. HOFFMANN, Logienquelle, p. 77, et surtout W.E. MOORE, BIAZO, p. 528-529.

(p. 514-516)

29) Le vocabulaire de ces deux textes trahit indéniablement la main de Luc (cf. M.E. BOISMARD, Synopse II, p. 99.180).

30) "Evangéliser" (absolu) correspond à "proclamer la Basileiä" de Lc 9,2.

31) E. BAMMEL, Is Luke 16,16-18 of Baptist's Provenience ? , HThR 51, 1958, p. 101-106 (à la p. 104 et n. 20).

32) Lc 24,29 et Ac 16,15.

33) Il en est de même en Gn 19,3 A.

34) Voir Ph. MENOUD, BIAZETAI, p. 211.

35) Luc reste fidèle au sens fondamental de βιάζομαι εἰς qui signifie "entrer par effraction, pénétrer de force", jamais "combattre quelqu'un, attaquer" (cf. G. SCHRENK, ThWNT 1, p. 611).

36) Ph. MENOUD, BIAZETAI, p. 212.

37) Voir M. DIBELIUS, Täufer, p. 23-24 et p. 28 n. 3 ; G. SCHRENK, ThWNT 1, p. 611 ; E. HAENCHEN, Weg, p. 181 n. 33.

38) BIAZETAI.

39) Voir entre autres W.G. KUEMMEL, "Gesetz", p. 98 ; S. SCHULZ, Q, p. 262 n. 602 ; J. DUPONT, Béatitudes III, p. 52-53 n. 2 ; J. ERNST, Lk, p. 470.

9bis) A un mot près (ἕως), H. MERKLEIN, Gottesherrschaft, p. 87, propose la même restitution. B.D. CHILTON, par contre (God, p.223) estime que le dernier stique portait πᾶς εἰς αὐτὴν βιάζεται.

40) Voici quelques exemples :
- R. BULTMANN, GST, p. 178, mentionne d'abord Mt 11,12-13 par. puis, un peu plus loin à la même page, Mt 11,12 par.
- G. FRIEDRICH, ThWNT 6, p. 840-842, s'arrête au dit de Mt 11,13 par. Lc 16,16 sans se soucier de Mt 11,12.

(p. 516-517)

- N. PERRIN, Kingdom, p. 171, présente Mt 11,12-13 (cf Lc 16,16) comme "the most difficult saying" du groupe des logia se rapportant à la présence du Règne ; dans Rediscovering, p. 74-77, le même auteur analyse Mt 11,12 par. Lc 16,16 sans tenir compte de Mt 11,13.

41) Ainsi E. PERCY, Botschaft, p. 194 ; J. SCHMID, Mt, p. 193 ; S. SCHULZ, Q, p. 263.

42) Ainsi M. DIBELIUS, Täufer, p. 23-25 ; considérant que Mt 11,12a (ἀπὸ...ἕως ἄρτι) est plus primitif que Lc 16,16a (ἀπὸ τότε), il peut voir en Mt 11,12 un logion indépendant. Mais il ne tient aucun compte de la parenté de Mt 11,13 avec Lc 16,16a.

   Comme partisan de l'hypothèse de la dualité des logia voir avant tout P. HOFFMANN, Logienquelle, p. 50-51.

43) Voir D. LUEHRMANN, Redaktion, p. 28, et surtout G. BARTH, Gesetzesverständnis, p. 58-59.

44) Ainsi P. HOFFMANN, Logienquelle, p. 51.

45) Cf. P. HOFFMANN, op. cit., p. 57-58.

46) Références dans W.G. KUEMMEL, Traditionsgedanke, p. 20 n. 23.

47) Mt 7,12 ; 22,40.

48) Lc 24,27.44 ; Ac 13,15 ; 24,14 ; 28,23.

49) Mt 5,17 ; Lc 16,29.31 ; Rm 3,21.

50) Cf. E. KAESEMANN, Problem, p. 210 ; voir dans le même sens W.G. KUEMMEL, Traditionsgedanke, p. 35.

51) Ainsi S. SCHULZ, Q, p. 263-265.

(p. 517-518)

52) Voir P. HOFFMANN, Logienquelle, p. 59-60.
    La difficulté est d'harmoniser cette affirmation sur la
caducité de la Loi avec d'autres textes de Q où la Loi est
plutôt renforcée que relativisée. Aussi Hoffmann (loc. cit.)
pense-t-il que la teneur actuelle de Lc 16,16a, concevable
seulement sur l'arrière-plan de la critique hellénistique
de la Loi, est postérieure à Q et qu'elle vient de Luc. Pourtant, ainsi que le souligne A. POLAG, Christologie, p. 79-80.
divers textes de Q impliquent une relativisation de la Loi.
Au reste, est-il si sûr que la "rédaction" de Q a été poussée à un point tel qu'il ne faille plus compter avec aucune
tension ?

53) Cf. G. SCHRENK, ThWNT 1, p. 612-613.

54) Cf. W. BAUER, col. 215-216 ; W. FOERSTER, ThWNT 1, p. 471-472.

55) W. FOERSTER, ThWNT 1, p. 472, a tort de le nier. Avec
    LIDDELL-SCOTT, p. 246, on peut renvoyer à Xénophon, Cyropé-
    die 7,2,5. Ce sens est attesté aussi dans Flavius-Josèphe
    (cf. W.E. MOORE, BIAZO, p. 525).

56) W.E. MOORE, BIAZO, p. 524.526.

57) M.J. LAGRANGE, Mt, p. 222, cite un exemple emprunté à
    Epictète IV,7,2. Voir aussi W.E. MOORE, BIAZO, p. 525-526.

58) M. DIBELIUS, Täufer, p. 25 : "der Unterton eines Unrechts,
    einer Vergewaltigung".

59) Voir W.E. MOORE, BIAZO, p. 534-540.

60) J. SCHNIEWIND, Mt, p. 144 : "ein Wort des Lobes und nicht
    des Tadels".

61) Les tenants de cette interprétation ne sont pas rares (voir
    les indications bibliographiques données par G.E. LADD, Je-
    sus, p. 159 n. 42). Parmi les représentants les plus

(p. 518-520)

marquants, citons R. OTTO, Reich, p. 81-82 ; E. PERCY, Botschaft, p. 196-197. H. MERKLEIN, Gottesherrschaft, p. 83. 89-90.

62) Voir avant tout Mc 9,43-47 où pourtant, à la différence de notre logion, la Basileia est une réalité future.

63) E. PERCY, Botschaft, p. 197.

64) L'observation est faite par A. SCHLATTER, Mt, p. 369.

65) Cf. M. HENGEL, Zeloten, p. 345.

66) G. BRAUMANN, "Himmelreich", p. 108, pense que les ennemis de Jésus et de la Communauté -identifiée à la Basileia ! - sont appelés βιασταί parce qu'ils sont persécuteurs ; il renvoie à βία de Ac 5,26 ; 21,35. Dans le même sens, mais sans arguments précis, voir déjà G. DALMAN, Worte, p. 115.

67) L'identification, non justifiée, faite par G. Braumann de la Basileia et de l'Eglise représente un deuxième point faible de son exégèse.

68) Voir G. SCHRENK, ThWNT 1, p. 610 ; A. SCHLATTER, Mt, p. 368-369 ; G. STRECKER, Weg, p. 168 (pour la rédaction de Mt).

69) D'après S. SCHULZ, Q, p. 265-267, et P. HOFFMANN, Logien-quelle, p. 69-71, tel serait fondamentalement le sens qu' avait le logion dans la source Q.

70) Voir M. DIBELIUS, Täufer, p. 26-27 ; C.H. KRAELING, John, p. 156. Je précise que Dibelius ne s'appuie pas sur le lo-gion du Fort mais sur 1 Co 2,6-8 et sur le logion de Freer (Mc 16,14).

71) O. BETZ, Krieg, p. 125-129 ; id., Interpretation, p. 98-105. Voir aussi N. PERRIN, Kingdom, p. 173-174.

(p. 520)

72) 1 QpHab II,6 ; 1 QH II,11.21 ; 4 QpPs 37 II,20.

73) Interpretation, p. 103 : "attack and plunder".

74) Pour pouvoir mettre Mt 11,12 en parallèle avec 1 QH VI,25-
36, Betz fait intervenir aussi Mt 12. Il ne tient pas compte
de la Traditionsgeschichte de Mt 11-12, ni en particulier
de la rédaction matthéenne reconnue forte dans ces deux
chapitres.

75) O. BETZ, Interpretation, p. 102, le reconnaît implicitement
quand il écrit : "ʽApπάζειν is the goal of βιάζεσθαι εἰς,
the 'breaking in by force' ". Du même coup il fait apparaître deux failles qui rendent précaires les rapprochements
proposés de notre texte avec Mt 12,29 et Mekhilta sur Ex
15,17-18 : 1. il combine la version de Lc 16,16 (βιάζεται
εἰς) avec celle de Mt 11,12, et 2. il néglige le fait qu'en
Mt 12,29 et dans le passage de la Mekhilta la venue en force et le pillage sont le fait du même sujet alors qu'en
Mt 11,12, d'après l'interprétation qu'il propose lui-même,
βιάζεται et ἁρπάζουσιν désignent des actions opposées ayant
des sujets différents.

76) C.H. KRAELING, John, p. 157, et N. PERRIN, Kingdom, p. 174,
suggèrent qu'il pourrait s'agir de la mort de Jean, victoire
provisoire des forces hostiles au Règne. Perrin se montre
plus affirmatif dans son ouvrage plus récent (Language,
p. 46) et ajoute que Jésus pouvait envisager en plus ses
propres épreuves et celles de ses disciples.

77) C'est ce que fait aussi W.E. MOORE, BIAZO, p. 540-543.

78) Voir P. HOFFMANN, Logienquelle, p. 71 et n. 69 ; W.E. MOORE,
BIAZO, p. 536 : "the user of βία is often a usurper" ;
p. 522 : "violation of rights" (à propos de βιάζομαι) ;
p. 537 : "illicit seizing" (à propos de ἁρπάζω, διαρπάζω).

(p. 521)

79) Voir H. WINDISCH, Sprüche, p. 172-176.

80) Luke 16,16.

81) Mt 11,16-19 implique effectivement une critique faite par
les notables à Jésus à cause de "his universalizing of the
Gospel" (p. 240) ; il est dès lors possible de rapprocher
les βιασταί des publicains et des pécheurs dont Jésus est
l'ami au grand scandale des justes.

82) Voir aussi les objections de E. NEUHAEUSLER, Anspruch,
p. 81-82 n. 132.

83) L'exégèse de Danker a été accueillie favorablement entre
autres par F. MUSSNER, Kairos, p. 607, par J. JEREMIAS,
Verkündigung Jesu, p. 114, et par J. SCHMITT, sotériologie,
p. 46.
    W. WINK, John, p. 21-22, s'inspire de Danker mais il pen-
se que la source du conflit avec les pharisiens est dans le
comportement de Jean-Baptiste. Cette hypothèse est peu con-
ciliable avec Lc 7,33-34 par. où Jean, l'ascète, est opposé
à Jésus, l' "ami des publicains et des pécheurs".
    L. GOPPELT, Theologie I, p. 114, sans se référer à
Danker, renvoie à Mt 21,31 et propose de voir dans les gens
qui s'emparent de la Basileia de force et contre le droit
les publicains et les pécheurs.

84) Voir par ex. F. HAHN, Methodische Ueberlegungen, p. 43.

85) Cf. Bill. I, p. 374-377.

86) Bill., ibid.

87) D. LUEHRMANN, Der Verweis auf die Erfahrung und die Frage
nach der Gerechtigkeit, dans Jesus Christus in Historie und
Theologie (FS H. Conzelmann), p. 185-196, n'a pas tort de
parler à ce propos d'un "Unterton des Vorwurfs gegen Gott"
(p. 193).

(p. 522-524)

88) AJ VIII,314 (cité par A. SCHLATTER, Mt, p. 194).

89) Pour F.W. DANKER, Luke 16,16, p. 243, le reproche était encore actuel après 70, au moment du triomphe du légalisme
pharisien, et tout le monde savait de quel côté venait ce
reproche, il n'était pas nécessaire de le préciser. La sin-
gularité de l'expression βιασταί rend cette explication in-
suffisante.

90) Avec F. MUSSNER, Kairos, p. 608 et n. 3.

91) Voir avant tout G. SCHRENK, ThWNT 1, p. 608-610.

92) Voir E. PERCY, Botschaft, p. 194.

93) Cf. G. SCHRENK, ThWNT 1, p. 608. Toutefois, à en juger par
Flavius-Josèphe, la disproportion entre les emplois du passif et ceux du moyen n'est pas énorme : W.E. MOORE, BIAZO,
p. 519, compte 1/3 pour le passif et 2/3 pour le moyen.

94) Ainsi M. BLACK, Aramaic Approach, p. 211 n. 2 ; O. BETZ,
Interpretation, p. 102 n. 48, p. 104. Mais G. DALMAN, Worte,
p. 115, et d'autres à sa suite (cf. M. BLACK, Aramaic Approach, p. 116 n. 1) préfèrent ᵓns. R. OTTO, Reich, p. 81,
propose ḥzq.
En fait il est à peine possible de se prononcer. Dans
la LXX βιάζομαι n'est employé, d'après la Concordance de
Hatch-Redpath, que 18 fois et correspond à 7 verbes différents ! Dans les trois cas où βιάζομαι traduit prṣ (2 R 13,
25.27 ; 4 R 5,23 A) le verbe grec est suivi d'un accusatif.
Bref, le substrat sémitique offre tant de possibilités pour
les équivalents éventuels de βιάζομαι et de ἁρπάζω -il suffit de lire D. DAUBE, New Testament, p. 285-300 pour s'en
convaincre- qu'il n'est à peu près d'aucun secours pour
l'interprétation du logion des violents. B.D. CHILTON, God,
p. 225-230, qui propose l'araméen tqp, me paraît à cet égard
trop confiant.

(p. 524-526)

95) O. BETZ, Interpretation, p. 102-104. Mais le texte de Ex, sur lequel D. DAUBE, op. cit., p. 292, avait déjà attiré l'attention, est lui-même peu clair.

96) M. BLACK, Aramaic Approach, p. 211 n. 2.

97) R. OTTO, Reich, p. 79 ; T.W. MANSON, Sayings, p. 134 ; O. BETZ, Interpretation, p. 105.

98) Pour les différences de βία et de δύναμις voir W.E. MOORE, BIAZO, p. 523-525.

99) En plus des auteurs déjà mentionnés (cf. aussi la liste dressée par G.E. LADD, Jesus, p. 159 n. 42), voir R. SCHNACKENBURG, Gottes Herrschaft, p. 88-90 ; F. MUSSNER, Kairos, p. 608-609 ; B.D. CHILTON, God, p. 228-230.

100) Ainsi R. OTTO, Reich, p. 81 ; E. PERCY, Botschaft, p. 193 ; J. SCHMID, Mt, p. 192 ; R. SCHNACKENBURG, Gottes Herrschaft, p. 89 ; G.E. LADD, Jesus, p. 159.

101) Dans le même sens voir K. WOSCHITZ, Reflexionen, p. 74.

102) On sait que καί peut avoir cette fonction épexégétique (cf. BDR § 442,6).

103) Cf. G. STRECKER, Weg, p. 167-168.

104) Il y a des exceptions, par ex. R.H. FULLER, Mission, p. 32 ; R.H. HIERS, Kingdom, p. 36-42.

105) Voir R. OTTO, Reich, p. 80 ; C.H. KRAELING, John, p. 156 ; E. PERCY, Botschaft, p. 198 ; W.G. KUEMMEL, Promise, p. 124 ; R. SCHNACKENBURG, Gottes Herrschaft, p. 90 ; H. RIDDERBOS, Coming, p. 54 ; N. PERRIN, Kingdom, p. 173 ; id., Language, p. 46.

106) Le verbe ἁρπάζω, on l'a vu, comporte cette connotation.

(p. 526-527)

07) Le logion est un "Jubelruf Jesu und keine Klage" (J. SCHMID, Mt, p. 193). Voir aussi F. MUSSNER, Kairos, p. 609, qui reprend la formule de Schmid, et R. SCHNACKENBURG, Gottes Herrschaft, p. 90.

08) "God's decisive activity" (N. PERRIN, Rediscovering, p. 77).

09) Le dossier est présenté à nouveau par H. MERKLEIN, Gottesherrschaft, p. 84-87.

10) M. GOGUEL, Jean-Baptiste, p. 69. Dans le même sens : J. BECKER, Johannes der Täufer, p. 75-76 ; S. SCHULZ, Q, p. 265 et n. 618 ; P. WOLF, Gericht und Reich Gottes, p. 47-48; H. MERKLEIN, Gottesherrschaft, p. 86.146-149.

11) Voir O. BETZ, Interpretation, p. 104 : "The saying on the violent agressors of the Kingdom reveals the Messianic self-consciousness of Jesus".

C H A P I T R E V

Le Règne et le riche.
(Mc 10,25 par.)

La double mention du "chemin" (Mc 10,17.32) ainsi que les
inclusions formées par l'expression "vie éternelle" (Mc 10,17.30)
et par le verbe "suivre" (Mc 10,17.28) indiquent qu'aux yeux de
Marc les vv. 17-31 constituent une unité. A ces indices aisément
repérables s'ajoute l'homogénéité réelle, encore que non entière,
des thèmes abordés qui sont a) le salut futur, b) la richesse,
obstacle au salut eschatologique et c) la voie privilégiée de la
"suite" de Jésus.

De toute évidence, l'unité est rédactionnelle et comporte
trois parties. A l'épisode de l'homme que ses richesses empêchent de répondre à l'appel de Jésus (10,17-22) fait suite un enseignement, adressé aux disciples, sur le danger des richesses
et sur la difficulté du salut (10,23-27). Marc présente enfin une
instruction dont le destinataire apparent est Pierre ; elle porte
sur la récompense promise à ceux qui auront tout quitté (10,28-31).

Comme l'objet propre de la présente étude est le dit rapporté en 10,25 et non l'ensemble de la composition, il paraît
indiqué de limiter l'analyse à Mc 10,23-27, contexte immédiat
du logion.

I Analyse littéraire de Mc 10,23-27.

Le morceau est structuré de la manière suivante[1] :
a) Première parole de Jésus : v. 23.
b) Réaction des disciples : v. 24a.
c) Deuxième parole de Jésus : vv. 24b-25.
d) Nouvelle réaction des disciples : v. 26.
e) Troisième parole de Jésus : v. 27.

Malgré sa simplicité, cette structure ne peut cacher les
importantes "disharmonies internes"[2] présentes dans ces quelques
versets.

Voici les remarques majeures à ce sujet :

1. En regard des vv. 23-24a, la deuxième parole de Jésus (vv. 24b-25) et la seconde réaction des auditeurs (v. 26) constituent une progression dramatique. Celle-ci s'exprime avant tout par les adverbes πάλιν du v. 24b et περισσῶς du v. 26. Le premier mot est généralement reconnu comme typique de Mc[3]. L'adverbe περισσῶς, quant à lui, est très rare dans le NT[4]. Il se lit une seconde fois cependant dans l'évangile de Mc, en 15,14, où il a le même sens comparatif qu'en Mc 10,26[5]. De ce fait, l'hypothèse que, dans notre texte, les deux adverbes sont dus à la plume du rédacteur ne manque pas de vraisemblance[6]. S'il en est ainsi, les deux séquences : parole de Jésus-réaction des disciples (les vv. 23-24a d'un côté, les vv. 24b-26 de l'autre), disposées superficiellement en progression dramatique, forment en réalité un doublet.

2. Dans la parole de Jésus rapportée aux vv. 24b-25 se trouvent juxtaposées deux affirmations qui ne se recouvrent pas, qui sont même en tension. Alors que le v. 24bc suppose que la difficulté d'entrer dans la Basileia vaut pour tous les hommes, le v. 25, reprenant l'affirmation du v. 23b, n'a en vue que les riches.

3. Venant après le v. 25, la réaction renforcée des disciples (v. 26) surprend, elle implique en effet que l'entrée dans la Basileia est très difficile non seulement pour les riches, mais pour tout le monde. Ou "le monde ne serait-il composé que de riches"[7] ?

Ces tensions ont vraisemblablement été ressenties par Luc et par Matthieu : ils omettent tous deux Mc 10,24, dont l'adverbe πάλιν de Mt 19,24 paraît être une réminiscence. Les copistes, en tout cas, s'y sont montrés fort sensibles, puisque, de diverses façons, ils ont cherché à les éviter[8].

Au jugement de plusieurs auteurs, toutefois, les disharmonies ne seraient qu'apparentes. Pour d'aucuns l'absence au v. 24c de l'allusion à la richesse "est comblée par les parallèles, cela va de soi"[9]. Selon K.G. Reploh[10] et R. Pesch[11], la question "qui peut être sauvé" (v. 26) ne vise en fait que les riches. A en croire N. Walter[12], le v. 25, dans sa teneur primitive, ne parlait pas d'un "riche" mais comportait un terme général tel ἄνθρωπος à prendre au sens de τις[13].

Aucune de ces tentatives d'explication harmonisante ne
paraît suffisamment fondée pour mériter d'être retenue.

La réalité et l'importance de ces tensions une fois prises
au sérieux[14], il devient difficile d'apprécier Mc 10,23-27 comme l'oeuvre d'un seul auteur ou même comme une composition faite
d'un jet à partir de matériaux traditionnels disparates. Reploh[15]
s'y est bien essayé récemment, mais, on l'a vu, il se facilite
la tâche en réduisant indûment les disharmonies du texte ; il
reconnaît lui-même, du reste, que la composition n'est guère
réussie. Suivant toute vraisemblance le morceau a connu une genèse complexe qu'il incombe à l'analyse de préciser dans la mesure du possible.

A) L'apport rédactionnel de Marc.

Il est notoire que les rédacteurs évangéliques se montrent
plus libres dans les parties narratives que dans les logia. Ce
fait général convie à examiner en premier lieu les éléments narratifs de Mc 10,23-27.

1) Les éléments narratifs.

a) Le v. 23a : καὶ περιβλεψάμενος ὁ Ἰησοῦς λέγει τοῖς μαθηταῖς
αὐτοῦ.

Le verbe περιβλέπομαι n'est attesté que sept fois dans le
NT, dont six fois en Mc[16]. Est-il pour autant "typiquement marcien"[17] ? La statistique verbale est parfois un piège en critique
littéraire. Pour qu'un vocable puisse être qualifié de marcien
il faut qu'au préalable tradition et rédaction soient bien dis-
tinguées[18], et l'entreprise se révèle particulièrement délicate
dans le cas de Mc où la comparaison synoptique n'est habituellement d'aucun secours. En l'occurrence, περιβλέπομαι paraît venir
plus souvent de la tradition[19] que de la rédaction[20].

La construction utilisée au v. 23a, soit καὶ + participe
aoriste + λέγει(ὁ Ἰησοῦς) + datif, n'est pas rare dans le deuxième évangile[21]. La plupart des textes qui en usent appartiennent à
la tradition, seuls Mc 8,17 (motif marcien de l'incompréhension)

et, peut-être, 11,21-22[22] et 10,42[23] sont imputables à la rédaction marcienne[24].

Quoique très fréquent (environ 150 fois) dans Mc, le présent historique ne peut plus être compté comme critère de rédaction[25]. Des études récentes ont en effet montré que la tradition pré-marcienne fait elle aussi usage du présent historique[26]. De plus, s'agissant du verbe dire, le présent historique ne peut passer pour un trait distinctif de Mc[27].

Au vu de ces faits l'hypothèse selon laquelle le v. 23a trahit la main de Marc est pour le moins hasardeuse, même si, à première vue, l'expression οἱ μαθηταὶ αὐτοῦ semble l'appuyer[28].

b) Le v. 24a : οἱ δὲ μαθηταὶ ἐθαμβοῦντο ἐπὶ τοῖς λόγοις αὐτοῦ.

Employé trois fois en Mc (1,27 ; 10,24.32), le verbe θαμβέομαι ne se lit jamais ailleurs dans le NT.

En Mc 1,27 il exprime un motif faisant partie intégrante du genre littéraire : la stupeur provoquée par l'épiphanie qui se produit dans le miracle[29]. Aussi le verbe est-il vraisemblablement traditionnel[30].

En 10,32, par contre, θαμβέομαι, employé à l'imparfait comme en 10,24, se lit dans un texte dont le vocabulaire et les idées apparaissent, pour l'essentiel, caractéristiques du rédacteur[31]. En ce qui regarde plus particulièrement θαμβέομαι, notons que dans 10,32 comme d'ailleurs en 10,24 l'épouvante n'est pas motivée par l'épiphanie de Dieu dans le miracle ; bien que le motif de l' "admiration" ne soit pas limité aux seuls récits de miracles[32], le verbe θαμβέομαι ne semble pas commandé dans ces deux textes par les exigences d'un genre littéraire traditionnel bien défini. En revanche, et positivement, l'incompréhension des disciples, sur laquelle le rédacteur du deuxième évangile insiste tant, pourrait bien rendre compte de l'emploi de θαμβέομαι dans l'un et l'autre texte[33]. Dès lors la provenance marcienne de 10,24a apparaît plausible[34].

c) Le v. 24b : ὁ δὲ ᾽Ιησοῦς πάλιν ἀποκριθεὶς λέγει αὐτοῖς.

L'adverbe πάλιν vient probablement du rédacteur. Est-ce à dire que toute la proposition doit être attribuée à ce dernier ?

Rien ne l'indique. Le présent historique, nous l'avons vu, n'est pas un critère. En ce qui concerne le syntagme ἀποκριθείς+λέγειν, il est certes bien attesté dans l'évangile, mais il y accuse trop de variations pour avoir la valeur d'un indice[35].

Il ne semble pas possible, dans ces conditions, d'aboutir à une conclusion fondée portant sur l'origine de 10,24b sur la seule base de l'analyse du vocabulaire et du style.

d) Le v. 26a : οἱ δὲ περισσῶς ἐξεπλήσσοντο λέγοντες πρὸς ἑαυτούς.

L'adverbe περισσῶς, on l'a vu ci-dessus, vient sans doute de la rédaction.

Le verbe ἐκπλήσσομαι n'est pas fréquent dans le NT. A l'exception de Ac 13,12, il ne se lit que dans les synoptiques[36], principalement dans le deuxième évangile[37]. En Mc 7,37 le verbe introduit un "Chorschluss" et peut être considéré comme un élément type du genre littéraire ; sans doute y est-il traditionnel. Associé en revanche au motif marcien de l'enseignement de Jésus[38], il est très vraisemblablement à attribuer au rédacteur en 1,22 et 11,18, comme la critique l'admet largement[39], peut-être aussi en 6,2. En Mc 10,26 ἐκπλήσσομαι marque de même la réaction des disciples à un enseignement de Jésus : l'hypothèse de sa provenance marcienne est vraisemblable[40].

Mais qu'en est-il de la clause λέγοντες πρὸς ἑαυτούς ? Dans l'évangile de Mc il y a d'autres textes où une parole prononcée -à l'occasion un discours indirect[41]- est introduite par un verbe du sens de "dire" accompagné de πρός et de l'accusatif, en particulier πρὸς ἑαυτούς[42]. Pour M. Lehmann[43] la clause trahit par elle-même la main de Marc. Je ne vois pas ce qui justifie pareille conclusion. Toutefois, la tournure est attestée en Mc 1,27b et 9,10, où la critique reconnaît habituellement une part de rédaction en raison des motifs marciens de l'enseignement (1,27) et de l'incompréhension des disciples (9,10). De ce fait, en 10,26 aussi, elle pourrait venir de Marc. L'indice, à dire vrai, est léger en lui-même ; mais, renforcé de περισσῶς et de ἐκπλήσσομαι, il acquiert cependant   quelque poids.

Ces indices d'ordre littéraire sont à nouveau corroborés par le motif de l'incompréhension (cf. v. 24), de sorte que l'hypothèse de la provenance marcienne de 10,26a apparaît vraisemblable. S'il en est ainsi, ajoutons-le dès à présent, les mots mêmes qui expriment en style direct la stupeur des disciples, à savoir le v. 26b, peuvent difficilement venir d'un autre que de Marc. Il y a en effet une adéquation profonde entre la notice narrative (v. 26a) et la question (v. 26b) : une question introduite par καί exprime normalement un sentiment fort tel que l'admiration ou l'indignation[44]. Le sens eschatologique que le verbe σῴζω présente dans la question καὶ τίς δύναται σωθῆναι ne peut être opposé à l'hypothèse. Certes, dans Mc ce verbe se lit le plus souvent en des contextes de guérison[45]. Mais ces attestations, y compris le sommaire de Mc 6,53-56 d'ailleurs fortement apparenté à Mc 5,21-34[46], appartiennent à la tradition prémarcienne. En outre Mc 10,26, contrairement à ce qu'affirme E. Lohmeyer[47], n'est pas le seul texte de Mc où σῴζω soit employé au sens eschatologique[48]. Selon toute vraisemblance la source du discours apocalyptique comportait le verbe en 13,13 et 13,20 ; il n'y désignait sans doute que le fait d'échapper à la tribulation eschatologique. Le rédacteur l'aura repris et lui aura donné le sens positif et plénier de salut eschatologique[49], celui-là même qu'il revêt en 10,26 où il vise directement l'entrée dans la Basileia. Plutôt que de l'infirmer, le verbe σῴζω confirme notre hypothèse. En tout état de cause le vocabulaire technique du salut ne remonte pas aux couches les plus anciennes de la tradition synoptique[50].

e) Le v. 27a : ἐμβλέψας αὐτοῖς ὁ Ἰησοῦς λέγει.

Le vocabulaire et le style ne fournissent guère d'indications qui permettraient de conclure à l'origine marcienne de la notice du v. 27a. L'emploi absolu du verbe λέγω est attesté ailleurs dans l'évangile ; mais, au vu des textes, il apparaît foncièrement traditionnel[51]. Le verbe ἐμβλέπω, quant à lui, se lit quatre fois en Mc[52] et seulement sept fois dans le reste du NT[53]. S. Légasse[54] y discerne une caractéristique du rédacteur ; il se réclame du fait que Marc est l'évangéliste qui a transmis le plus de traits émotionnels. L'argument paraît assurément trop général pour fonder pareille conclusion que l'auteur présente d'ailleurs avec quelque réserve. Il reste que ἐμβλέπω + datif en 10,27 semble bien être inspiré par la même formule utilisée peu

auparavant, en 10,21. Le fait autorise à considérer 10,27a comme secondaire, mais non encore comme marcien.

La cohérence interne des vv. 26-27 permet d'aller plus
loin. Le v. 26, dont la provenance marcienne est apparue vraisemblable, a manifestement pour fonction d'amener le v. 27 et d'en
faire la pointe du sous-ensemble de Mc 10,23-27. Or le v. 27
ne se suffit pas à lui-même ; il ne peut être, H.W. Kuhn le souligne avec raison[55], un logion primitivement indépendant. Tout
compte fait, les deux versets viennent probablement de la même
main, en l'occurrence du rédacteur marcien[56].

Les résultats auxquels aboutit l'analyse des éléments narratifs des vv. 23-27 restent maigres et peu assurés quant à la
part de la rédaction marcienne. Plus d'une fois il n'a pas été
possible de dépasser le stade de la conjecture. Seules sont ap-
parues plausible l'hypothèse selon laquelle la première réaction
des disciples (10,24a) vient de la rédaction de Marc, et vraisemblable celle qui compte avec une part importante de rédaction
marcienne dans les vv. 26-27.

2) Les dits.

Marc est vraisemblablement l'auteur de la parole attribuée
à Jésus en 10,27b. Le rédacteur a-t-il laissé sa marque dans
les autres dits rapportés par la péricope, aux vv. 23b, 24c, 25 ?

Mise à part l'expression "entrer dans la Basileia de Dieu"
(vv. 23b.24c.25), les vocables employés dans ces logia sont rares
et particuliers. Ainsi :
- l'adjectif δύσκολος (v. .24c) est un hapax du NT, de même le
substantif τρυμαλιά (v. 25) ;
- l'adverbe δυσκόλως(v. 23b) n'est attesté qu'ici ainsi que dans
les parallèles de Mt et de Lc ;
- dans les évangiles le terme χρῆμα (v. 23b) ne se lit que dans
Mc 10,23 et dans le parallèle lucanien ;
- le mot ῥαφίς (v. 25) est employé seulement en Mc 10,25 et dans
son parallèle matthéen ;
- l'adjectif εὔκοπος ne se trouve ailleurs qu'en Mc 2,9 par. et
en Lc 16,17 ;

- διέρχομαι, verbe typique de Lc-Ac, est rare dans Mc (4,35 ;
10,25) et dans Mt (12,43 ; 19,24).

Il serait vain, dès lors, de s'appuyer sur l'étude du vocabulaire pour déterminer par cette voie seule la provenance des
logia.

Le problème fondamental posé par Mc 10,23-27 vient de la juxtaposition de deux affirmations portant sur la difficulté d'entrer dans la Basileia. L'une d'elles vise les riches seuls (vv.
23b.25), selon l'autre la difficulté est générale (v. 24c).

Sensibles à cette donnée du texte, divers auteurs, M.E.
Boismard et S. Légasse en particulier, ont souligné que le v. 24c
devait être rapproché des vv. 26-27, lesquels supposent eux aussi
que la difficulté d'entrer dans la Basileia est générale.

Pour M.E. Boismard[57], Mc 10,24c et 26-27 constituaient en
fait un seul logion au départ. Le texte actuel, où le début du
logion (v. 24c) est séparé de la suite (vv. 26-27), s'explique
par le fait que le v. 25 a été inséré secondairement par le Mc-
intermédiaire.

Selon S. Légasse[58], le logion à portée universelle se réduisait primitivement au v. 24c. Les vv. 26-27 apparaissent "comme le produit d'un rédacteur chrétien soucieux de tempérer la
sévérité de l'exclamation du v. 24b (= notre 24c), à laquelle
les vv. 26-27 devaient succéder dans les sources évangéliques".
Cette relecture serait antérieure à la rédaction marcienne.

Ces hypothèses ont le mérite de mettre en relief l'unité
de perspective des vv. 24c et 26-27. Toutefois, l'examen fait
ci-dessus des vv. 26-27 conduit à situer cette unité au plan de
la dernière rédaction[59]. Nous reviendrons sur la question après
avoir examiné la tradition pré-marcienne. Mais dès à présent
l'hypothèse de la provenance marcienne du v. 24c apparaît plausible.

Quant aux vv. 23b.25, aucun indice ne permet d'accueillir
avec faveur l'hypothèse de leur origine rédactionnelle. La différence même de perspective entre les vv. 24c.26-27 où le rédacteur marcien a exprimé son point de vue, et les vv. 23b.25 invite à attribuer ces derniers à la tradition pré-marcienne.

B) La tradition pré-marcienne.

Les vv. 23b et 25 formaient-ils, dès le départ, une unité à deux membres[60] ? Y a-t-il lieu, au contraire, de compter avec une dualité de strates ? Divers faits portent à accorder la préférence à la seconde de ces hypothèses :

1) Les expressions pour désigner les riches ne sont pas les mêmes en 10,23b (οἱ τὰ χρήματα ἔχοντες) et en 10,25 (πλούσιος).

2) La personne grammaticale change du v. 23b (3e pers. du pl.) au v. 25 (3e pers. du sing.). Le rédacteur matthéen a sans doute senti cette inégalité, comme aussi la précédente d'ailleurs, puisqu'en 19,23 il a remplacé la clause οἱ τὰ χρήματα ἔχοντες de Mc 10,23b par le substantif πλούσιος.

3) Mc 10,25 peut facilement être retraduit en hébreu ou en araméen. On ne saurait en dire autant de Mc 10,23b, car l'expression grecque οἱ τὰ χρήματα ἔχοντες[61] n'a pas de répondant immédiat en hébreu ou en araméen -du fait de l'absence en ces langues du verbe avoir.

4) La comparaison synoptique ne révèle aucun accord mineur de Mt et de Lc contre Mc dans les parallèles à Mc 10,23b. Par contre, dans les parallèles matthéen et lucanien à Mc 10,25 il s'en trouve plusieurs :
- le substantif τρῆμα (Mt[62]-Lc) pour τρυμαλιά (Mc) ;
- l'absence d'article (Mt-Lc) dans l'expression "chas de l'aiguille" munie de deux articles chez Mc ;
- le verbe εἰσελθεῖν (Mt-Lc) pour διελθεῖν (Mc) qui paraît pourtant plus approprié.

A l'exception éventuelle du deuxième, ces accords mineurs ne sont pas à assimiler aux changements que, indépendamment l'un de l'autre, Matthieu et Luc ont l'habitude d'opérer sur le texte de Mc pour des motifs de style[63]. Ils portent à penser que le logion du chameau a dû exister sous deux formes différentes dans la tradition pré-synoptique et, puisque les accords restent limités à Mt 19,24 et Lc 18,25, parallèles à Mc 10,25, que Mc 10,25 par. était initialement indépendant de Mc 10,23 par.[64].

5) En regard de l'affirmation forte et typée du v. 25, le v. 23b apparaît comme une anticipation un peu plate[65] qui, de surcroît, atténue la force de 10,25[66]. Entre 10,23b et 10,25 on constate en effet des différences dans la radicalité et dans le ton.

Dans l'univers familier aux contemporains de Jésus le chameau est l'animal le plus gros, le chas de l'aiguille passe pour l'ouverture la plus petite. On n'a jamais vu et on ne verra jamais un chameau ou un éléphant[67] traverser le trou d'une aiguille. Il est encore plus invraisemblable qu'un riche entre dans la Basileia. Voilà le sens du v. 25[68]. Au v. 23b il est question seulement de difficulté.

Le dit du v. 25 se présente comme abrupt, tranchant, péremptoire. Le ton du v. 23 est plutôt celui du regret, de la tristesse et répond bien à l'apophtegme de 10,17-22. En somme, le v. 23b exprime l'amère leçon[69] à tirer de l'appel manqué que rapporte 10,17-22, ce qu'indique de son côté l'exclamation πῶς[70].

Ces faits invitent à conclure que Mc 10,23b et 10,25 ne sont pas au même niveau. La priorité revient sans aucun doute à 10,25 qui, nous le verrons, offre de solides garanties d'historicité. Le v. 23 n'aurait-il pas été composé pour servir de transition entre 10,17-22 et 10,25 au moment où le logion du chameau a été ajouté à l'apophtegme de l'homme riche[71] ? L'élargissement de l'apophtegme aura été fait dès avant Marc. La relecture, en effet, met l'accent sur le danger des richesses et laisse dans l'ombre le thème de la "suite", lequel était capital dans l'apophtegme primitif[72] et reste central pour Marc lui-même comme l'indiquent le v. 28, oeuvre de l'évangéliste[73], et tout le contexte large (Mc 8,27-10,52)[74].

C) Le sens de la rédaction marcienne.

L'objet spécifique de la présente étude n'est pas de dégager l'intelligence marcienne de la péricope. Revenons pourtant brièvement à la rédaction de l'évangéliste ne serait-ce qu'à cause du v. 24 dont divers indices littéraires nous ont amenés ci-dessus à envisager avec faveur l'origine rédactionnelle au moins partielle.

Voici, schématisé, le mouvement de Mc 10,23-27 :
- v. 23b : affirmation -les riches entreront difficilement dans la Basileia ;
- v. 24a : la réaction des disciples, mettant en relief ce qui vient d'être dit ;

- v. 24bc : généralisation ou extension universelle de la difficulté ;
- v. 25 : affirmation radicalisée -pour les riches l'entrée est non seulement difficile mais impossible ;
- v. 26 : la réaction plus forte des disciples et leur question, qui n'a de sens qu'en fonction de ce qui est dit au v. 24bc ;
- v. 27 : déclaration conclusive sur le salut, impossible de fait à l'homme, mais possible à Dieu. Radicalisation et généralisation.

La "mise en scène dramatique"[75], le mouvement de généralisation et de radicalisation progressives s'étend à tout le texte et provient vraisemblablement du dernier rédacteur. Le v. 24bc répond à ce souci de progression, et cela confirme l'hypothèse de sa provenance rédactionnelle. De même, le déplacement de 10, 25, verset antérieurement situé après le v. 23b, et sa fusion en quelque sorte avec le v. 24bc, ont pour effet de faire monter la tension qui aboutira finalement au point d'orgue du v. 27.

Marc a composé le passage "en vue de faire éclater la toute-puissance de Dieu qui seul sauve l'homme par une disposition libre de son amour"[76]. Dans le contexte la péricope des enfants (Mc 10,13-16) exprime la même idée fondamentale. Elaborer une théologie de la "grâce", tel paraît bien le premier objectif du rédacteur[77].

La relecture pré-marcienne mettait l'accent sur le danger des richesses. Le v. 24c "qui élargit la perspective, réduit par le fait même l'importance de la richesse en tant que suprême menace pour le salut"[78]. Cet élargissement est d'ailleurs conforme au contenu particulier du v. 29, logion situé à cette place par le rédacteur et qui mentionne d'autres obstacles que la maison et les champs. Ainsi l'épisode du riche apparaît mis au service d'une parénèse plus générale portant sur la "suite" de Jésus et sur les exigences qu'elle implique. C'est là le deuxième propos de la rédaction marcienne[79].

Une conclusion, à notre point de vue des plus importantes, se dégage de cette analyse littéraire. Si la genèse de Mc 10, 23-27, fort complexe, ne peut être restituée qu'avec une bonne part d'hypothèse, un double fait paraît cependant acquis : Mc 10,25 est la pièce la plus ancienne et la plus solide de la

composition[80] et existait probablement comme logion isolé. Reste
à en déterminer l'origine et le sens primitif.

II. Exégèse de Mc 10,25.

A) L'historicité du dit.

Dans leur grande majorité les critiques admettent l'authenticité de Mc 10,25. A juste titre. Le logion répond dans une large mesure au critère de la dissimilarité ainsi qu'à celui de la
cohérence avec l'enseignement de Jésus.

Le judaïsme contemporain des origines chrétiennes a certes
dépassé la doctrine traditionnelle de l'ancienne sagesse pour
laquelle la richesse était le signe de la bénédiction divine. Il
connaît les dangers de l'argent. Jamais, cependant, il ne va
aussi loin que le dit de Mc 10,25 dans l'appréciation négative
de la richesse[81]. Même les violentes invectives d'Hénoch éthio-
pien contre les riches sont moins radicales que le logion : elles
visent clairement des impies ou des exploiteurs, autrement dit
de mauvais riches[82]. Quant à la communauté de la première génération judéo-chrétienne -le logion est vraisemblablement très
ancien-, elle ne paraît pas offrir de Sitz im Leben déterminé,
qui expliquerait la création de Mc 10,25[83].

En revanche, la forme et le contenu invitent à attribuer
le dit à Jésus. Ce dernier a une prédilection pour les sentences
imagées et surtout pour les paradoxes ainsi que l'attestent par
exemple les logia de l'oeil arraché (Mc 9,47 par.), de la montagne ou du figuier déplacé (Mc 11,23 par.), de la poutre et de la
paille (Lc 6,41-42 par.), du moucheron et du chameau (Mt 23,24).
Pour ce qui est du contenu, Q[84] et la tradition particulière à
Lc[85] fournissent de bons parallèles à Mc 10,25.

B) Le sens du logion.

Le contexte ne peut commander l'exégèse de ce logion initialement indépendant, et la teneur même du dit laisse place à
des interprétations variées.

Le dit est-il circonstanciel et exprime-t-il le retentis-
sement d'une expérience particulière du genre de la rencontre de
Jésus avec l'homme riche (Mc 10,17-22) ou de l'épisode des can-
didats disciples (Lc 9,57-62)[86] ? Est-il au contraire d'une
portée plus générale, à la manière d'une déclaration valant par
elle-même[87] ? L'accent repose-t-il plutôt sur le fait objectif
de la non-élection des riches,antithèse de la prérogative des
pauvres, ou bien le riche est-il vu en première ligne comme celui
qui refuse de satisfaire à l'exigence de renoncement, condition
de l'entrée dans la Basileia ? La Basileia est-elle considérée
comme présente et réalisée[88] ou est-elle encore à venir[89] ?

) L'expression "entrer dans la Basileia" ne favorise pas l'hypothèse selon laquelle le logion doit s'interpréter, dans la thématique générale de la "suite" de Jésus, comme l'écho d'un ou
de plusieurs appels à la condition de disciple restés sans réponse à cause de l'attachement à la richesse. En effet, "entrer
dans la Basileia" et "suivre" ne se recouvrent pas dans la pensée
de Jésus. Il est sans doute quelques parallèles qui paraissent
témoigner du contraire, tels Lc 9,60.62 et 18,29 ; mais la référence à la Basileia y a été insérée par Luc et s'explique par
sa conception missionnaire du Règne chère à cet évangéliste[90].
En outre, la forme même du logion -le paradoxe- invite à le tenir
pour une déclaration appelant l'attention et introduisant un enseignement nouveau plutôt que pour l'écho direct d'une expérience. De ce point de vue le logion sur la permanence de la Loi en
Lc 16,17, même si la teneur en est secondaire en regard de Mt
5,18, peut être compté comme une parallèle formel adéquat à Mc
10,25[91].

) Dès le moment où la tradition rattache le logion à l'apophtegme de l'homme riche, la richesse apparaît comme un obstacle dont
on peut et doit se débarrasser, si l'on veut avoir part au salut
eschatologique. Le renoncement à la richesse est présenté désormais comme la condition à remplir de l'accès au Règne. La question est de savoir si, ce faisant, la tradition est restée fidèle au sens initial du logion isolé.

C'est apparemment le cas. Divers logia archaïques relatifs
à la richesse comportent effectivement la note impérative, l'appel

à quitter les richesses. Les plus importants à notre point de vue
sont ceux où il n'est pas question de la "suite" de Jésus, avant
tout le dit sur le vrai trésor[92], celui des deux maîtres[93] ainsi
que les paraboles du trésor et de la perle[94], dans lesquelles,
pourtant, la pointe semble être plutôt la joie de la découverte
que l'exigence du renoncement. En outre, par sa deuxième partie
Mc 10,25 est à ranger parmi les dits "de l'entrée", dont l'objet
est de préciser les conditions auxquelles l'homme doit satisfaire
pour s'habiliter à entrer dans la Basileia[95]. Compris sous cet
angle, Mc 10,25 semble viser "moins à définir qu'à stimuler" et
paraît inviter l'auditeur à "faire en sorte de ne pas être
riche"[96].

Il existe cependant d'importantes différences entre Mc 10,25
et ses parallèles les plus proches, ceux qui utilisent le vocabulaire même de l'entrée. Dans ces derniers, l'idée de condition
d'entrée s'exprime formellement par la structure conditionnelle[97]
ou participiale[98] de la phrase. La nécessité de l'effort y est
soulignée par l'impératif[99]. Les conditions à remplir sont clairement indiquées : la conversion[100], la sainteté radicale[101], la
justice[102], la foi ou l'acceptation du kérygme[103].

En outre, une question plus fondamentale doit être posée
ici. Les logia de l'entrée tiennent sans aucun doute une grande
place dans les synoptiques, mais en était-il déjà ainsi dans la
prédication de Jésus ? En me limitant aux "logia de l'entrée proprement dits"[104] -il s'agit de Mc 9,43-47 ; Mc 10,15 et Mt 18,3 ;
Mc 10,23.24.25 ; Mt 5,20 ; 7,21- et sans entrer dans le détail de
l'analyse, je rassemble ici les observations majeures à ce sujet.
1. Nous venons de voir que Mc 10,23.24 sont des produits des relectures communautaire et rédactionnelle.
2. Le logion de l' "accueil du Règne" (Mc 10,15), nous l'avons vu
aussi[105], s'explique le mieux comme création de la Communauté.

Quant au parallèle de Mt 18,3, dans lequel d'aucuns voient
une variante traditionnelle indépendante de Mc 10,15 et, parce
que d'allure sémitisante, plus ancienne que le logion marcien[106],
il n'est vraisemblablement qu'un remaniement rédactionnel fait
par Matthieu sur la base de Mc 10,15. Les particularités du logion
matthéen sont dues au souci qu'avait le rédacteur d'adapter le

logion traditionnel à son nouveau contexte ainsi qu'à l'influence, en ce qui regarde la structure générale du dit, de Mt 5,20 qui est lui-même un produit de la rédaction[107].

3. L'unité pré-rédactionnelle conservée en Mc 9,43.45.47 (par. Mt 18,8-9) a un parallèle en Mt 5,29-30, parallèle imparfait à dire vrai, puisque ce texte ne mentionne que deux membres (oeil, main) contre trois en Mc (main, pied, oeil) et envisage uniquement la conséquence désastreuse (la géhenne) qu'entraînerait la compromission avec le péché. La teneur particulière de Mt 5,29-30 n'est pas l'indice d'une tradition indépendante de Mc, elle trahit le travail rédactionnel de Matthieu[108].

La triade main-pied-oeil est peut-être primitive[109]. Toutefois, étant donné que le vocable "la vie" n'est guère attesté comme désignation du salut eschatologique dans les couches les plus anciennes de la tradition[110], on peut penser aussi que les deux premières sentences de la série actuelle (Mc 9,43.45), dans lesquelles il est question de la vie, ont été calquées secondairement sur le dit (Mc 9,47), plus ancien dans l'hypothèse, qui présente comme but à atteindre à tout prix l'entrée dans la Basileia. Tenons-nous en prudemment à la seule sentence de Mc 9,47.

L'articulation des deux parties du logion n'a de sens que si l'on admet au préalable l'incompatibilité absolue entre le péché et la participation au salut eschatologique. En termes positifs : la sainteté radicalisée et sans concession est présentée ici comme la condition de l'entrée dans la Basileia.

Le logion n'a guère de parallèles proches dans le judaïsme ancien[111], ni dans le christianisme naissant. De frappe très sémitique, marquée au coin par l'expression concrète et paradoxale qui caractérise maint dit de Jésus, conforme à la discrétion habituelle de ce dernier dans l'évocation du châtiment et du salut eschatologiques mais également à sa radicalisation des exigences éthiques, la sentence de Mc 9,47 est sans doute foncièrement authentique[112].

4. Le dit sur la "justice plus grande" (Mt 5,20), qui ouvre les antithèses de Mt 5,21-48 et leur sert en quelque sorte de titre, ne peut guère remonter plus haut que le rédacteur matthéen dont il reflète d'ailleurs le vocabulaire[113] et la pensée. Un accord très large s'est réalisé sur ce point dans l'exégèse actuelle[114].

5. D'après Mt 7,21 l'entrée dans la Basileia est liée à l'accomplissement effectif de la volonté de Dieu. La densité des caractéristiques matthéennes[115], l'existence d'un parallèle moins élaboré en Lc 6,46, la tension entre 7,21 et 7,24-27, morceau traditionnel (Q) d'après lequel c'est l'accomplissement des paroles de Jésus qui est requis du disciples, voilà autant d'indices qui autorisent à tenir Mt 7,21 pour un "logion d'entrée" secondaire, forgé par Matthieu à partir d'un élément traditionnel[116].

Il s'avère ainsi que, parmi les logia proprement dits de l'entrée, seuls Mc 9,47 et 10,25 viennent probablement de Jésus. On notera aussi que c'est dans les strates secondaires et le plus nettement dans la rédaction de Matthieu que ces logia prennent de la façon la plus marquée la forme et la fonction de _torôt_ d'entrée.

Du moment que les parallèles qu'on pourrait alléguer à l'appui d'une interprétation éthique et parénétique de Mc 10,25 sont dans l'ensemble secondaires et que ce logion, pas plus d'ailleurs qu'un autre dit authentique apparenté aux logia de l'entrée, à savoir Mt 21,31b, ne fait expressément appel ni à l'effort en général, ni au renoncement aux biens en particulier, il y a lieu de se demander si une telle interprétation touche vraiment la pointe même de Mc 10,25[117]. L'appel implicite au renoncement pourrait bien n'être que la conséquence d'une vérité plus fondamentale que le texte vise en première ligne. L'impératif pourrait découler d'un impératif qu'il reste à dégager.

3) Dans leur ensemble les logia de l'entrée, y compris les plus anciens[118], voient dans la Basileia l'état plénier du salut eschatologique[119], en d'autres termes, la Basileia y est supposée encore à venir[120]. Les riches qui, par définition, jouissent d'une condition enviable dans le monde présent, seront dépossédés de leur privilège au moment où la Basileia viendra : ils n'y entreront pas.

En raison de la tension entre le présent et le futur, Mc 10,25 est à rapprocher de divers parallèles. Outre l'imprécation contre les riches de Lc 6,24, dont l'authenticité apparaît toutefois bien problématique, mentionnons les dits, vraisemblablement historiques, du "renversement eschatologique"[121], soit

es logia sans contexte ferme sur les "premiers et les derniers"[122],
ur l' "humble exalté"[123], et, en première ligne, les béatitu-
es[124]. Le logion qui déclare impossible l'entrée des riches dans
a Basileia répond exactement au macarisme des pauvres, dont il
eprésente en quelque sorte l'antithèse[125].

A la lumière de cette béatitude fondamentale le logion de
c 10,25 est d'abord une déclaration sur la nature même de la
asileia. La venue de Dieu aura pour effet le renversement des
aleurs qui ont cours à présent, au rang desquelles se placent
a puissance et la richesse. Les dépossédés de maintenant seront
lors comblés. Non qu'ils aient quelque mérite spécial à faire
aloir. De par leur condition même de pauvres, ils sont en si-
uation de radicale dépendance et ont de ce fait un besoin abso-
u de Dieu. Dieu se doit de les secourir[126] : par elle-même
a pauvreté entraîne l'élection.

Le riche, lui, se passe de Dieu ; il n'en a pas besoin[127].
n effet, "comment prendre appui sur les biens terrestres sans
ecouer en même temps le joug de sa dépendance totale à l'égard
u Père céleste, sans mettre en Mammon une confiance que Dieu
éclame tout entière"[128] ? Séduit par les biens de ce monde, com-
ent le riche serait-il prêt à réviser son échelle des valeurs
t à ratifier le renversement qui se produira quand la venue de
'eschaton révélera les vrais biens, ceux de la vie future, et
émasquera comme illusoires ceux du monde présent ? Se constituer
es réserves alors que la fin est proche (cf. Jc 5,4), c'est
n quelque sorte se défier de Dieu et de son salut prêt à se mani-
ester. Pourvu, le riche n'est pas en état d'appel et d'accueil
t Dieu ne peut rien lui donner. Fondamentalement la Basileia est
lection et grâce. C'est parce que le riche refuse de s'abandon-
er à la sollicitude du Dieu qui vient qu'il lui est impossible
'entrer dans la Basileia.

Tel semble être le sens profond du logion : une déclaration
ur la nature de la Basileia. Le pauvre en nourrira son espérance. Le
iche, s'il est avisé, l'entendra comme un appel à quitter la
ondition de satisfait, et donc de non-élu, et à se ranger parmi
es clients de Dieu, -les pauvres que, selon Jc 2,5, Dieu a élus
comme héritiers de la Basileia qu'il a promise à ceux qui l'aiment".

DEUXIEME PARTIE
Première section
CHAPITRE V

(p. 541-542)

1) Voir F.G. LANG, Sola gratia, p. 332.

2) S. LEGASSE, L'appel, p. 65; cf. J. GNILKA, Mk II, p. 84-85.

3) Pour R. PESCH, Mk II, p. 143 n. 35, πάλιν ἀποκριθείς est
une introduction de caractère sémitisant. Mais l'adverbe
n'a rien de sémitique, seul l'emploi particulier du verbe
ἀποκρίνομαι au sens de "prendre la parole" mérite ce qualificatif.

4) Mc 10,26 ; 15,14 = Mt 27,23 ; Ac 26,11.

5) Le sens comparatif n'est pas inhérent à l'adverbe et à l'adjectif correspondant ; il n'est usité que dans le parler
populaire (cf. BDR § 60,3).

6) Voir par ex. N. WALTER, Zur Analyse, p. 210-211 ; S. LEGASSE,
L'appel, p. 65 (pour περισσῶς) ; M.E. BOISMARD, Synopse II,
p. 312.

7) M.E. BOISMARD, loc. cit.

8) De nombreux témoins précisent que la difficulté dont il est
fait état en Mc 10,24c concerne τους πεποιθοτας επι χρημα-
σιν. D'autres introduisent dans le même verset le substantif
πλουσιος. Le texte occidental, quant à lui, recourt à une
transposition : le v. 25 y suit immédiatement le v. 23, de
sorte que le texte mentionne d'abord la difficulté pour les
riches (vv. 23+25), ensuite la difficulté universelle (vv.
24+26).

(p. 542-543)

Selon la plupart des critiques ces leçons, facilitantes,

Vaticanus mérite la préfé-

T, Camel, p. 85, et B.M.

05-106).

l'évangile de Marc. Récit-
p. 235 ; cf. aussi K.G.

reprise par W. HARNISCH,
avait faite sienne dans
us reprise dans une contri-
ASSE, Tout quitter, p.46-47).

ensions du texte que la res-
-27 proposée par R. PESCH,
nement satisfaisante. L'au-
comme une strate unique,
vv. 17-22 une unité indis-
26-27, ils constituent à ses
antérieure cependant à la

15) Lehrer, p. 192-196.

16) Mc 3,5.34 ; 5,32 ; 9,8 ; 10,23 ; 11,11 ; Lc 6,10 (= Mc 3,5).

17) Ainsi S. LEGASSE, L'appel, p. 71 n. 18 ; E. BEST,Camel, p. 85.

18) H.W. KUHN, Sammlungen, p. 149, insiste à bon droit sur ce
point.

(p. 543-544)

19) Mc 3,5.34 ; 5,32 ; 9,8 ; cf. H.W. KUHN, Sammlungen, p. 149.

20) C'est vraisemblablement le fait en Mc 11,11. Voir J. JEREMIAS, Abendmahlsworte, p. 85 et n. 1 ; H.W. KUHN, Sammlungen, p. 149 n. 18.

21) Voir 2,5.8.17 ; 3,5 ; 5,39.41 ; 8,17 ; 10,23.42 ; 11,22. Il convient d'y ajouter 9,5 et 11,21 où le sujet est Pierre.

22) Cf. H.W. KUHN, Sammlungen, p. 149.

23) Cf. K.G. REPLOH, Lehrer, p. 164-165. - H.W. KUHN, Sammlungen, p. 159-160, envisage avec faveur l'hypothèse de la provenance pré-marcienne de Mc 10,41-42a.

24) Le caractère traditionnel de la construction est souligné avant tout par H.W. KUHN, Sammlungen, p. 149-150.

25) C'est ce que fait encore E. BEST, Camel, p. 84-85.

26) Voir les indications données par W. SCHENK, Präsens historicum, p. 464 et n. 4.

27) Cf. BDR § 321,2[4] ; W. SCHENK, op. cit., p. 465.

28) D'après H.W. KUHN, Sammlungen, p. 171, l'expression est attestée plus de trente fois en Mc.
E. BEST, The Role of the Disciples in Mark, NTS 23, 1976-1977, p. 377-401 (aux p. 385-387) vient de proposer une répartition des textes de Mc sur les "disciples" entre tradition et rédaction. Dans les textes estimés traditionnels par Best, l'expression οἱ μαθηταὶ αὐτοῦ se lit une dizaine de fois (2,23 ; 5,31 ; 6,35 ; 7,2 ; 8,4.6.27a.27b ; 11,1 ; 14,12.13).
J'ajoute dès maintenant que l'expression οἱ μαθηταί sans pronom personnel (cf. 10,24a) paraît plutôt un indice de tradition pré-marcienne (cf. H.W. KUHN, Sammlungen, p.171).

(p. 544)

D'après les listes de E. Best, où Mc 8,1 et 9,14 ont été
omis, elle se trouve une fois dans un texte rédactionnel
(10,10) et trois fois dans la tradition (6,41 ; 10,13 ;
14,16). Toutefois, le caractère habituellement traditionnel
de l'expression n'est pas une objection bien forte contre
son emploi rédactionnel en 10,24. Pour ce passage, en effet,
Marc a pu s'inspirer de deux textes tout proches (10,10.13)
où l'expression simple est employée. Il n'est d'ailleurs pas
sûr que 8,1 ; 9,14, des versets d'introduction, puissent
compter comme pré-marciens.

Autant dire que ni l'expression οἱ μαθηταὶ αὐτοῦ ni celle où le pronom fait défaut ne constituent de critères sûrs
pour le départ entre tradition et rédaction.

9) R. PESCH, Mk I, p. 124.

0) Un indice mineur confirme l'origine pré-marcienne de Mc 1,
27a : ἅπας, sujet de ἐθαμβήθησαν en 1,27 , ne se lit plus
dans l'évangile de Mc qu'en 8,25 et 11,32, deux passages
reconnus traditionnels.

1) Voir K.G. REPLOH, Lehrer, p. 107-108 ; surtout R. MCKINNIS,
An Analysis of Mark X 32-34, NT 18, 1976, p. 81-100 (aux
p. 81-88) ; cf. aussi J. GNILKA, Mk II, p. 95.

2) Cf. G. THEISSEN, Urchristliche Wundergeschichten. Ein Bei-
trag zur formgeschichtlichen Erforschung der synoptischen
Evangelien (StNT 8), Gütersloh 1974, p. 79.

3) Ainsi W. WREDE, Messiasgeheimnis, p. 97 et 103 ; K. TAGAWA,
Miracles, p. 104-105 ; E. SCHWEIZER, Mk, p. 119 ;
G. MINETTE DE TILLESSE, secret, p. 275-276.

Pour Mc 10,24 cette explication est contestée par C.
FOCANT, L'incompréhension des disciples dans le deuxième évangile. Tradition et rédaction, RB 82, 1975, p. 161-185 (à
la p. 176).

(p. 544-545)

34) Avec E. SCHWEIZER, Mk, p. 119 ; H.W. KUHN, Sammlungen, p. 172 et 182 ; E. BEST, Camel, p. 85.

35) Ces variations affectent plusieurs points :
1. Le temps du verbe dire change :
- présent : 3,33 ; 8,29 ; 9,5.19 ; 10,24 ; 11,22.33 ; 15,2.
- aoriste : 6,37 ; 10,3.51 ; 11,14 ; 14,48.
- imparfait : 12,35 ; 15,12.
2. Le datif est rapporté soit à ἀποκρίνομαι (3,33 ; 9,19 ; 10,51 ; 11,33 ; 15,2) soit à λέγω (6,37 ; 8,29 ; 9,5 ; 10,3.24 ; 11,14.22 ; 14,48 ; 15,12).
3. Ἀποκρίνομαι signifie tantôt, par influence sémitique, "prendre la parole" (9,5 ; 10,24.51 ; 11,14 ; 12,35 ; 14,48 ; 15,12 ; cf. M.J. LAGRANGE, Mc, p. XCIII), tantôt "répondre" à une question ou à un propos (3,33 ; 6,37 ; 8,29 ; 9,19 ; 10,3 ; 11,22.23 ; 15,2).

36) Mt 7,28 ; 13,54 ; 19,25 (les trois fois en dépendance de Mc) et 22,33 ; Lc 4,32 (en dépendance de Mc) et 2,48 ; 9,43.

37) Mc 1,22 ; 6,2 ; 7,37 ; 10,26 ; 11,18.

38) Sur la question voir l'aperçu récent de W. EGGER, Frohbotschaft, p. 143-156.

39) Voir par ex. E. SCHWEIZER, Anmerkungen, p. 95-96. - R. PESCH Mk II, p. 150, il est vrai, ne reconnaît comme rédactionnel que Mc 1,22.

40) Avec H.W. KUHN, Sammlungen, p. 172.

41) Mc 9,10.34.

42) Mc 1,27 ; 10,26 ; 11,31 ; 12,7 ; 14,4 ; 16,3. Voir aussi 9,10 ; 9,33 vl.

43) Quellenanalyse, p. 99 ; de même E. BEST, Camel, p. 84.

(p. 546-548)

44) W. BAUER, col. 776 (h).

45) Mc 3,4 ; 5,23.28.34 ; 6,56 ; 10,52.

46) Voir surtout W. EGGER, Frohbotschaft, p. 134-138.

47) Mk, p. 215.

48) Voir Mc 8,35b ; 13,13.20.

49) Cf. R. PESCH, Naherwartungen, p. 137.153.

50) Voir sur ce point J. SCHMITT, sotériologie, surtout p. 41-42.

51) Voir Mc 3,34 ; 5,7 ; 6,38b ; 8,12.33 ; 10,47 ; 14,45.63.

52) Mc 8,25 ; 10,21.27 ; 14,67.

53) Mt 6,26 ; 19,26 ; Lc 20,17 ; 22,61 ; Jn 1,36.42 ; Ac 22,11.
En Mt 19,26 l'emploi du verbe est commandé par le parallèle
marcien.

54) L'appel, p. 42-43 ; p. 71 n. 19.

55) Sammlungen, p. 171.

56) Rédaction n'est pas synonyme de création. Dans le cas présent, pour exprimer l'idée que tout est possible à Dieu
(v. 27b), Marc se sera inspiré du théologoumène de la toute-
puissance divine, qui s'enracine dans l'AT et qui est attesté aussi dans la tradition chrétienne primitive (voir les
principales références dans S. LEGASSE, L'appel, p. 73-74).
     E. BEST, Camel, p. 84 n. 9, va même jusqu'à envisager
que les vv. 26b et 27 sont puisés tels quels par Marc au
catéchisme communautaire.

57) M.E. BOISMARD, Synopse II, p. 312-313.

(p. 548-550)

58) Tout quitter, p. 46-47.

59) Voir en ce sens R. BULTMANN, GST, p. 21 ; M. LEHMANN, Quellenanalyse, p. 99-100 ; E. BEST, Camel, p. 84-85 ;
W. TRILLING, L'annonce, p. 128-129 ; H.W. KUHN, Sammlungen,
p. 147.171.173.

60) Tel paraît être l'avis de R. BULTMANN, GST, p. 21.110.

61) Voir le parallèle de Xénophon, Mémorables I,2,45.

62) Il est vrai qu'une partie de la tradition manuscrite de
Mt 19,24 porte non τρῆμα, mais τρύπημα.

63) Les parallèles matthéen et lucanien à Mc 10,23a offrent des
exemples d'accords de ce deuxième type, non significatifs :
δέ pour καί, l'aoriste pour le présent.

64) Voir M. LEHMANN, Quellenanalyse, p. 98-99.

65) Cf. P.S. MINEAR, Needle's Eye, p. 165.

66) Cf. H.W. KUHN, Sammlungen, p. 151 ; R. PESCH, Mk II, p. 137
et 143.

67) Voir les parallèles rabbiniques cités dans Bill. I, p. 828.

68) Dans l'exégèse actuelle on renonce avec raison à faire du
chameau une corde et du chas de l'aiguille une porte. Sur
ces exégèses édulcorantes on trouvera les données dans
O. MICHEL, ThWNT 3, p. 598.

69) F.G. LANG, Sola gratia, p. 333 : le v. 23b "zieht...das
Fazit aus V. 17-22". Le même auteur (p. 333 n. 49) attire
l'attention sur un autre trait qui rapproche 10,23b de 10,
17-22, à savoir la similitude des expressions οἱ τὰ χρήματα
ἔχοντες (v.23) et ἔχων κτήματα πολλά (v. 22).

(p. 550-552)

70) Cf. E. LOHMEYER, Mk, p. 213 et n. 3.

71) E. BEST, Camel, p. 86, estime que le v. 23 a été ajouté à l'apophtegme dans un premier temps, le v. 25 dans un second temps, mais sans doute avant Marc encore.

72) W. ZIMMERLI, Die Frage des Reichen nach dem ewigen Leben, EvTh 19, 1959, p. 90-97 (à la p. 97) ; N. WALTER, Zur Analyse, p. 213 ; S. LEGASSE, L'appel, p. 56 ; E. SCHWEIZER, Mk, p. 121, et Beiträge, p. 220 ; K.G. REPLOH, Lehrer, p. 200 ; W. HARNISCH, Berufung, p. 173.

73) Cf. P.S. MINEAR, Needle's Eye, p. 168 ; N. WALTER, Zur Analyse, p. 214-215 ; M. LEHMANN, Quellenanalyse, p. 101 ; E. BEST, Camel, p. 84 ; H.W. KUHN, Sammlungen, p. 170 n. 14 ; R. PESCH, Mk II, p. 135.144.

74) Cf. H.W. KUHN, Sammlungen, p. 185-187.

75) W. TRILLING, L'annonce, p. 136.

76) J. RADERMAKERS, Mc, p. 267.

77) W. TRILLING, L'annonce, p. 129 ; E. BEST, Camel, p. 84 ; F.G. LANG, Sola gratia, p. 333.335.

78) S. LEGASSE, Tout quitter, p. 47.

79) Voir W. TRILLING, L'annonce, p. 139 ; H.W. KUHN, Sammlungen, p. 185.

80) Le fait est souligné avant tout par P.S. MINEAR, Needle's Eye, p. 167, par F.G. LANG, Sola gratia, p. 333, et par J. GNILKA, Mk II, p. 89.

81) Voir les parallèles cités dans Bill. I, p. 827-828.

82) 1 Hén 94,6-10 ; 96,4-8 ; 97,8-10.

(p. 552-554)

83) Cf. E. BEST, Camel, p. 86-87. - Je rappelle que, selon toute vraisemblance, c'est avant Marc déjà que la force du v. 25 a été atténuée par l'addition du v. 23b.

84) Avant tout Lc 12,33-34 par. ; 16,13 par.

85) Lc 12,16-21 ; 14,33 ; 16,11...

86) Cette deuxième possibilité est évoquée par E. BEST, Camel, p. 86.

87) E. BEST, loc. cit., n'envisage pas, à tort me semble-t-il, cette éventualité. Selon lui le contexte historique "must have been a situation in which a rich man figured".

88) Ainsi V. TAYLOR, Mk, p. 431.

89) Ainsi l'ensemble des commentateurs.

90) Voir S. SCHULZ, Q, p. 435 ; O. MERK, Reich Gottes.

91) Voir M. LEHMANN, Quellenanalyse, p. 98, qui cite aussi un dit de Lucien de Samosate.

92) Lc 12,33-34 par. Mt 6,19-21.

93) Lc 16,13 par. Mt 6,24.

94) Mt 13,44-46.

95) Voir avant tout H. WINDISCH, Sprüche, p. 170.

96) S. LEGASSE, Tout quitter, p. 48.

97) Voir Mt 5,20 ; 18,3 par. ; cf. Mc 9,47.

98) Mt 7,21.

(p. 554-555)

99) Mc 9,47 par. ; Lc 13,24 par. Mt 7,13 ; cf. Lc 12,31 par.
Mt 6,33.

100) Mt 18,3.

101) Mc 9,47.

102) Mt 5,20 ; cf. 5,10 ; 6,33 ; 7,23 ; 25,46.

103) Mc 10,15 et, dans le cadre rédactionnel, Mt 8,11-12.

104) Cf. H. WINDISCH, Sprüche, p. 164-165.

105) Voir p. 494-495 n. 12.

106) Voir en particulier S. LEGASSE, Jésus et l'enfant, p. 33-35 ;
J. JEREMIAS, Verkündigung Jesu, p. 153-154 n. 13 ; M.E.
BOISMARD, Synopse II, p. 264.

107) Ainsi la plupart des critiques et notamment (outre les au-
teurs indiqués dans J. DUPONT, Béatitudes II, p. 167 n. 2) :
E. NEUHAEUSLER, Anspruch, p. 134-135 ; G. BARTH, Gesetzes-
verständnis, p. 113 ; J. DUPONT, Matthieu 18,3 : ἐὰν μὴ
στραφῆτε καὶ γένησθε ὡς τὰ παιδία, dans : Neotestamentica
et Semitica. Studies in Honour of Matthew Black (éd. E.E.
Ellis - M. Wilcox), Edimbourg 1969, p. 50-60 ; G. KLEIN,
Jesus und die Kinder, p. 60-61 ; W.G. THOMPSON, Matthew's
Advice to a Divided Community. Mt 17,22-18,35 (AnBib 44),
Rome 1970, p. 76-78.136-137 ; A. KRETZER, Herrschaft der
Himmel, p. 51 n. 7 ; M.D. GOULDER, Midrash, p. 398 ;
J. ZUMSTEIN, La condition du croyant, p. 416-421.

108) Avec W. PESCH, Seelsorger, p. 26 ; M.E. BOISMARD, Synopse II,
p. 141 ; P. HOFFMANN, dans P. HOFFMANN - V. EID, Jesus von
Nazareth, p. 76 ; D. ZELLER, Mahnsprüche, p. 74.

109) D. ZELLER, loc. cit.

(p. 555-556)

110) Nous le verrons ultérieurement (p. 663 n. 203).

111) Les parallèles cités par Bill. I, p. 302-303.779-780, présentent la section d'un membre comme un châtiment consécutif à la faute. Même si quelques textes -voir surtout le propos de R. Tarphon (v. 100) et l'anecdote racontée au sujet de R. Nachum de Gimzo (v. 90)- précisent qu'un tel châtiment est bénéfique parce qu'il évite à l'intéressé le châtiment eschatologique, la différence avec Mc 9,47 reste grande du fait que le logion n'envisage pas la mutilation comme sanction d'une faute mais comme acte d'héroïsme qui a justement pour but d'éviter la faute. Au reste, en Mc 9,47 la mutilation n'est sans doute que symbolique.

112) Cf. H. BRAUN, Radikalismus II, p. 54-55 n. 1 ; J. BECKER, Johannes der Täufer, p. 96 ; R. PESCH, Mk II, p. 116.

113) Δικαιοσύνη, περισσεύω, γραμματεῖς καὶ ϕαρισαῖοι.

114) Voir l'excellent status quaestionis présenté par J. DUPONT, Béatitudes III, p. 251-252 n. 2. - Comme défenseurs plus récents de l'hypothèse de la provenance rédactionnelle de Mt 5,20, citons H. FRANKEMOELLE, Jahwebund, p. 280-282 ; J.P. MEIER, Law and History in Matthew's Gospel (AnBib 71), Rome 1976, p. 108-119 ; J. ZUMSTEIN, La condition du croyant, p. 109-110 (selon lui il s'agit d'une "opinion commune"); H. MERKLEIN, Gottesherrschaft, p. 78-80.

115) Ποιέω-λέγω, τὸ θέλημα τοῦ πατρός, ὁ ἐν τοῖς οὐρανοῖς.

116) Ainsi la majorité des critiques. Voir les indications données par S. SCHULZ, Q, p. 427 et n. 177, et par J. DUPONT, Béatitudes III, p. 252-259 et les notes. En outre : H. FRANKEMOELLE, Jahwebund, p. 278 ; A. POLAG, Christologie, p. 49 n. 143 ; J. ZUMSTEIN, La condition du croyant, p. 184 ; et surtout G. SCHNEIDER, Christusbekenntnis und christliches Handeln. Lk 6,46 und Mt 7,21 im Kontext der Evangelien, dans Die Kirche des Anfangs (FS H. Schürmann), p. 9-24 (aux p. 10-14).

(p. 556-557)

117) E. JUENGEL, Paulus und Jesus, p. 183 n. 4, critique l'exégèse habituellement proposée selon laquelle les logia de l'entrée énoncent les conditions d'accès à la Basileia. La critique me paraît excessive, mais elle est partiellement justifiée par des dits tels que Mc 10,25 et Mt 21,31b.

118) Mc 9,47 ; Mt 21,31b.

119) H. WINDISCH, Sprüche, p. 164, écrit : "Das 'Reich' ist der
grosse Heilszustand am Ende der Tage, von dem alle Prophe-
ten und Apokalyptiker zeugen".

120) Voir aussi R. SCHNACKENBURG, Gottes Herrschaft, p. 111.

121) N. PERRIN, Language, p. 52.

122) Mc 10,31 par. Mt 19,30 ; Mt 20,16 ; Lc 13,30.

123) Lc 14,11 ; 18,14 ; Mt 23,12.

124) Voir J.M. ROBINSON, Kerygma, p. 225-231.

125) Voir A. SCHLATTER, Mt, p. 580 ; O. MICHEL, ThWNT 3, p. 598 ;
D. ZELLER, Mahnsprüche, p. 151.

126) Voir H. BRAUN, Jesus, p. 113.

127) Tel semble bien être, aux yeux de Jésus, le danger fondamental des richesses. Voir en ce sens : H. BRAUN, Radikalismus
II, p. 80 ; J. JEREMIAS, Verkündigung Jesu, p. 214 ; J.
DUPONT, Béatitudes III, p. 202s ; L. GOPPELT, Theologie I,
p. 133.

128) J. DUPONT, Béatitudes III, p. 202. Voir aussi F. BUSSINI,
L'homme pécheur devant Dieu. Théologie et anthropologie
(CFi 91), Paris 1978, p. 184.

DEUXIEME SECTION

Règne et communauté.

C H A P I T R E   I

Le Règne donné au "petit troupeau".

(Lc 12,32)

Luc et Matthieu rapportent divers logia dans lesquels Jésus demande aux siens de se libérer des soucis quotidiens de la nourriture et du vêtement[1]. Ces logia étaient déjà groupés dans la source Q, dont dépendent les deux évangélistes. A en juger par la comparaison des deux versions, la composition de la source s'achevait sur l'invitation à "chercher la Basileia" (Lc 12,31 par. Mt 6,33). Introduite par une particule adversative[2], cette consigne est l'antithème formel des recommandations "ne vous souciez pas" qui précèdent[3] et fournit de ce fait une bonne conclusion à l'exposé[4].

Au développement sur le thème "ne pas se soucier, mais chercher la Basileia" fait suite, dans l'évangile de Lc, le dit sur le vrai trésor, qui vient lui aussi de la source Q[5].

Or, c'est entre ces deux unités de la même source qu'est placé le texte qui nous intéresse ici, le logion du "petit troupeau" (Lc 12,32). Serait-il une transition rédactionnelle composée soit par Luc lui-même[6] soit par un rédacteur antérieur ? L'hypothèse est des plus invraisemblables. Lc 12,32 ne trahit en rien la main du rédacteur lucanien[7]. De plus, entre le logion et les deux unités traditionnelles qui l'entourent, il y a de réelles tensions. D'abord, les impératifs de Lc 12,22-31 et 12,33-34 sont à la 2e pers. du pl. alors qu'en Lc 12,32 la métaphore du troupeau est tenue à la 2e pers. du sing., μὴ φοβοῦ. Ensuite et surtout, les deux morceaux traditionnels insistent sur l'effort de l'homme et, en 12,31, la Basileia elle-même est vue comme l'objet de la quête humaine ; en 12,32, au contraire, elle est présentée comme le don du Père. Lc 12,32 "tranche manifestement sur son contexte"[8] ce qui ne serait probablement pas si le verset avait été créé pour servir de transition entre 12,22-31 et 12,33-34.

Entre le logion de 12,32 et la péricope de 12,22-31 il existe cependant quelques contacts ponctuels :
- le substantif βασιλεία : 12,31 et 12,32 ;
- les expressions ὑμῶν δὲ ὁ πατήρ (12,30) et ὁ πατὴρ ὑμῶν (12,32)[9] ;
- μεριμνάω (12,22.25.26) et φοβοῦμαι (12,32), deux verbes qui sont en affinité[10].

La divergence de fond et les contacts de détail s'expliquent au mieux si l'on admet, avec la plupart des critiques[11], que Lc 12,32 est un logion primitivement indépendant rattaché ici par le procédé du mot-crochet[12]. Que ce rattachement ait été fait antérieurement à la rédaction lucanienne[13] ou, ce qui paraît plus vraisemblable, par Luc même importe peu pour qui veut étudier Lc 12,32 en lui-même et comme un écho éventuel de la prédication de Jésus[14].

I L'authenticité du logion.

La provenance de Lc 12,32 est discutée dans la critique. Pour d'aucuns le logion est un produit de la communauté apostolique. La majorité des auteurs y voient par contre un dit pré-pascal de Jésus.

A) L'hypothèse de la provenance communautaire du logion[15].

A première vue l'hypothèse peut s'appuyer sur le substantif ποίμνιον et sur l'emploi absolu de βασιλεία.

1) Ποίμνιον.

Dans le NT le vocabulaire pastoral est attesté surtout dans les couches récentes, postérieures à l'an 70 ; il doit sa diffusion au ministère du pastorat qui émerge alors[16]. Abstraction faite de Lc 12,32, la désignation métaphorique ποίμνιον[17] et son synonyme[18] ποίμνη[19] ne sont employés que dans des textes de cette veine et s'y trouvent toujours conjoints à d'autres éléments du même vocabulaire[20].

Lc 12,32 serait-il à mettre en rapport avec la parénèse pastorale du dernier tiers du premier siècle chrétien ? Dans le logion Jésus n'est pas présenté comme le pasteur du troupeau[21]. Quant au vocable même de ποίμνιον, il n'a point encore acquis la spécificité d'une désignation ecclésiale comme c'est le cas dans les textes signalés[22]. Pour ces raisons majeures il apparaît que Lc 12,32 n'est pas au même niveau que ces "parallèles" communautaires et ne peut guère s'expliquer à partir d'eux[23].

Dans l'AT le substantif πρόβατον peut s'employer au sens figuré, de la même façon que ποίμνιον et ποίμνη, pour désigner le peuple[24]. A l'occasion il se trouve en parallélisme synonymique avec ποίμνιον[25]. Compte tenu de ce fait fondamental, le terme ποίμνιον de Lc 12,32 n'est pas aussi isolé dans les logia de Jésus qu'il n'y paraît au premier abord. En effet, Mc[26], Q[27], la tradition particulière à Mt[28] ainsi que la tradition johannique[29] mettent dans la bouche de Jésus soit la métaphore des brebis, soit la comparaison des disciples ou des foules avec les brebis. La variété, voire le nombre même de ces courants traditionnels sont, sinon une preuve, du moins un indice de poids autorisant à penser que l'utilisation de ce vocabulaire remonte effectivement à Jésus.

2) L'emploi absolu de βασιλεία.

En règle générale, quand il s'agit du Règne comme réalité théologique, le vocable βασιλεία est déterminé par un génitif désignant Dieu (θεοῦ, πατρός, αὐτοῦ). Mises à part les expressions stéréotypées de la rédaction matthéenne -"évangile de la Basileia"[30], "parole de la Basileia"[31], "fils de la Basileia"[32]- l'emploi absolu de βασιλεία au sens théologique est rare dans les synoptiques[33] et dans le reste du NT[34].

Etant donné que, aux yeux de la critique, Mt 25,34[35] et -moins encore- Lc 22,29[36] n'offrent pas de garanties solides d'ancienneté, on pourrait être tenté de voir dans l'emploi absolu de βασιλεία pour désigner le Règne de Dieu un trait récent du parler ecclésial et en conclure que Lc 12,32 vient pareillement de la Communauté. Mais la conclusion serait hâtive. Les textes, au fait, ne sont guère homogènes et βασιλεία y désigne des réalités bien diverses[37]. Seuls Mt 25,34 ; Jc 2,5 et, dans une mesure moindre, He 12,28 peuvent être rapprochés de Lc 12,32[38]. En effet :

- dans les quatre textes la Basileia est l'objet d'un don, d'un héritage ;
- en Mt 25,34 ; Jc 2,5 et Lc 12,32 l'initiative gratuite de Dieu apparaît fortement soulignée ;
- en Jc 2,5 et dans Lc 12,32 les destinataires du don (les pauvres, le "petit troupeau") sont pour le moins apparentés.

La disparité des textes, considérés dans leur ensemble, n'autorise pas à voir dans l'emploi absolu de βασιλεία, en tant que tel, un indice de l'origine communautaire de Lc 12,32[39]. L'hypothèse pourrait-elle du moins trouver quelque appui dans les parallèles de Mt 25,34 et de Jc 2,5 ? Je ne le pense pas. La ressemblance entre Lc 12,32 et ces deux textes ne porte que sur des traits généraux (la Basileia comme don salvifique et l'initiative divine) qui, de surcroît, se rencontrent aussi dans les logia de la tradition la plus ancienne. De plus il convient de ne pas négliger les indications fournies par l'expression employée en rapport avec le vocable de βασιλεία. A cet égard Mt 25,34 et Jc 2,5 trahissent sur plus d'un point un vocabulaire théologique à peu près inexistant dans les couches anciennes de la tradition synoptique mais bien représenté dans les épîtres apostoliques ; c'est le cas évidemment de ἐπαγγέλλομαι et de ἐκλέγομαι, mais aussi de ἑτοιμάζω (Mt 25,34)[40] et de κληρονομέω (Mt 25,34 ; Jc 2,5)[41]. On ne peut en dire autant de Lc 12,32[42].

Ainsi, ni l'emploi absolu de βασιλεία, ni les parallèles n'invitent à refuser le logion à Jésus pour l'attribuer à la communauté post-pascale.

B) L'hypothèse de l'origine pré-pascale du logion[43].

J. Jeremias[44] a attiré l'attention sur les traits sémitisants du logion, à savoir a) l'allusion à Dn 7,27, b) le nominatif avec article au lieu du vocatif et c) le jeu de mots entre mar^c ita et ra^c e (ποίμνιον et εὐδοκέω)[45]. Le premier de ces arguments reste incertain : il est difficile de voir en quoi Lc 12,32 puiserait au texte araméen de Dn 7,27 plutôt qu'à celui de la Septante[46]. Les deux autres indications, par contre, sans être à vrai dire des preuves[47], méritent d'être retenues.

L'expression "votre Père" permet de faire un pas de plus.
A la différence de "notre Père", que Paul emploie souvent[48],
l'expression "votre Père" n'est pas attestée dans les écrits
apostoliques. Dans les évangiles Matthieu seul en fait un usage
fréquent et ce dans sa rédaction[49]. Si l'on excepte les emplois
rédactionnels de Mt, les attestations évangéliques de l'expression
se réduisent à un minimum[50], soit
- pour la triple tradition : Mc 11,25 ;
- pour Q : Lc 6,36 par. Mt 5,48 et Lc 12,30 par. Mt 6,32 ;
- pour la tradition particulière de Lc : Lc 12,32 ;
- pour les matériaux propres à Mt : Mt 23,9b ;
- pour la tradition johannique, enfin : Jn 8,42 et 20,17.

En ce qui regarde les textes de la tradition synoptique,
l'analyse montre que nous avons affaire selon toute vraisemblance
à des logia historiques[51]. A n'en guère douter, l'expression
"votre Père" ne relève pas du langage communautaire, elle caractérise au contraire l'_ipsissima vox Jesu_.

L'absence d'arguments solides qui appuieraient l'hypothèse
communautaire, les indices de substrat araméen, enfin et surtout
l'expression "votre Père" invitent à considérer Lc 12,32 comme un
dit remontant à Jésus. Telle est du moins la conclusion à tirer
provisoirement des données. Elle devra être vérifiée par l'étude du _Sitz im Leben_ et dans l'exégèse même du logion.

II Les motifs.

Lc 12,32 met en oeuvre des motifs qui ont leur préhistoire
dans l'AT. Une étude même rapide de ceux-ci ne peut qu'être fruc-
tueuse pour la bonne intelligence du logion[52].

A) Μὴ φοβοῦ.

Μὴ φοβοῦ répond à la formule ᵓl tyrᵓ. Attestée 74 fois
dans l'AT[53], elle est employée dans deux contextes situationnels
à distinguer soigneusement[54]. La crainte dont la parole "ne crains
pas", prononcée par Dieu ou par son représentant, a pour fonction de délivrer l'homme, peut être l'effroi sacré, conséquence

normale de la théophanie. Dans la plupart des textes, cependant,
la crainte est la réaction à des situations négatives dans lesquelles l'homme se trouve placé du fait de ses semblables ou du
fait des circonstances. Mais -et il faut le souligner-la formule
"ne crains pas" n'implique pas par elle-même l'existence
d'un danger ponctuel ou extraordinaire. Il y a "crainte" dès
lors qu'on est dans la détresse, dans une quelconque situation
précaire telle l'absence de santé ou de salut[55]. On comprend de
ce fait que le prophète du salut par excellence, à savoir le
Deutéro-Isaïe, lequel s'adresse à la communauté exilique défaite
et privée de salut, est en même temps l'auteur qui fait l'usage
le plus large de la formule "ne crains pas " ou "ne craignez
pas"[56].

B) Ποίμνιον.

Comme l'Orient ancien en général, la Bible parle de Dieu
et de son peuple en se servant du vocabulaire et des représentations pastorales. Iahvé est "comme" un berger et Israël "comme"
un troupeau[57]. Parfois l'expression est plus forte : le vocable
"troupeau" et les termes similaires deviennent des métaphores
désignant directement le peuple de l'alliance[58].

Le motif du troupeau souligne qu' "Israël est la propriété
de Dieu et qu'il peut s'en remettre avec une entière confiance à
la conduite, à l'assistance et à l'aide de son berger"[59]. Divers
traits marquent la note de sollicitude aimante qui fait corps
avec la représentation, en particulier :
a) L'association du motif du troupeau avec celui du Reste[60].
b) Son interférence avec le thème de la paternité divine. D'une
affirmation occasionnelle seulement[61], la connexion des représentations de Père et de Berger est néanmoins à valoriser en
raison de la grande rareté des textes vétéro-testamentaires où
le prédicat "père" est appliqué à Dieu[62].
c) Les attaches du motif avec le thème exodial, en particulier
dans la prière d'Israël[63]. L'Exode n'est-il pas, pour la conscience du peuple, le temps par excellence où se manifeste
l'amour gratuit de Iahvé, le moment de l'élection ?

Compte tenu de la charge affective contenue dans le motif
du troupeau et dans les représentations connexes, il n'est pas

surprenant de lire en Lc 12,32 que le μικρὸν ποίμνιον est le bénéficiaire d'une action, d'une donation qu'inspire au Père son
εὐδοκία. Le verbe εὐδοκέω (Lc 12,32) et ses répondants hébreux
(rṣh et ḥps) et araméens (surtout rᶜy) traduisent une décision,
une volonté, mais celles-ci sont teintées d'une forte note affective. En plus de la décision souveraine, ces verbes impliquent
l'amour gratuit, le choix préférentiel qui est à la source de
la décision[64]. Parce qu'elle est à la fois souveraine, à l'abri
des entraves humaines, et bienveillante ou salvifique, l'εὐδοκία
divine suscite chez ceux qui en deviennent les bénéficiaires
absence de crainte et confiance totale.

III La forme du logion.

En raison de son contenu et de l'enracinement vétéro-testamentaire de ses éléments majeurs, Lc 12,32 apparaît dès à présent comme une "parole de consolation". Mais on ne saurait se
satisfaire de cette désignation par trop générale. L'examen de la
forme va permettre de serrer de plus près la visée et la portée
profondes du logion.

Traitant de la formule "ne crains pas", j'ai attiré l'attention sur les textes du Deutéro-Isaïe. Pour montrer que leur parenté formelle avec Lc 12,32 dépasse la seule expression initiale "ne crains pas", il suffit d'en citer quelques-uns (Trad.
Bible de la Pléiade).

"Ne crains pas, car je t'ai racheté, je t'ai appelé par ton nom,
tu es à moi" (Is 43,1).

"Ne crains pas, car je suis avec toi" (43,5).

"Ne crains pas, mon serviteur Jacob, Yeshouroun que j'ai élu !
Car je répandrai de l'eau sur le sol altéré..." (44,2-3).

"Ne crains pas, car tu ne seras pas déçue, ne sois pas confuse,
car tu n'auras pas à rougir" (54,4).

La formule "ne crains pas" a parfois comme équivalent positif l'invitation à la joie. Ainsi par exemple en Is 52,9 et 54,1 :

"Exultez, acclamez ensemble, ruines de Jérusalem, car Iahvé réconforte son peuple, il rachète Jérusalem" (52,9).

"Pousse des acclamations, stérile, toi qui n'a pas enfanté, éclate en clameurs de joie, exulte, toi qui n'a pas mis au monde, car les fils de celle qui est désolée seront plus nombreux que les fils de celle qui est mariée, a dit Iahvé" (54,1).

Dans tous ces textes l'impératif est motivé par une phrase qu'introduit la conjonction causale : la proposition ὅτι apparaît ainsi comme le deuxième élément constitutif de la forme reproduite en Lc 12,32.

Quelques-uns des textes cités (Is 44,2 ; 52,9 ; 54,1) comportent en outre un vocatif explicite. Il convient d'y ajouter au moins Is 41,8-10, où le vocatif -très développé (vv. 8-9)- précède l'appel "ne crains pas", et 41,14, où la motivation de l'absence de crainte est indiquée au moyen d'une phrase nominale. Comme l'a souligné R. Pesch ce vocatif offre souvent une coloration affective qui se retrouve de façon équivalente dans l'adjectif "petit" de Lc 12,32[65]. Le vocatif est le troisième élément de la forme.

Le Deutéro-Isaïe[66] présente ainsi plusieurs textes où l'invitation à ne pas craindre (I) est adressée au peuple malheureux (II) et motivée (III) par la référence à l'intervention salvifique de Dieu. Ces textes relèvent pour l'essentiel de la forme que C. Westermann appelle "Heilszusage" et qu'il distingue de la "Heilsankündigung"[67]. Or, ces mêmes éléments caractérisent Lc 12,32. La parenté formelle de Lc 12,32 et de ces textes deutéro-isaïens est assez nette pour que nous puissions qualifier le dit d' "oracle de salut", plus précisément de "Heilszusage", terme que, faute d'une expression plus adéquate, on peut traduire par "promesse de salut".

Quel qu'en soit le contenu particulier, l'oracle de salut précise que la situation précaire de maintenant, motif de l'inquiétude ("ne crains pas") et dont le vocatif est parfois l'expression directe[68], va céder la place au salut et que l'intervention de Dieu provoquera un renversement des conditions[69].

Le même contraste entre la situation misérable d'à présent et le bonheur qui un jour y fera suite se retrouve à l'occasion dans les textes vétéro-testamentaires tenus dans l'expression pastorale. Tel est le fait de Za 10,3 où le prophète annonce que Iahvé fera de son troupeau "comme un cheval d'honneur à la guerre", et surtout de Mi 4,6-7[69bis] qui précise que les brebis maintenant faibles deviendront une "nation puissante"[70]. A la lumière de ces parallèles complémentaires, la "promesse de salut" en Lc 12,32 accuse de plus la forme particulière de la "parole de contraste"[71].

IV Destinataires et Sitz im Leben.

A) Les destinataires du dit.

Le logion est adressé au μικρὸν ποίμνιον. S'appuyant sur la valeur qualitative inhérente à l'adjectif μικρός dans les logia sur les "petits"[72], S. Légasse estime que "pour Jésus, les 'pauvres', les 'affligés', les 'simples', les 'petits', le 'petit troupeau' recouvrent en substance une même catégorie"[73]. Le μικρὸν ποίμνιον serait moins un petit troupeau qu'un troupeau de petits et Lc 12,32 serait à comprendre "comme une parole adressée tout d'abord aux foules d'Israël"[74].

Je ne conteste pas que cette connotation de l'adjectif soit présente dans le dit, mais est-elle assez marquée pour en commander l'exégèse entière ? Il est obvie de penser que, prononçant l'expression "petit troupeau" -même en araméen- , le locuteur a d'abord en vue un troupeau réduit ou petit par le nombre. A ce point de vue déjà l'identification du "petit troupeau" avec les foules d'Israël apparaît peu fondée. Mais l'objection décisive contre l'hypothèse de Légasse est fournie par l'expression "votre Père". Comme l'a montré J. Jeremias[75], dans les quelques logia de Jésus où elle est attestée l'expression vise toujours les disciples. Ce fait suffit à rendre probable l'hypothèse que les mots μικρὸν ποίμνιον désignent non les foules d'Israël mais le groupe restreint des disciples[76].

B) Le sitz im Leben du logion.

Les seuls éléments de Lc 12,32 qui puissent nous éclairer
sur le motif situationnel du dit dans la vie de Jésus et des
disciples sont les expressions μὴ φοβοῦ et μικρὸν ποίμνιον.

1) La formule "ne crains pas", nous l'avons vu, est stéréotypée
dans la forme littéraire de l'oracle de salut. On ne peut en déduire que les disciples se trouvaient dans une situation ponctuelle particulièrement difficile, en butte par exemple à la persé-
cution de certains milieux juifs. De même, il serait hasardeux
d'interpréter Lc 12,32 sur l'arrière-plan des dits -d'ailleurs
beaucoup plus dramatiques de ton- dans lesquels Jésus laisse entendre aux siens qu'ils auront à subir eux aussi la tourmente eschatologique[77], autrement dit de lire dans le logion une allusion
à la fin tragique déjà entrevue et de le situer par conséquent
au terme du ministère de Jésus. La formule "ne crains pas" n'autorise certainement pas une telle précision ; elle implique simplement une situation générale qui fait des disciples des hommes
inquiets, perplexes, désemparés. Compte tenu des limites de notre information, cette inquiétude ne paraît motivée par rien
d'autre que par la petitesse même du troupeau.

2) En raison de ses antécédents bibliques, le vocable ποίμνιον
évoque le rassemblement de tout Israël. Ramener tout Israël à
Dieu et non point d'abord constituer une communauté de purs, une
élite religieuse, était sans aucun doute le programme de Jésus,
le sens même de son ministère, qu'il a voulu ouvert au tout venant. Les disciples ont été associés directement à cette mission
quand Jésus les a envoyés prêcher en Galilée. Mais ces abondan-
tes semailles n'ont pas été suivies par une récolte correspondante. Après la "crise galiléenne" (cf. Lc 10,13-15 par.), ce fut
l'échec.

Eclairée par ces données générales et critiquement solides
sur le ministère historique de Jésus, l'expression μικρὸν ποίμνιον apparaît d'abord comme le constat de cet échec et peut, de
ce point de vue, être rapprochée du logion sur le grand nombre
des appelés et le petit nombre des élus (Mt 20,16 par.)[78]. Le

logion de Lc 12,32 serait à situer après le refus des cités galiléennes, peut-être vers la fin du ministère de Jésus. Il est
impossible de préciser davantage.

Les disciples ont joué leur vie sur la parole de Jésus, ils
ont tout quitté pour le suivre et pour devenir ses collaborateurs
dans la mission. L'échec a dû les plonger dans le désarroi, dans
le doute peut-être, d'autant plus que d'aucuns devaient voir dans
le Règne de Dieu proclamé par Jésus un royaume messianique bien
tangible où ils occuperaient, quant à eux, les premières places[79].
Prononcé dans cette situation, le dit a pour fonction principale
de rassurer, de "consoler" les disciples. Ainsi que nous le verrons
encore, Jésus oriente leur regard vers l'intervention future de
Dieu et vers sa "bienveillance" déjà actuelle à leur égard. De
ce fait, il les invite à une appréciation positive de la situation présente : Israël refusant d'être le "troupeau" de Dieu, la
prérogative eschatologique passe aux disciples ; ils sont déjà
le "petit" troupeau du Père et les héritiers déclarés de la Basileia.

Etant donné que le motif du troupeau est lié au thème du
Reste dans plusieurs textes vétéro-testamentaires, il n'est pas
impossible que l'adjectif μικρός contienne aussi une référence à
ce thème[80]. Certes, l'idée de Reste est absente du programme premier de Jésus, de son intention fondamentale[81]. Jésus se tourne
vers le peuple tout entier, sans exclusive. Cet universalisme ra-
dical, qui l'a inspiré dès ses débuts, il le maintiendra jusqu'au
bout, à preuves la montée à Jérusalem et la Cène eucharistique.
Cela n'exclut pas que, après l'échec de sa mission, Jésus ait pu
voir dans le groupe des disciples qui lui étaient demeurés
fidèles au moment de l'épreuve un Reste effectif, d'autant que
le thème du Reste, vu sa diffusion considérable dans la Palestine
de l'époque, était sans doute familier aux disciples et leur per-
mettait de dominer leur désarroi. Moyennant une réinterprétation
qui interdisait toute assimilation du groupe des disciples -malgré
son exiguïté de facto- aux diverses obédiences particularistes
qui se targuaient, à l'époque, d'être chacune à sa manière le
Reste d'Israël échappé au jugement[82], le thème du Reste convenait
pour rendre compte de la situation des disciples sans que soit
renié pour autant l'universalisme fondamental de Jésus.

Petit groupe insignifiant et dérisoire par rapport à l'attente eschatologique initiale, les disciples n'en forment pas moins le ποίμνιον de ceux qui, ayant répondu à l'appel, se sont rassemblés derrière le Héraut eschatologique de Dieu. En dépit des apparences, ils sont de fait et de droit la communauté promise à la possession de la Basileia.

V La promesse faite aux disciples.

Les disciples sont invités à bannir toute crainte ὅτι εὐδόκησεν ὁ πατὴρ ὑμῶν δοῦναι ὑμῖν τὴν βασιλείαν. L'expression δοῦναι τὴν βασιλείαν se prête à deux interprétations principales. Le vocable βασιλεία peut être pris dans son acception dynamique, comme "règne" ou souveraineté active : le Père donne de régner. Il peut être aussi entendu d'une manière plus objective, βασιλεία étant le contenu du don salvifique : recevoir la Basileia c'est, en ce sens, entrer en possession du bien salvifique par excellence. Examinons de plus près ces deux exégèses.

A) La souveraineté accordée aux disciples.

En Lc 12,32 βασιλεία est employé sans détermination génitive ; le terme est en outre complément du verbe donner. Cette double caractéristique se rencontre de façon analogue   en Dn 7,14.27[83], ainsi que dans Lc 22,28-30. Dans ce dernier texte, il est vrai, δίδωμι ne figure pas, mais le verbe διατίθεμαι -disposer de, conférer par voie testamentaire- a un sens relativement proche de δίδωμι. Maints commentateurs renvoient à l'un ou à l'autre sinon à l'ensemble de ces textes pour l'exégèse de Lc 12,32[84].

En Dn 7,27, comme en Dn 7,14, βασιλεία est associé à ἐξουσία. Le "peuple des saints" reçoit un pouvoir à exercer, une souveraineté qui se manifeste concrètement dans la domination sur les autres nations. Cette βασιλεία est certes donnée par Dieu[85], mais est-elle, au sens fort, un Règne de Dieu, un Règne que Dieu exerce par l'intermédiaire d'Israël ou en y associant Israël ? Même si la réponse à la question peut rester incertaine, il semble bien pourtant que "Règne de Dieu" et "règne d'Israël et du Fils de l'homme" soient deux réalités distinctes dans Dn[86].

Il convient en tout cas de ne pas oublier le caractère essentiellement national et terrestre de l'attente exprimée en Dn 7,27.

D'après Lc 22,28-30 la βασιλεία, plus exactement une βασιλεία, a d'abord été conférée par Dieu à Jésus avant d'être transmise par ce dernier, non pas aux disciples en général, mais aux seuls Douze. Le "jugement" sur les douze tribus indique à l'évidence qu'il s'agit d'une souveraineté à exercer par les Douze[87]. La βασιλεία de Lc 22,28-30 n'est pas ce que les logia synoptiques appellent d'ordinaire la βασιλεία τοῦ θεοῦ[88].

S'appuyant sur ce texte singulier, plusieurs commentateurs proposent pour Lc 12,32 une interprétation qui voit dans la Basileia donnée par Dieu au petit troupeau l'exercice d'un pouvoir, une fonction royale, la participation à la souveraineté divine[89]. Mais Lc 22,28-30 est-il un parallèle adéquat à Lc 12,32 ?

Il ne m'est pas possible d'entrer ici dans un examen détaillé des problèmes littéraires et théologiques fort complexes[90] posés par Lc 22,28-30 et son parallèle Mt 19,28. Je ne retiens que les points essentiels de l'analyse.

1. Le logion des douze trônes (Mt 19,28) a été inséré, vraisemblablement par Matthieu lui-même, dans la péricope de la triple tradition sur l'homme riche (Mc 10,17-31 par.). L'insertion aura été favorisée par le fait que Mt 19,27 (par. Mc 10,28) d'un côté et Mt 19,28 de l'autre comportaient dans la tradition le verbe ἀκολουθέω, qui a dû servir de mot-crochet. Moins vraisemblable, mais difficile à écarter, est l'hypothèse que le verbe ἀκολουθέω a été introduit en Mt 19,28 par le rédacteur matthéen[91]. Lc 22,28 trahit en tout état de cause la main de Luc[92].

2. L'incipit du logion, ὑμεῖς suivi du participe (Mt 19,28a ; Lc 22,28), a sans doute été mieux conservé par Matthieu que par Luc.

3. La fin du logion est attestée de façon substantiellement identique dans les deux versions. C'est à coup sûr l'élément le plus solide du dit[93].

4. Lc 22,30a, la plupart des commentateurs l'admettent[94], est une insertion. Des traits de vocabulaire invitent à penser que Luc lui-même en est l'auteur[95].

5. Lc 22,29 et 22,30b (καὶ καθήσεσθε κτλ) s'enchaînent de façon satisfaisante si l'on fait de βασιλείαν (v. 29) le complément

d'objet de διατίθεμαι ; dans ce cas, en effet, le v. 30b est
l'explicitation directe de la Basileia remise aux disciples. Mais
une autre explication est possible. Βασιλείαν(v. 29) pourrait
n'être complément que de διέθετο, le complément de διατίθεμαι
étant alors ἵνα ἔσθητε (v. 30a). Bien que le vocable de βασιλεία
n'ait pas le même sens au v. 29 (souveraineté) et au v. 30a (royaume du Christ)[96], les vv. 29+30a, qui forment une unité syntaxique,
pourraient bien appartenir à la même strate[97], en l'occurrence
à la rédaction lucanienne (cf. v. 30a). Le vocabulaire même du v. 29
ne s'oppose pas à l'hypothèse de la composition lucanienne[98].

J'ajoute que du point de vue de la construction il est invraisemblable que Lc 22,29 ait pu s'enchaîner directement avec
l'incipit primitif, conservé par Matthieu (ὑμεῖς+ἀκολουθήσαντες).
Lc 22,29 suppose que précède une proposition complète, celle de
22,28 qui, je l'ai dit, est le résultat d'une élaboration lucanienne[99].

Somme toute, c'est bien l'hypothèse de la création lucanienne qui rend le mieux compte de Lc 22,29. A tout le moins faut-il
admettre que Lc 22,29 ne faisait pas partie du logion des douze
trônes dans la version sous-jacente à Mt et à Lc[100].
6. La partie centrale du logion matthéen (ἐν τῇ παλιγγενεσίᾳ...
αὐτοῦ) comporte une double indication temporelle : ἐν τῇ παλιγγενεσίᾳ / ὅταν κτλ. Le désaccord des exégètes reste entier en ce
qui regarde l'appréciation de ce fait. Pour d'aucuns les deux indications temporelles viennent de la tradition[101] ; pour d'autres
elles sont dues toutes deux à Matthieu[102]. Plus sensibles à la
dualité littéraire des précisions chronologiques, certains critiques estiment que ἐν τῇ παλιγγενεσίᾳ et ὅταν κτλ ne viennent
pas de la même main. Les uns voient dans la clause ἐν τῇ παλιγγενεσίᾳ le doublet rédactionnel de la proposition ὅταν κτλ qui,
elle, serait traditionnelle au moins pour le fond[103]. Les autres,
au contraire, font de ὅταν κτλ une explicitation matthéenne du
hapax évangélique παλιγγενεσία, considéré comme donnée venue de
la tradition[104].

Les positions prises sur ce point particulier influent évidemment sur l'exégèse à proposer de la finale même du logion. Si
la référence au Fils de l'homme juge (ὅταν...αὐτοῦ) était présente dès le départ, le logion envisageait vraisemblablement pour
les Douze non une fonction de gouvernement mais la participation

au jugement[105]. Dans cette hypothèse, c'est la version lucanienne, où d'après le contexte le "jugement" est un ministère de
gouvernement, qui aurait infléchi le sens eschatologique de la
fonction des Douze dans une perspective plus ecclésiale[106]. En
revanche -et les arguments avancés par A. Vögtle et I. Broer rendent l'hypothèse plausible- si l'allusion au Juge eschatologique
n'a été introduite que par Matthieu[107], on peut considérer que,
en ce qui concerne la fonction attribuée aux disciples, Lc 22,
28-30 est resté fondamentalement fidèle au sens qu'avait le logion dans la source. Le terme βασιλεία (v. 29) serait alors une
interprétation, proposée en langage abstrait, de la fonction gou-
vernementale exprimée en des termes concrets par le logion pré-
rédactionnel. Mais, et c'est ce qu'il importe de souligner de
notre point de vue, cette interprétation ne saurait en aucun cas
être comptée comme partie intégrante du logion initial.

Si je me suis arrêté à Lc 22,28-30 par. c'est précisément
pour montrer qu'il est hasardeux de faire du logion des trônes
dans sa version lucanienne la clé pour l'interprétation de Lc
12,32. En effet :
a) Lc 12,32 est probablement un dit venant de Jésus même. Dans sa
forme actuelle, Lc 22,28-30 ne l'est certainement pas ; même son
ancienneté dans la tradition, en ce qui concerne l'élément le
plus proche de Lc 12,32, à savoir Lc 22,29, n'est en rien assu-
rée.
b) Trois traits essentiels de Lc 22,28-30 font entièrement défaut
en Lc 12,32, soit :
- le rôle d'intermédiaire joué par le Christ,
- la distinction entre une investiture actuelle (διατίθεμαι) et
un exercice futur (καθήσεσθε) de la fonction royale,
- enfin la distinction entre les disciples et le peuple[108].

Concluons. Le parallèle qui semblait appuyer l'hypothèse
suivant laquelle le vocable βασιλεία désignerait en Lc 12,32 la
souveraineté donnée aux disciples, ou la participation à la souveraineté divine, apparaît en définitive peu adéquat[109]. Que
pareille interprétation soit néanmoins possible, je ne le conteste pas. Mais le genre même du dit et divers parallèles plus solides de la tradition synoptique m'incitent à proposer comme plus
probable une autre interprétation.

B) Le don du salut.

Lc 12,32 est un oracle de salut. Au témoignage de ses modèles deutéro-isaïens, l'oracle de salut s'adresse à des gens dont
la condition est "heillos" au point de susciter inquiétude si ce
n'est angoisse. De ce fait il a pour objet spécifique de convier
l'auditoire à la confiance ou à la quiétude et de motiver cette
invitation par la référence à l'agir de Dieu, qui change ou va
changer en son contraire la situation précaire de maintenant. Le
contraste entre le malheur actuel et la situation consécutive
à l'intervention divine apparaît ainsi fondamental dans l'oracle
de salut.

C'est en raison de ce contraste que Lc 12,32 doit être rapproché de toute une série de logia synoptiques parallèles[110]. Sont
des plus significatifs les dits qui, en plus de la forme du contraste, ont en commun avec Lc 12,32 le vocable βασιλεία et la
représentation d'après laquelle la Basileia passe dans la possession des destinataires. Cette représentation peut être exprimée
du point de vue de Dieu ou du point de vue des destinataires humains. Dans le premier cas la Basileia est dite "donnée"[111], dans
le deuxième sont employées l'image de l'héritage[112] ou la formule
de l'appartenance ("être à")[113].

Si l'on pèse ces parallèles sous le rapport de leur authenticité, ce sont incontestablement Mt 5,3 par. (la béatitude
des pauvres) et Mc 10,14 (le Règne destiné aux enfants) qui se
révèlent les plus solides. De fait, comme le soulignent à juste
titre divers auteurs récents[114], les béatitudes de Jésus sont
d'une importance déterminante pour l'interprétation à proposer
de Lc 12,32

A la lumière de Mc 10,14 et de Mt 5,3 le dit sur le don
du Règne aux disciples doit vraisemblablement être interprété
comme suit.
1. Etant donné que la thématique de la "révélation" est absente
du logion[115], il n'y a guère lieu de voir en Lc 12,32 une allusion à la présence déjà effective du Règne. Ainsi que s'accordent
à le penser la plupart des commentateurs, le don de la Basileia
est situé par Jésus dans l'avenir eschatologique.

2. Le vocable de βασιλεία est à prendre de préférence non pas dans son acception dynamique, mais comme l'expression englobante des biens salvifiques indescriptibles que Dieu va donner aux disciples[116].

3. Le don de la Basileia n'est pas présenté comme la récompense de la fidélité -du moins l'accent n'est-il pas mis sur cet aspect- mais comme l'effet direct de l'initiative salvifique de Dieu. C'est d'être un "petit" troupeau, en nombre d'abord mais aussi en qualité, un troupeau chétif et inquiet, qui vaut aux disciples la sollicitude du Père. Comme les pauvres et les enfants, ils sont les "heureux bénéficiaires" de l'élection divine[117].

DEUXIEME PARTIE
Deuxième section
CHAPITRE I

(p. 573-574)

1) Lc 12,22-31 ; Mt 6,25-33.

2) Lc 12,31 : πλήν ; Mt 6,33 : δέ.

3) Lc 12,22 par. Mt 6,25 ; Mt 6,31 ; cf. Lc 12,29.

4) Cf. W. PESCH, Zur Exegese von Mt 6,19-21 und Lk 12,33-34, Bib. 41, 1960, p. 356-378 (aux p. 359-361).

5) Lc 12,33-34 par. Mt 6,19-21.

6) Ainsi A. LOISY, Les évangiles synoptiques, I, Ceffonds 1907, p. 620 ; id., Lc, p. 349-350.

7) Cf. R. PESCH, "Herde", p. 95-96 (l'auteur précise que la transition lucanienne se trouve en Lc 12,33a, verset qui accuse, lui, des traits lucaniens) ; B.D. CHILTON, God, p. 237-243.

8) J. DUPONT, Béatitudes III, p. 122.

9) Il importe de rappeler que, si l'on met à part Mt où la plupart des emplois sont d'ailleurs rédactionnels, l'expression "votre Père" est une désignation divine très rare dans les synoptiques (cf. J. JEREMIAS, Abba, p. 41-46).

10) Comme l'a noté R. BULTMANN, ThWNT 4, p. 593-594, les deux verbes sont parfois accouplés (cf. par ex. Jb 11,15.18) et traduisent à l'occasion les mêmes verbes hébreux.

11) Voir les indications données par R. PESCH, "Herde", p. 88 n. 8, et par J. DUPONT, Béatitudes III, p. 123 n. 5. Cf. aussi L. GOPPELT, Theologie I, p. 258.

(p. 574-575)

12) Le même procédé (cf. μεριμνάω, αὔριον) a servi pour le rattachement de Mt 6,34 au contexte antérieur.

13) Ainsi H.Th. WREGE, Bergpredigt, p. 110-113 ; S. LEGASSE, Jésus et l'enfant, p. 112-113.

14) Pour l'intelligence lucanienne du dit on pourra voir W. PESCH, Zur Formgeschichte, p. 35-38 ; R. PESCH, "Herde", p. 111-113 ; J. DUPONT, Béatitudes III, p. 124.

15) La provenance communautaire de Lc 12,32 est affirmée entre autres par R. BULTMANN, GST, p. 116 et 134 ; H. BRAUN, Radikalismus II, p. 102 n. 1. On cherche en vain, dans les deux ouvrages, des arguments précis et à ce point de vue on reste sur sa faim même si l'on se reporte aux réflexions complémentaires faites par R. BULTMANN, Theologie, p. 50. Mais voir maintenant B.D. CHILTON, God, p. 231-250.

16) Voir J. SCHMITT, Tendances nouvelles dans l'organisation communautaire vers la fin du siècle apostolique, dans RDC 25, 1975, p. 11-18.

17) Ac 20,28-29 ; 1 P 5,2-3.

18) L'adjectif μικρόν (Lc 12,32) montre que la valeur diminutive de ποίμνιον n'est plus sentie (cf. MOULTON-HOWARD, Grammar II, p. 346).

19) Jn 10,16.

20) 1 P 5,2-4 : ποιμαίνω, ἐπισκοπέω, ἀρχιποίμην.
Ac 20,28 : ἐπίσκοποι, ποιμαίνω.
Jn 10,16 : πρόβατα, αὐλή, ἄγω, ποιμήν.

21) Contre W. GRUNDMANN, Lk, p. 262.

(p. 575')

22) La remarque est faite par R. BULTMANN, Exegetica, p. 261 :
"Es lässt sich...nicht behaupten, dass der Begriff ποίμνιον
(Lk 12,32) ekklesiologischen Charakter habe...".

23) Contre B.D. CHILTON, God, p. 246. - La disparité est dûment
soulignée par W. PESCH, Formgeschichte, p. 32-33, et par
R. PESCH, "Herde", p. 95, à sa suite.

24) Cf. H. PREISKER - S. SCHULZ, ThWNT 6, p. 689.

25) Par ex. Jr 13,20 ; Ps 77(78),52.

26) Mc 14,27 (cit. Za 13,7).

27) Lc 10,3 par. Mt 10,16.

28) Mt 10,6 ; 15,24.

29) Jn 10,1-18.

30) Mt 4,23 ; 9,35 ; 24,14.

31) Mt 13,19.

32) Mt 8,12 et, appliqué à la Basileia du Fils de l'homme, Mt
13,38.

33) Mt 25,34 ; Lc 12,32 ; 22,29.

34) Ac 20,25 ; 1 Co 15,24 ; He 12,28 ; Jc 2,5.

35) Pour un aperçu récent sur les diverses positions voir
J. ZUMSTEIN, La condition du croyant, p. 329-331 et les notes.

36) Voir p. 585-587 du présent travail.

(p. 575-576)

37) a) En Lc 22,29 le vocable βασιλεία, dépourvu d'article,
s'applique au Règne du Christ et des disciples ; b) Ac 20,25,
qui comporte d'ailleurs des leçons variantes ayant le génitif Ιησου ou θεου, relève de la conception "missionnaire"
que Luc se fait de la Basileia ; c) en 1 Co 15,24 il s'agit
du règne temporaire exercé par le Christ ; d) He 12,28 est am-
bigu, le texte peut viser le Règne de Dieu ou celui des fidèles.

38) J'examinerai ultérieurement le problème posé par Lc 22,28-30.

39) On peut se demander si, en Mt 25,34 ; Jc 2,5 et Lc 12,32, il
faut accorder une signification spéciale à l'emploi absolu.
Ces textes insistent tant sur l'initiative divine qu'il
n'était pas nécessaire de préciser que la Basileia est la
βασιλεία τοῦ θεοῦ.

40) 1 Co 2,9 ; cf. 1 P 1,4.

41) 1 Co 6,9-10 ; 15,50 ; Ga 5,21 ; Ep 5,5. - Dans les synoptiques, Mt 5,5 et Mt 19,29 (diff. Mc 10,30) sont vraisemblablement rédactionnels. Seul Mc 10,17 par. Lc 18,18, et Lc
10,25 relèvent de la tradition.

42) La racine εὐδοκ- est certes fréquente chez Paul en particulier, mais εὐδοκία est solidement attesté pour Jésus en
Lc 10,21 par. Mt 11,26 ; cf. Mt 18,14.

43) La grande majorité des auteurs se prononcent pour l'historicité de Lc 12,32. Je me contente de renvoyer aux nombreuses
références données à ce sujet par R. PESCH, "Herde",
p. 89-93.

44) ThWNT 6, p. 500, et Verkündigung Jesu, p. 234 n. 20.

45) Voir aussi M. BLACK, Aramaic Approach, p. 168.

(p. 576-578)

46) L'emploi absolu de βασιλεία, sur lequel s'appuie Jeremias, est commun au TM, à la LXX et à Théodotion. Par contre la LXX se distingue du TM et de Théodotion en employant le verbe donner à l'actif et non au passif.

47) 1. Le grec classique utilise le nominatif avec article à la place du vocatif uniquement dans la bouche d'un supérieur s'adressant à un inférieur. Dans la LXX et dans le NT cette restriction n'est plus observée, probablement en raison de l'influence sémitique (cf. BDR § 147,2). Cependant, si le remplacement du vocatif par le nominatif n'est pas attesté de façon certaine dans les textes profanes de la période pré-chrétienne (cf. E. MAYSER, II,1, p. 55 : "lässt sich an einigen unsicheren Stellen eher vermuten als feststellen"), il reste que "in the less educated writers of the post-Christian papyri there is a tendency for nominative forms to usurp the vocative" (N. TURNER, Syntax, p. 34).
   2. Le dépistage de jeux de mots dans un substrat araméen perdu comporte inévitablement une grande part d'hypothèse.

48) Rm 1,7 ; 1 Co 1,3 ; 2 Co 1,2 etc...

49) Cf. J. JEREMIAS, Abba, p. 41-42.

50) Cf. J. JEREMIAS, loc. cit.

51) Cf. J. JEREMIAS, Abba, p. 42-45. Voir toutefois la position plus réservée de H. MERKLEIN, Gottesherrschaft, p. 207-209.

52) L'importance de cette démarche est fortement soulignée par R. PESCH, "Herde", p. 94.

53) D'après G. WANKE, ThWNT 9, p. 199.

54) Cf. C. WESTERMANN, Jesaja 40-66, p. 60.

55) Cf. R. PESCH, "Herde", p. 105.

(p. 578-580)

56) Is 40,9 ; 41,10.13.14 ; 43,1.5 ; 44,2 ; 51,7 ; 54,4.14. - Je
reviendrai sur le lien de la formule avec les oracles du
salut dans le Deutéro-Isaïe.

57) Voir par ex. Nb 27,17 ; 1 R 22,17 ; Ps 78(77),52 ; Jr 31,10 ;
Mi 2,12 ; Za 10,2. - Pour le judaïsme ancien voir CD XIII,9.

58) Par ex. Jr 13,17 ; Ez 34 ; Is 40,11 ; Mi 4,6-8 ; 5,3 ;
Za 10,3. - Pour le judaïsme ancien voir PsSal 17,40.

59) J. JEREMIAS, ThWNT 6, p. 499.

60) Jr 23,3 ; So 3,12-13 ; Mi 2,12 ; 5,2.

61) Voir Jr 31,9-10 et Is 63,16 ; 64,7.
L'importante confession de foi en la paternité de Dieu
d'Is 63,16 (et 64,7) se lit dans un morceau hymnique où
la symbolique pastorale, appliquée en partie du moins à
Iahvé, affleure à plusieurs reprises (63,9 ; 63,11.13-14).
Sur les problèmes posés par ce texte difficile voir
R. KUNTZMANN, Une relecture du "salut" en Is., 63,7-14. Etu-
de du vocabulaire, RevSR 51, 1977, p. 22-39.

62) Voir sur ce point J. JEREMIAS, Abba, p. 15-16 et n. 4.

63) Voir Is 63,7-14 ; Ps 74(73), 1-2 ; 77(76),20-21 ;
78(77),52-53 ; 95(94),7.

64) Cf. G. SCHRENK, ThWNT 2, p. 736-748 ; S. LEGASSE, Jésus et
l'enfant, p. 181-182.

65) Cf. R. PESCH, "Herde", p. 103.

66) Je me suis limité au Deuxième-Isaïe parce que c'est chez lui
que se trouvent les parallèles les plus nombreux et les plus
adéquats. Pour des parallèles bibliques moins significatifs
voir les références dans W. PESCH, Zur Formgeschichte, p. 27s.

(p. 580-582)

U.B. MUELLER, Prophetie, p. 216-220, a montré de son côté que l'oracle du salut est resté vivace dans le judaïsme ancien ; l'auteur cite des textes du Livre Parénétique de 1 Hén et du 4 Esd.

67) Cf. C. WESTERMANN, Jesaja 40-66, p. 13-15.

68) "ver, larve" (Is 41,14) ; "ruines de Jérusalem" (52,9) ; "stérile" (54,1) ; "petit troupeau" (Lc 12,32).

69) U.B. MUELLER, Prophetie, p. 215-216.

69bis) Les contacts thématiques entre Mi 4,6-7 et Lc 12,32 sont frappants : 1. thème du Règne de Dieu ; 2. "tour du troupeau" / "petit troupeau" ; 3. brebis chétives / "petit troupeau".

70) Voir aussi Jr 23,4 ; Mi 2,12-13.

71) Cf. W. PESCH, Formgeschichte, p. 34.

72) Mc 9,42 ; Mt 10,42 ; 18,6.10.14 ; Lc 17,2.

73) Jésus et l'enfant, p. 116.

74) S. LEGASSE, op. cit., p. 115 (cf. p. 117).

75) Abba, p. 41-46.

76) Cf. R. PESCH, "Herde", p. 97-98 : "Da diese Wendung (sc. "votre Père") nur den Jüngern gegenüber gebraucht wird, ist unzweifelhaft, wer die 'kleine Herde' bildet" (c'est moi qui souligne).

77) Voir Mc 10,38-39 ; 14,27 ; Lc 22,35-38.
L'interprétation proposée par W. PESCH, Zur Formgeschichte, p. 33-34, va dans ce sens ; sur la base de Mc 14,27-28 le "parallèle le plus important" d'après W. Pesch (p. 33), cet auteur estime que Jésus a prononcé le dit "um seine Jünger für den eschatologischen Kampf zu stärken" (p. 34).

78) Cf. R. SCHNACKENBURG, Gottes Herrschaft, p. 131 ; R. PESCH, "Herde", p. 100-101.

(p. 583-585)

79) Cf. H. FLENDER, Botschaft, p. 41 ; R. PESCH, "Herde", p. 100s.

80) Avec R. SCHNACKENBURG, Gottes Herrschaft, p. 151.

81) Cf. J. JEREMIAS, Der Gedanke des "Heiligen Restes" im Spät-
judentum und in der Verkündigung Jesu, dans id. Abba,
p. 121-132 (aux p. 129-131).

82) Cf. J. SCHMITT, Bilan (RevSR 30, 1956), p. 61-62.

83) Voir aussi 1 QSb III,5. Mais ce texte, lacuneux et d'une interprétation incertaine, apparaît sans grand intérêt pour
l'exégèse de Lc 12,32.

84) Cf. G. DALMAN, Worte, p. 109 ; W. PESCH, Zur Formgeschichte,
p. 33 et n. 5 ; R. SCHNACKENBURG, Gottes Herrschaft, p. 51.
131.151·; R. PESCH, "Herde", p. 95.97.101.107-108.110;
B.D. CHILTON, God, p. 248-249.

85) Sans attacher au fait plus d'importance qu'il ne mérite, remarquons que d'après Dn 5,18-19, la basileia a été donnée
par Dieu à Nabuchodonosor !

86) Voir en ce sens les remarques de M. LATTKE, Vorgeschichte
p. 16-17.

87) J. JEREMIAS, Abba, p. 54, attire l'attention sur Dn 7,14,
et propose de traduire βασιλεία par "königliche Macht" ;
pour R. SCHNACKENBURG, Gottes Herrschaft, p. 121, le terme
est une "Funktionsbezeichnung".
Ap 17,12, où βασιλεία est explicité par ἐξουσίαν ὡς
βασιλεῖς, est à cet égard un bon parallèle.

88) G. DALMAN, Worte, p. 109, écrit : "Diese βασιλεία (sc. en
Lc 22,28-30), welche von Gott durch den Messias seinen Jün-
gern zu teil wird, ist deutlich unterschieden von dem, was
sonst ἡ βασιλεία τοῦ θεοῦ genannt wird. Hier wird nur
Herrscherwürde ausgeteilt, während ἡ β.τ.θ. als Gabe an
Menschen diesen Inhalt niemals hat und nach dem Zusammenhang

(p. 585)

nicht haben kann".

89) W. GRUNDMANN, Lk, p. 262, et surtout R. PESCH, "Herde",
p. 108 : "Gemeint ist : Anteil an der Königsherrschaft Gottes, und zwar für die Gesamtheit der Herde" ; p. 109 : "Teil-
habe an der Königsherrschaft Gottes" ; p. 110 : "Teilnahme
an Gottes Herrschaft". Voir aussi B.D. CHILTON, God, p. 242.
Notons que, parlant de la signification du dit dans la
rédaction lucanienne, R. PESCH,p. 113, change de vocabulaire : Lc 12,32 a en vue le "Reichtum des Gottesreiches" (c'est
moi qui sousigne). Estimerait-il, comme G. DALMAN, Worte,
p. 101, qu'on est passé du sens de "souveraineté", primitif
dans le logion, à celui de "royaume" comme bien salvifique
par excellence ?

90) I. BROER, Ringen, p. 148-149, note qu'un désaccord considérable subsiste dans la critique en ce qui concerne les sources, la part de la tradition et de la rédaction, et l'interprétation théologique du logion des trônes. Voir aussi W.
TRILLING, Entstehung, p. 213-220.

91) Les deux hypothèses ont leurs partisans (cf. les indications
données par I. BROER, Ringen, p. 151 n. 16).
Dû à Luc, la participe οἱ διαμεμενηκότες (Lc 22,28)
paraît inspiré de οἱ ἀκολουθήσαντες de Mt 19,28, ce qui
porte à penser que ἀκολουθέω était déjà dans la source commune à Mt et à Lc.

92) Cf. J. DUPONT, douze trônes, p. 362-363 ; S. BROWN, Apostasy, p. 63 ; M.E. BOISMARD, Synopse II, p. 387 ;
S. SCHULZ, Q, p. 330-331.

93) W. TRILLING, Entstehung, p. 214.

94) Cf. S. SCHULZ, Q, p. 331-332 ; I. BROER, Ringen, p. 149 :
"allgemein als sekundäre Hinzufügung angesehen" ;
W. TRILLING, Entstehung, p. 217 et n. 70.

(p. 585-586)

95) Cf. S. SCHULZ, Q, p. 332 n. 67.

96) Les deux emplois ont néanmoins un point commun, à savoir la
référence à l'Eglise (cf. S. BROWN, Apostasy, p. 64 et n.251).

97) C'est ce qu'ont senti les auteurs qui voient en Lc 22,29-30a
une unité traditionnelle indépendante ; ainsi par ex.
E. HIRSCH, Frühgeschichte II, p. 258 ; J. SCHMID, Lk,
p. 330 ; J. DUPONT, douze trônes, p. 359-360.

98) 1. κἀγώ : la crase est attestée en Lc 1,3 (réd.) ; 2,48 ;
11,9 (réd.) ; 19,23 ; 20,3 (diff. Mc 11,19) ; 22,29 ; Ac
8,19 ; 10,28 ; 22,13.19.
2. διατίθεμαι : chez les syn. ce verbe ne se lit qu'en Lc
22,29. Luc l'emploie encore en Ac 3,25, dans une "figura
etymologica" septuagintale, tour qu'il affectionne. Voir en
outre διαθήκη en Lc 1,72 et Ac 7,8.
3. καθώς : quoique récusée par les Atticistes, la conjonction est courante dans Lc (17 emplois, contre 3 en Mt et 8
en Mc) et dans les Ac (11 emplois).
4. ὁ πατήρ μου : l'expression se lit encore en Lc 10,22
(par. Mt 11,27 : Q), en 2,49 et 24,49. Dans les deux derniers
textes elle peut être rédactionnelle (cf. S. SCHULZ, Q,
p. 331).

99) I. BROER, Ringen, p. 149-150, me semble avoir tort quand il
affirme qu'il n'y a pas de lien réel entre 22,28 et 22,29.
Il ne tient pas compte du parallélisme entre ὑμεῖς δέ (v. 28)
et κἀγώ (v. 29).

100) On expliquerait mal -J. DUPONT, douze trônes, p. 360 n. 5,
S. SCHULZ, Q, p. 331 n. 62, et I. BROER, Ringen, p. 150, le
soulignent justement- que Matthieu, qui tient tant à l'idée
de la Basileia du Fils de l'homme, ait omis ce trait. C'est
pourtant ce qu'admet E. BAMMEL, Das Ende von Q, dans Verborum Veritas (FS G. Stählin), p. 39-50 (à la p. 46).
Pour cet auteur (cf. p. 45-46) les vv. 29+30b formaient

(p. 586-587)

une unité et les vv. 28+30a une autre unité. L'hypothèse de Bammel est irrecevable parce que et Lc 22,28 et Lc 22,30b ont des éléments en commun avec Mt 19,28.

101) Par ex. S. SCHULZ, Q, p. 331.

102) Par ex. C. COLPE, ThWNT 8, p. 451 ; A. VOEGTLE, Zukunft, p. 161-162.

103) Ainsi, mais avec une grande réserve, J. DUPONT, douze trônes, p. 365-368.386.

104) Ainsi I. BROER, Ringen, p. 150-153.

105) Tel est sans doute le sens exclusif de κρίνω dans le texte actuel de Mt 19,28 (cf. A. VOEGTLE, Zukunft, p. 160).

106) En Lc 22,29 βασιλεία ne peut guère désigner autre chose que le rôle des disciples dans l'Eglise (cf. S. BROWN, Apostasy, p. 64).

107) I. BROER, Ringen, p. 151 n. 14, indique d'autres auteurs partageant cette vue. Ajoutons-y la prise de position récente de J.M. McDERMOTT, Luke, XII, 8-9 : Stone of Scandal, RB 84, 1977, p. 523-537 (aux p. 535-536).

108) Cette distinction, il est vrai, apparaît plus forte en Mt (les "douze" trônes) qu'en Lc. Il reste qu'elle subsiste au regard de Lc 12,32 où un vocable désignant normalement l'ensemble de la Communauté est appliqué aux disciples.
    R. PESCH reconnaît implicitement cette différence entre Lc 22,28-30 et Lc 12,32 quand il précise, à propos de ce dernier texte ("Herde", p. 108) : "gemeint ist : Anteil an der Königsherrschaft Gottes, und zwar für die Gesamtheit der Herde" (c'est moi qui souligne).

(p. 587-589)

109) Sans m'arrêter davantage à la question je note que Lc 22,28-30
est plus proche des textes apostoliques sur la participation
des croyants au Règne et au jugement (voir Rm 5,17 ; 1 Co 6,
2-3 ; 2 Tm 2,11-12 ; 1 P 2,9 ; Ap 3,21 ; 20,4 ; 22,5 ; cf.
He 12,28, de sens incertain) que de Lc 12,32. Il s'ensuit
qu'on ne peut s'appuyer sur ces textes apostoliques pour mettre en cause l'historicité de Lc 12,32 (contre B.D. CHILTON,
God, p. 248-249).

110) Voir W. PESCH, Formgeschichte, p. 34.

111) Mt 21,43 ; cf. Mc 4,11.

112) Mt 25,34.

113) Mc 10,14 par. ; Mt 5,3 par. Lc 6,20.

114) Cf. W. PESCH, Zur Formgeschichte, p. 34 ; H. ZIMMERMANN,
Methodenlehre, p. 145 ; S. LEGASSE, Jésus et l'enfant, p.115 ;
J. DUPONT, Béatitudes III, p. 123-124 n. 9 ; P.R. TRAGAN,
La Parabole du "Pasteur" et ses explications : Jean 10,1-18.
La genèse, les milieux littéraires. Tome I, Lille (Service
de Reproduction des Thèses) 1977, p. 191.

115) A la différence de Mc 4,11-12 par. et de Lc 10,21 par.

116) De ce point de vue "donner la Basileia" équivaut à "donner
l'éon à venir", expression qu'on lit en 2 Ba 44,15 (cité
par G. DALMAN, Worte, p. 101).

117) J. DUPONT, Béatitudes III, p. 123.

C H A P I T R E II

Les nations au banquet du Règne.
(Lc 13,28-29 ; Mt 8,11-12)

Jésus a limité à Israël sa mission effective. Il n'en a pas moins affirmé que l'appartenance à Israël n'était pas une condition par elle-même suffisante ni même nécessaire pour la participation à la Basileia. D'après une déclaration particulièrement solennelle, les "fils du Royaume" n'entreront pas en possession de l'héritage escompté et d'autres, venus d'horizons lointains, auront part au banquet eschatologique (Lc 13,28-29 par. Mt 8,11-12).

Le dit provient de la double tradition mais se trouve situé à présent en des contextes littéraires fort différents.

En Mt il se lit dans le récit rapportant la guérison du serviteur d'un centurion à Capharnaüm (Mt 8,5-13). Cette péricope, qui a son parallèle en Lc 7,1-10, fait elle aussi partie selon toute probabilité de la tradition Q. En outre, il existe un lien thématique excellent entre la foi de l'officier païen, pointe du récit, et l'accession de non-Israélites au Royaume, objet de Mt 8,11-12. Ces faits invitent à penser, du moins à première vue, que le logion du pèlerinage eschatologique des peuples et le récit du centurion se trouvaient déjà réunis dans la source Q[1]. Dans cette hypothèse Matthieu se serait contenté de reproduire la source en son entier alors que Luc aurait retiré le logion du contexte reçu pour l'utiliser ailleurs.

A l'examen, toutefois, cette première impression se révèle trompeuse. Dans l'évangile de Mt, en effet, notre logion est placé entre deux mentions de la foi (Mt 8,10.13). La première a son parallèle en Lc (Mt 8,10 = Lc 7,9). La deuxième (Mt 8,13), en revanche, est propre à Mt et contient de surcroît un matthéisme caractérisé, l'aoriste passif ἐγενήθην[2]. C'est le rédacteur qui a repris en 8,13 le thème clé de 8,10 (πιστ-). Cette reprise indique que le logion des vv. 11-12 n'a été inséré dans le récit du centurion qu'au stade de la rédaction matthéenne[3].

Dans l'évangile de Lc le logion fait partie de l'instruction sur la "porte étroite" (Lc 13,22-30). Les éléments essentiels de ce discours viennent de la double tradition à en juger par les parallèles rapportés à l'état dispersé dans le premier évangile (Mt 7,13-14 ; 7,22-23 ; 8,11-12 ; 25,10-12). Est-ce à dire qu'il faut voir dans la péricope lucanienne une composition de Q démantelée par Matthieu ? L'hypothèse ne manque pas de partisans[4]. Mais diverses études récentes[5] ont mis en évidence la part importante de la rédaction lucanienne en Lc 13,22-30 : en relèvent vraisemblablement a) les vv. 22-23, introduction créée par Luc, b) le v. 25, transition rédactionnelle entre les dits des vv. 24 et 26-29 et c) le choix du v. 30, logion sans contexte ferme, en guise de conclusion interprétative.

Le complexe formé par les vv. 26-29 est d'une appréciation plus délicate. Est-ce Luc qui a groupé les deux unités traditionnelles que sont les vv. 26-27 (par. Mt 7,22-23) d'une part, et les vv. 28-29 (par. Mt 8,11-12) de l'autre[6] ; ou l'auteur du troisième évangile aurait-il conservé un groupement déjà traditionnel[7]? Laissons provisoirement la question ouverte. La réponse dépend en effet pour une bonne part de la solution à fournir à deux problèmes connexes concernant directement notre logion : la teneur du dit dans la source et l'ordre primitif de ses éléments.

I La teneur du logion dans la source.

Indépendamment de l'ordre des éléments, question qui sera examinée ultérieurement, les versions de Lc et de Mt se caractérisent chacune par des traits propres.

Lc est plus développé que Mt. Il a comme éléments complémentaires :
- la tournure ὅταν ὄψησθε (13,28) ;
- la mention de "tous les prophètes" à la suite des trois patriarches (13,28) ;
- la précision "du nord et du sud" (13,29).

Quant à Mt, il offre les particularités suivantes :
- la formule λέγω δὲ ὑμῖν (8,11a) ;
- l'emploi de πολλοί comme sujet explicite de ἥξουσιν et de ανακλιθήσονται (8,11) ;

-- une précision plus insistante, enfin, dans la clause du rejet :
les "fils du royaume" et les "ténèbres extérieures" (8,12a).

Recourant aux données fournies par l'analyse littéraire,
voyons dans quelle mesure ces divergences se laissent expliquer
par l'activité rédactionnelle des deux évangélistes.

A) Les particularités de Lc.

1) Ὅταν ὄψησθε.

Il arrive au rédacteur lucanien d'introduire le verbe ὁράω
dans ses sources[8] et de l'employer de façon marquée en contexte
eschatologique[9]. Mais on peut citer aussi des textes où Luc omet
ce verbe quand il le trouve dans Mc[10]. A dire vrai, les indices
apparaissent trop ténus pour autoriser quelque conclusion sur
le caractère traditionnel ou rédactionnel de la clause "quand
vous verrez". Cependant, le fait que ὅταν n'est pratiquement attesté chez Lc que dans des textes traditionnels[11] invite à compter plutôt avec la provenance traditionnelle de ὅταν ὄψησθε.
Un indice de style, comme on le verra plus loin, confirme cette
hypothèse.

2) Πάντας τοὺς προφήτας.

Dans leur évangile respectif, Matthieu[12] et Luc[13] réfèrent
tous deux aux prophètes de l'AT à maintes reprises. Il est permis de penser que Matthieu n'aurait pas supprimé leur mention
s'il l'avait lue dans sa source. Quant à Luc, il témoigne d'un
intérêt positif pour le thème[14] de sorte qu'on peut lui attribuer
l'insertion des mots "et tous les prophètes" en 13,28[15].

3) Le "nord" et le "sud".

En raison de l'extrême rareté des vocables βορρᾶς[16] et
νότος[17] dans le NT, il n'est guère de conclusion possible à partir de l'examen du seul vocabulaire. Deux indices moins directs
invitent toutefois à considérer la clause "du nord et du sud"
comme une addition lucanienne. Ce sont d'un côté l'existence

d'un cas comparable en Lc 17,24 diff. Mt 24,27[18] et d'autre part l'influence possible de certains textes septuagintaux sur le rassemblement eschatologique des dispersés[19].

B) Les particularités de Mt.

1) La formule λέγω δὲ ὑμῖν.

Venant immédiatement après ἀμὴν λέγω ὑμῖν de Mt 8,10b (par. Lc 7,9b), la formule λέγω δὲ ὑμῖν (Mt 8,11a) fait l'effet d'une répétition superflue et gauche. La maladresse s'explique assez bien si l'on admet que le rédacteur est lié par la tradition, autrement dit si λέγω δὲ ὑμῖν (8,11a) vient de Q et a été omis par Luc[20]. Mais il ne faut pas oublier que les vv. 11-12 ont été insérés dans la péricope du centurion par Matthieu. Du moment que Matthieu utilise ailleurs la formule λέγω δὲ ὑμῖν de sa propre initiative[21] et que, d'autre part, l'emploi à intervalle rapproché de deux clauses analogues ne paraît guère le gêner[22], il y a lieu de penser que Matthieu lui-même est à l'origine de la répétition de λέγω ὑμῖν en 8,11a[23].

2) Πολλοί.

Luc aurait-il omis πολλοί pour harmoniser le logion avec le contexte, en particulier avec l'affirmation de 13,24 sur les πολλοί qui chercheront en vain à entrer dans la salle du banquet[24] ? Mais pourquoi renforce-t-il alors la note universaliste en mentionnant les quatre points cardinaux ? De plus l'hypothèse rend mal compte des faits suivants :
a) Pour exprimer l'indéfini "on" l'araméen recourt entre autres moyens à la troisième personne du pluriel[25]. Lc 13,29a y répond exactement. Or cette construction impersonnelle, fréquente en Mc, est souvent évitée en Mt et en Lc[26]. Dès lors il est vraisemblable que Luc "n'aurait pas supprimé le sujet s'il l'avait trouvé dans sa source"[27].
b) L'adjectif πολύς-πολλοί a sa place marquée dans les principaux textes relatifs au pèlerinage eschatologique des peuples[28], la représentation sous-jacente au logion. Que le lien du logion avec le thème biblique ait été explicité moyennant l'insertion

de πολλοί me paraît plus vraisemblable que l'évolution inverse,
-de l'identité à la disparité.

c) Dans la version de Mt il y a un contraste appuyé entre πολλοί,
synonyme de τὰ ἔθνη ou de πάντες, et les "fils du Royaume"[29]. Or
cette dernière expression est d'origine matthéenne comme nous le
verrons. Il èn va sans doute de même de πολλοί, premier terme
de l'opposition.

Tous ces faits invitent à penser que Mt est secondaire sur
ce point et que Lc est plus conforme à la teneur de la source[30].

3) Les "fils du Royaume".

Dans le NT l'expression est propre au premier évangéliste.
Elle se trouve dans notre texte et en Mt 13,38, dans l'interprétation de la parabole de l'ivraie (Mt 13,36-43), péricope qui
au jugement de la critique[31] est due à Matthieu lui-même.

Si l'on étend l'enquête on constate que l'emploi métaphorique de "fils" est bien représenté dans Mt, et notamment dans les
couches rédactionnelles[32]. Luc, de son côté, ne paraît pas employer de sa propre initiative cette tournure sémitisante[33], mais
il n'hésite pas, en tout cas, à la reprendre quand il la lit dans
sa tradition[34]. Au reste, la forme du dit en Mt (3e pers. du pl.)
semble bien être secondaire en regard de la forme lucanienne (2e
pers.), conforme, elle, au style de la menace et de l'annonce du
jugement[35], et l'emploi absolu de βασιλεία est typique de Mt[35bis].
Avec nombre d'auteurs[36] j'estime en conclusion que l'expression
"fils du Royaume" vient de la rédaction matthéenne[37].

4) Les "ténèbres extérieures".

Ici il n'y a pas à hésiter. La formule εἰς τὸ σκότος τὸ
ἐξώτερον se lit uniquement en Mt[38] et les passages qui la com-
prennent sont de plus fort semblables. Le simple ἔξω de Lc 13,28
mérite sans aucun doute la préférence.

L'analyse littéraire montre que chacun des évangélistes a
retouché le texte de la source. Luc paraît s'être contenté de
deux insertions d'assez faible portée. Matthieu semble en revanche avoir remanié le texte d'une façon plus profonde. Mais avant
de nous prononcer plus fermement sur la teneur du texte primitif,

il nous faut examiner au titre de question connexe l'épineux
problème de l'ordre primitif des éléments du logion.

II L'ordre des éléments dans le logion.

A la suite de A. Harnack[39] et de J. Dupont[40] je décompose
chaque version du logion en ses éléments et je les numérote en
suivant l'orde de Mt. Le problème apparaît ainsi dans une entière clarté.

Mt	Lc
1. πολλοὶ ἀπὸ ἀνατολῶν καὶ δυσμῶν ἥξουσιν	6. ἐκεῖ ἔσται ὁ κλαυθμὸς καὶ ὁ βρυγμὸς τῶν ὀδόντων
2. καὶ ἀνακλιθήσονται	
3. μετὰ 'Αβραὰμ καὶ 'Ισαὰκ καὶ 'Ιακὼβ	3. ὅταν ὄψησθε 'Αβραὰμ καὶ 'Ισαὰκ καὶ 'Ιακὼβ
4. ἐν τῇ βασιλείᾳ τῶν οὐρανῶν	4. (...) ἐν τῇ βασιλείᾳ τοῦ θεοῦ
5. οἱ δὲ υἱοὶ τῆς βασιλείας ἐκβληθήσονται εἰς τὸ σκό-τος τὸ ἐξώτερον	5. ὑμᾶς δὲ ἐκβαλλομένους ἔξω
6. ἐκεῖ ἔσται ὁ κλαυθμὸς καὶ ὁ βρυγμὸς τῶν ὀδόντων.	
	1. καὶ ἥξουσιν ἀπὸ ἀνατολῶν καὶ δυσμῶν (...)
	2. καὶ ἀνακλιθήσονται
	4. ἐν τῇ βασιλείᾳ τοῦ θεοῦ.

Cette disposition met en relief la différence essentielle
dans la structure des deux versions : la situation respective
des éléments 1-2 d'une part et 6 de l'autre. On voit de suite
que "le logion a meilleure structure dans Mt"[41], où il forme un
parallélisme antithétique. Dans Lc on a deux assertions, portant
la première sur les patriarches, la deuxième sur "ceux qui viennent du levant...". Malgré l'expression ἐν τῇ βασιλείᾳ τοῦ θεοῦ,
commune aux vv. 28 et 29, tout lien explicite entre les deux affirmations fait défaut ; il n'est pas dit que les nouveaux venus
se mettront à table "avec" les patriarches. A strictement parler,
seul le v. 29 relève du thème du banquet eschatologique.

En somme, les vv. 28 et 29 sont simplement juxtaposés. Le deuxième trait à relever, le plus surprenant, est le suivant : alors
que dans le texte matthéen ἐκεῖ ἔσται κτλ se rapporte clairement
au lieu du châtiment, chez Lc ἐκεῖ ἔσται κτλ ouvre le logion et
l'adverbe ἐκεῖ n'a pas de référent apparent.

A priori, une structure ordonnée peut être aussi bien l'effet d'un remaniement secondaire que la marque d'un texte d'une
seule venue. Force est donc de voir si dans le cas présent des
indices plus précis autorisent quelque conclusion en ce qui concerne le problème posé. Nous avons à nous demander en particulier si les tendances littéraires et théologiques de Matthieu
et de Luc peuvent rendre compte de l'ordonnance des éléments
dans l'une et dans l'autre version.

A) La version matthéenne.

Dans la source Q la péricope du centurion a sa pointe
dans la parole par laquelle Jésus souligne l'extraordinaire foi
de l'officier païen (Mt 8,10b par. Lc 7,9b). La teneur de cette
parole diffère légèrement dans les deux versions :
- παρ' οὐδενί... ἐν τῷ ᾽Ισραήλ : Mt[42].
- οὐδὲ ἐν τῷ ᾽Ισραήλ : Lc.

L'appréciation négative portée sur Israël est ainsi plus
prononcée en Mt qu'en Lc, et tout porte à croire que Matthieu
lui-même en est responsable[43]. Le trait, en effet, n'est pas
unique dans son évangile[44] et la tendance à souligner la défail-
lance d'Israël se prolonge dans la rédaction mathéenne de Mt 8,
11-12. Je rappelle :
- c'est Matthieu qui a inséré le logion de 8,11-12 dans le récit
du centurion ;
- il a renforcé l'opposition entre païens qui entrent dans la
Basileia (πολλοί) et Juifs ("fils du Royaume") qui n'y entrent
pas ;
- il a accentué l'annonce du châtiment à Israël par la mention
des "ténèbres extérieures".

Cette tendance rédactionnelle fournit le fondement à l'hypothèse selon laquelle c'est Matthieu qui, soucieux de mettre
l'accent sur le rejet d'Israël, a placé en tête du logion

l'affirmation sur la venue des païens et réservé pour la fin, selon la loi de l'Achtergewicht[45], la mention du rejet[46]. La même tendance explique la position et le rôle de la formule des pleurs[47], sur laquelle je reviendrai.

L'hypothèse est séduisante, voire satisfaisante. Toutefois, on ne pourra la retenir que si l'ordonnance du texte de Lc se laisse expliquer de son côté au niveau de la tradition.

B) La version lucanienne.

Comme je l'ai dit, deux affirmations se suivent dans la version lucanienne du logion : la première (13,28) porte sur l'exclusion du Royaume signifiée aux auditeurs juifs de Jésus, la deuxième (13,29) annonce l'accession des païens.

On pense tout de suite au schéma des Actes, d'après lequel Paul ne se tourne vers les nations qu'après avoir constaté le refus d'Israël et annoncé à ce dernier sa condamnation et son rejet[48]. Il y a, de fait, des points communs à Lc 13,28-29 et aux passages mentionnés des Actes : Jésus et Paul se heurtent tous deux au refus d'Israël et réagissent par la condamnation du peuple et l'admission des païens. Mais les différences sont importantes. Dans Ac la présentation de Luc a pour but de justifier l'universalisme missionnaire de Paul en montrant qu'en dernier ressort le comportement de l'Apôtre est légitimé par la volonté divine. D'où l'importance, dans les textes considérés, de la thématique du plan de Dieu et des citations scripturaires (cf. Ac 13,46 ; 13,47 ; 28,26-27). Rien de tel en Lc 13,28-29. La problématique n'y est en rien celle de la mission ouverte aux païens. Jésus annonce, sans recours au plan de Dieu et à l'Ecriture mais de sa propre autorité, ce qui se produira, non pas dans le temps de l'Eglise mais au dernier jour : l'exclusion définitive des Israélites incrédules et l'accès gratuit des païens au salut. Ainsi, contrairement aux apparences, l'ordre des éléments de Lc 13,28-29 ne peut guère s'expliquer à partir du schéma apologétique et théologique des Actes.

Il est pourtant un autre fait, d'ordre purement littéraire, qui paraît accréditer l'hypothèse d'un remaniement dont Luc serait l'auteur.

En Lc 13,28-29, les commentateurs le soulignent à l'envi[49], l'absence de référent pour l'adverbe ἐκεῖ constitue une anomalie certaine. Selon divers critiques cette anomalie est à inscrire au compte de la rédaction lucanienne : pour relier 13,28-29 à ce qui précède, le rédacteur avait besoin d'une cheville semblable à celles des vv. 25 (ἀφ' οὗ) et 26 (τότε). Il l'a obtenue à peu de frais ; il lui a suffi de placer en tête du logion la phrase ἐκεῖ ἔσται κτλ qui, dans l'hypothèse, a dû se lire à la fin, dans la source comme dans le texte de Mt[50]. En déplaçant la formule des "pleurs et des grincements", Luc aura du même coup altéré la forme primitive du dit et détruit la structure antithétique générale conservée dans Mt[51].

Pareille explication rédactionnelle de la forme actuelle de Lc 13,28-29 est digne de considération. Elle a cependant le tort de ne pas tenir suffisamment compte, d'abord de la complexité de la formule des pleurs, ensuite de la construction peu habile de Lc 13,28, enfin de la fonction de l'expression ἐν τῇ βασιλείᾳ τοῦ θεοῦ. Examinons plus en détail ces trois points.

1) Les "pleurs et grincements des dents".

L'absence de parallèles adéquats et l'ambiguïté du terme βρυγμός[52] rendent difficile une explication précise de la formule quand on la prend en elle-même. En revanche, son sens est clair dans le premier évangile : Matthieu la place toujours après la mention du lieu même ou de la forme déterminée du châtiment[53]. Elle caractérise chez lui l'état des réprouvés et le lieu où ils subissent leur peine[54].

L'emploi matthéen de la formule est à mettre en rapport avec les représentations antiques sur l'après-mort. Dans les milieux les plus variés on décrit le lieu du châtiment comme ténébreux[55] et, précise-t-on à l'occasion, comme froid[56] : on peut effectivement y claquer des dents. Cette représentation se trouve combinée parfois avec une autre[57], plus fréquente, celle du feu comme instrument du châtiment[58]. Aussi le lieu de la peine peut-il être à la fois ténèbres et feu, "chaud comme le feu et froid comme la neige" (1 Hén 14,13)[59]. J'ajoute que les larmes ou les lamentations des réprouvés sont parfois évoquées conjointement aux cris de douleur poussés par eux[60].

Sans aucun doute ces représentations du monde antique
éclairent la formule matthéenne et son application au châtiment
des damnés. Mais - la question apparaît décisive - ce sens de
l'expression, qu'est-il au juste : pré-matthéen ou rédactionnel
seulement ? Mt 8,12 est l'unique passage traditionnel du premier
évangile attestant la formule[61]. Le rédacteur est-il resté fidèle au sens qu'elle avait en Q ? Rien n'est moins sûr ; deux
indications, de nature diverse d'ailleurs, invitent à la circon-
spection.

a) L'emploi matthéen de l'expression répond à une tendance reconnue du rédacteur : l'insistance sur le jugement[62] et sur sa double conséquence, la récompense et le châtiment. Certes, en ce
qui concerne ce dernier, le vocabulaire et les représentations
de Mt sont, pour l'essentiel, empruntés à la tradition[63] ; plus
d'une fois, cependant, ils ont fait l'objet d'une valorisation
de la part du rédacteur[64]. L'insistance matthéenne se trahit
même dans des détails :

- γέεννα est employé sept fois en Mt contre trois en Mc et une en
Lc.
- αἰώνιος qualifiant le châtiment ne se lit qu'en Mt (18,8 ;
25,41 ; 25,46).
- πῦρ, au sens du feu des enfers[65], est plus fréquent chez lui
que chez Mc et Lc[66].

b) Divers textes, qui reflètent de manière plus directe des pratiques orientales, permettent au moins d'entrevoir un sens autre,
plus primitif sans doute parce que plus proche de la vie journa-
lière, pour ce qui est des gestes évoqués dans la formule.

Dans Ps 112(111), 10 le grincement des dents est une réaction de colère et de dépit.

En découvrant le cadavre d'Holopherne, Bagoas s'abandonne
à un comportement bien oriental : "Il se mit à crier très fort,
en poussant des lamentations (μετὰ κλαυθμοῦ), des gémissements
et de grands cris et il déchira ses vêtements"[67].

Dans le Midrash Qoheleth (1,15)[68] le grincement des dents,
l'action de déchirer ses vêtements et celle de s'arracher les
cheveux sont mis sur le même plan ; ces gestes sont accomplis
"aussitôt" que le méchant dont il est question dans le texte s'entend dire qu'il est trop tard maintenant pour faire pénitence.

Plus près de nous dans le temps, des Bédouins du Sinaï,
démasqués comme trafiquants de drogue, passent des heures à crier,
à se lacérer, à s'arracher les cheveux en se faisant mutuellement des reproches[69].

Il est très plausible que dans le logion de Q aussi les
"pleurs et grincements de dents" qualifiaient à l'origine non
point le lieu et le destin des réprouvés comme dans la rédaction
de Mt, mais une réaction humaine soudaine et profonde, tradui-
sant l'amer regret du coupable qui se voit démasqué ou la déception du pécheur qui apprend qu'il est désavoué, les reproches
qu'il se fait à lui-même quand il saisit brusquement que sa situation est sans issue[70].

S'il en est ainsi, la place et le sens de la formule dans
Lc 13,28-29 s'expliquent pleinement : les "pleurs et grincements
des dents" expriment la réaction humaine, de déception et de ré-
volte, au moment où les gens se voient perdus. L'adverbe ἐκεῖ
ne fait pas obstacle à cette exégèse car il peut avoir le sens
temporel et être compris en corrélation adéquate avec la proposition ὅταν ὄψησθε[71] : "Ce sera l'heure des pleurs et des claque-
ments de dents, quand vous verrez..."[72].

Conformément à sa tendance habituelle, Matthieu aura employé
la formule pour désigner la peine éternelle au lieu du châtiment
suprême et l'aura placée pour cette raison en finale du dit[73].

2) La construction de Lc 13,28.

Lc 13,28 surprend par sa construction peu adroite. Le verbe ὄψησθε est suivi d'abord d'un complément nominal (Ἀβραὰμ κτλ),
ensuite d'une proposition participiale (ἐκβαλλομένους). Du point
de vue du sens, la maladresse "réside dans le fait : 1. que le
participe est rendu dépendant de ὄψησθε (littéralement : 'quand
vous verrez Abraham... et vous jetés dehors') ; 2. que l'action
secondaire ('voir') est rendue par un verbum finitum, tandis que
l'action principale ('être jeté dehors') est exprimée par un participe -au lieu du contraire"[74]. L'hypothèse d'une mistranslation
pourrait bien en rendre compte : le traducteur du texte araméen
vraisemblablement sous-jacent se sera mépris sur la valeur circonstancielle de la proposition -grammaticalement indépendante-
concernant le rejet (ὑμᾶς δὲ κτλ) et l'aura rattachée, pour cette

raison, au verbe voir[75]. Cela implique que ce n'est pas Luc qui
a introduit ὄψησθε dans le logion et que la structure générale
de la phrase, dont une traduction plus fidèle aurait dû porter
à tout le moins ὅταν ὄψησθε 'Αβραὰμ κτλ, ὑμεῖς δὲ ἐκβαλλόμενοι
ἔξω, était déjà présente dans l'original sémitique.

3) L'expression ἐν τῇ βασιλείᾳ τοῦ θεοῦ.

Les mots ἐν τῇ βασιλείᾳ τοῦ θεοῦ (Lc 13,28 et 29) semblent
avoir servi d'expression-crochet pour réunir deux dits que distinguent le sujet grammatical (2e pers. du pl. en 13,28 ; 3e
pers. du pl. en 13,29) et le genre littéraire (menace en 13,28 ;
promesse en 13,29), et qui, pour cette raison, étaient vraisemblablement indépendants à l'origine[76]. Déjà groupés dans la source Q, que Lc suit, ces logia primitifs auront été fondus en un
seul par le rédacteur matthéen.

Une conclusion vraisemblable se dégage de ces analyses :
Matthieu a remanié assez profondément le texte de la source ;
c'est Luc qui est resté le plus fidèle à la Vorlage en particulier en ce qui regarde l'ordre des éléments[77]. S'il en est ainsi,
mentionnons-le en passant, il paraît difficile d'écarter l'hypothèse que, au niveau de la source Q déjà, les vv. 28-29 ont dû être
reliés aux vv. 26-27 : la sentence prononcée par le juge (vv.
26-27) est exécutée immédiatement (vv. 28-29).

Je m'autorise des résultats de cette analyse littéraire
pour considérer désormais Lc 13,28 et 13,29 comme logia primitivement indépendants et, leur authenticité étant probable, comme
paroles mêmes de Jésus[78].

III Exégèse du logion de l'expulsion : Lc 13,28.

A) Sens général et historicité du logion.

Aux yeux des rabbins la descendance physique d'Abraham,
l'appartenance matérielle au peuple de Dieu, était comme la garantie de la participation au Règne de Dieu[79]. A la suite de Jean
le Baptiste[80], Jésus dénonce cette croyance comme une illusion.

La condition sine qua non du salut est l'acceptation du message eschatologique de Dieu, lequel est fondamentalement l'appel suprême à la conversion. Tel est le contexte de pensée que suppose le logion. Les destinataires du dit ne sont pas précisés, mais il s'agit selon toute vraisemblance de Juifs, peut-être de gens appartenant à l'élite légaliste[81] qui refusent de se convertir à l'invitation de Jésus et qui, pour cette raison seront condamnés au jour du jugement.

L'annonce du jugement implique certes que Jésus a déjà fait l'expérience de l'échec, mais elle n'indique pas que la rupture est à présent consommée : elle est autant appel à la conversion que sentence notifiée. De surcroît, dans la teneur lucanienne du logion, qui, j'ai tenté de le montrer, reflète de près le dit primitif, l'opposition n'est pas entre Israël et les païens, mais entre les vrais croyants, représentés par les Pères, et la partie incrédule d'Israël. S'il n'y a dans le logion ni condamnation définitive de tout Israël, ni opposition systématique entre tout Israël et les païens, est-on en droit de le refuser à la prédication de Jésus pour l'attribuer à la communauté postpascale qui sanctionnerait par une sentence de condamnation le refus opposé par Israël aux missionnaires chrétiens[82] ? Je ne le pense pas.

Des indices positifs non négligeables viennent appuyer l'hypothèse de l'authenticité du logion. Ce dernier ne contient aucune référence explicite à le personne de Jésus[83]. En outre, on est en droit de voir dans ἐκβάλλομαι un passif divin, une des caractéristiques probables du parler de Jésus[84]. Enfin, de tels accents ne sont pas rares dans la prédication de Jésus[85].

B) Le sens de ἐν τῇ βασιλείᾳ τοῦ θεοῦ.

Il ne fait pas de doute que ἐν τῇ βασιλείᾳ doit se comprendre ici du Royaume de Dieu et non du Règne. Mais il n'est pas facile de préciser la réalité que désigne le terme. Une simple question concrétise bien le problème : les patriarches sont-ils déjà dans le Royaume au moment où le logion est prononcé ou, au contraire, leur accession au Royaume n'est-elle qu'un événement futur au même titre que celle des païens ?

1) Pour la clarté du débat il est utile de rappeler brièvement
quelques données concernant l'eschatologie juive. A vrai dire
il serait plus juste de parler des eschatologies, car les idées
du judaïsme ancien en la matière sont fort complexes et souvent
peu cohérentes, en sorte que toute présentation synthétique est
périlleuse.

La doctrine de la résurrection est une acquisition tardive
de l'AT[86], et qui ne s'est pas imposée d'emblée. Divers courants,
en particulier l'essénisme ancien, semblent n'avoir accordé que
peu d'importance à l'idée d'une restauration physique inaugurant
un état définitif de bonheur pour les justes, de peine pour les
impies. Dans ces milieux on tend à insister sur le fait que, dès
la mort, le juste a part à la paix et à la joie de Dieu, le méchant héritant du châtiment[87].

A une époque plus récente ces vues teintées d'hellénisme
se retrouveront, avec plus de netteté, dans le judaïsme alexan-
drin, avant tout dans le Livre de la Sagesse[88] et dans 4 Macca-
bées[89].

En Palestine, à en juger par les Paraboles de Hénoch éthio-
pien[90] et par PsSal 3,12, on se nourrit davantage de la tradition de Dn 12 et de 2 M 7. Pourtant, avant même que la doctrine
de l' "état intermédiaire" soit pleinement élaborée[91] et permet-
te de faire la synthèse entre une sanction intervenant à la mort
et l'état définitif qui suit la résurrection et le jugement universel, le judaïsme palestinien insiste à l'occasion sur la récompense immédiate des justes. Tel paraît être le sens de 1 Hén
71,14-17 où est utilisée l'expression technique "monde qui vient"[92].
Dans les textes rabbiniques les plus anciens attestant la même
expression, celle-ci désigne tantôt l'éon définitif, qu'inaugure
la résurrection, tantôt le monde céleste des âmes où l'on entre
au moment de la mort. Témoignent de ce dernier sens en particulier
les dits de R. Joshua[93], de Jochanan ben Zakkai[94] et celui, plus
ancien encore, du prosélyte Monobaze (v. 50 ap. JC)[95]. L'idée
que le juste, dès sa mort, entre dans le monde de Dieu pour y
jouir déjà de la félicité était vraisemblablement connue des milieux palestiniens à l'époque de Jésus.

2) En raison de cette eschatologie individuelle et de sa présence
dans la pensée palestinienne dès le milieu du premier siècle

chrétien, on est fondé à se demander si, dans notre logion, la
βασιλεία τοῦ θεοῦ n'est pas à identifier avec le monde céleste
des âmes, autrement dit avec le "monde qui vient" selon un des
sens possibles de cette expression. Les justes sont déjà dans le
Royaume ; les incrédules en seront exclus (n'y entreront pas) au
jour de leur mort. Plusieurs commentateurs se sont prononcés
pour une interprétation de ce type[96] : Jésus, en somme, aurait
simplement utilisé son vocable favori -βασιλεία- pour désigner
ce qu'on appelait ailleurs "paradis", "jardin d'Eden", "monde qui
vient"[97].

On a objecté à cette exégèse qu'elle ne tenait pas compte
du thème du banquet eschatologique. Ce banquet, observait-on,
"ne peut avoir lieu qu'après le rassemblement de tous les élus"[98],
donc après la résurrection et le jugement. L'objection, en fait,
n'a guère de poids. En effet, dans la tradition juive le motif
du banquet sert aussi à évoquer la félicité de ceux qui reçoi-
vent leur récompense dès la mort[99]. D'ailleurs il n'est pas expressément question du banquet dans la teneur primitive du logion (Lc 13,28).

L'interprétation signalée ne va pas, cependant, sans poser
de réelles difficultés. Le groupement même des vv. 26-27 avec
le v. 28 représente la première exégèse traditionnelle du logion :
il suppose qu'on a vu dans la Basileia du v. 28 l'ordre eschatologique, plénier et définitif[100], et non pas le monde céleste des
âmes. Ce n'est assurément qu'une indication. La vraie difficulté
est l'absence dans les logia de Jésus de parallèles à l'emploi
ici postulé du vocable βασιλεία. Sans doute, le terme n'est pas
univoque. Mais, si indéterminé qu'il soit, il ne paraît pas employé ailleurs pour désigner la sphère de Dieu où l'homme entre
à la mort, -le monde céleste des âmes[101].

Ces objections ne suffisent pas à écarter positivement l'explication de Lc 13,28 dans l'optique d'une eschatologie individuelle. Du moins invitent-elles à donner la préférence à l'exégèse habituellement proposée du dit : la résurrection générale est
supposée avoir déjà eu lieu, le jugement a déjà opéré le tri entre justes et impies. La Basileia est suivant toute vraisemblance
l'état de salut, de bonheur et de paix consécutif à l'acte eschatologique de Dieu.

IV Exégèse du logion de l'admission au Royaume : Lc 13,29.

Mis à part les mots "et du nord et du sud", insérés probablement par le rédacteur lucanien, la teneur primitive du logion
apparaît conservée en Lc 13,29 : "Et ils viendront du levant et
du couchant et ils se mettront à table dans la Basileia de Dieu".

Pour un auditeur nourri de la tradition biblique et juive
le dit ne peut pas ne pas évoquer deux représentations bien précises : le pèlerinage des peuples et le festin eschatologiques.
Rappelons-en sommairement les lignes essentielles.

A) Les représentations juives.

1) Le banquet eschatologique.

Selon une tradition qui s'enracine en Is 25,6 et qui a connu un grand développement dans le judaïsme ancien, le salut futur
consistera en un festin que Dieu préparera pour les siens. Ce
banquet est situé tantôt dans les "jours du Messie", tantôt dans
le "monde qui vient". Maints parallèles néo-testamentaires attestent que Jésus et les communautés chrétiennes à sa suite ont
connu et utilisé cette tradition[102].

2) Le pèlerinage eschatologique des peuples.

Ramenée à son contenu essentiel, la représentation porte
sur la venue en masse des païens à Sion lors des temps eschatologiques[103]. Mais, dans sa mise en oeuvre concrète, ce fonds
n'est pas présenté partout avec les mêmes accents ni dans le même
esprit[104]. Il convient à tout le moins de distinguer deux lignes
principales.
a) La venue des païens à Sion est envisagée dans ce qu'elle apporte à Dieu et à Israël, son partenaire privilégié. Ils ne pour-
ront faire autrement que de reconnaître la Gloire de Iahvé, ils
seront en quelque sorte contraints de le louer et de se proster-
ner devant lui[105]. Ils se soumettront à Israël, ramèneront les
déportés du peuple et apporteront leurs richesses à Sion.

Présente déjà dans le Deutéro-Isaïe[106], cette veine est
développée surtout dans le Trito-Isaïe et dans des textes post-
exiliques apparentés[107]. Elle restera vivace dans le judaïsme
ancien[108], en particulier dans l'apocalyptique récente[109] et
dans la littérature rabbinique[110]. Selon cette ligne la représentation du pèlerinage eschatologique est utilisée dans une
perspective qu'on peut appeler nationaliste : on ne s'intéresse
aux païens qu'en tant qu'ils sont les agents et les spectateurs
de la glorification d'Israël[111].

b) A côté de cette ligne particulariste il en existe une autre
où les païens sont considérés de façon beaucoup plus positive,
même si l'aspect nationaliste n'en est jamais tout à fait absent. Les prophètes annonçaient pour l'avenir eschatologique la
conversion des nations[112]. Reconnaissant enfin la vanité des
idoles (Jr 16,19) et reniant "l'obstination de leur coeur mauvais" (Jr 3,17), les païens se convertiront[113], chercheront[114]
Iahvé, s'attacheront[115] à lui. Leur intégration au peuple de
Dieu[116] n'est plus conçue comme l'inévitable soumission consécutive à la défaite, mais d'un point de vue positif comme leur pro-
motion. Elle sera pour eux le moyen d'avoir part à l'héritage,
à la bénédiction, à l'alliance. Désormais, ils participeront
au culte de Iahvé[117] et jouiront des biens eschatologiques que
sont la paix[118], la joie[119], la vie sans fin[120] et la vision de
la Gloire de Dieu[121].

Plus tard des accents similaires se font entendre dans le
judaïsme hellénistique[122], en particulier dans certaines para-
phrases de la Septante[123] et dans les Oracles Sibyllins[124]. Pour
la diaspora orientale[125] nous avons le témoignage éloquent du
livre de Tobie : "Toutes les nations se convertiront et crain-
dront véritablement le Seigneur Dieu ; elles enfouiront leurs
idoles et toutes les nations béniront le Seigneur"[126].

Dans le judaïsme palestinien, en revanche, les textes témoins de cette deuxième veine sont plus rares et plus incertains.
La littérature rabbinique ne contient que peu d'affirmations positives sur le salut eschatologique des goyyim[127] ; pour l'opinion commune les païens n'auront pas de part au monde à venir[128].
Même l'apocalyptique, qui par principe pourtant porte intérêt à
l'histoire "universelle", au destin à la fois d'Israël et des

nations, ne s'écarte pas de cette attitude négative, tant il est vrai qu'elle se montre dans son ensemble fort sévère pour les impies et en première ligne pour les gentils. Son attitude fondamentalement hostile invite à ne pas interpréter a priori dans le sens contraire les textes douteux[129].

Cela dit, il faut reconnaître néanmoins que quelques textes, apocalyptiques ou apparentés, contiennent des affirmations positives sur le salut final des païens. C'est le fait en 1 Hén 10,21-22 et 90,28-42[130]. Le deuxième texte, il est vrai, comporte le thème de la soumission des nations à Israël, mais la conversion des païens et leur participation au salut ne sont pas passées sous silence[131]. Sont à signaler surtout les Testaments des XII Patriarches. Ils témoignent à maintes reprises d'un universalisme singulièrement poussé[132]. Certes, il est plus que vraisemblable que des retouches chrétiennes y aient amplifié le thème de l'accès des nations au salut, mais il devait se lire déjà dans le fonds juif de la compilation. Les passages les moins suspects à cet égard[133] sont : Test Neph 8,3[134] ; Test Lévi 18,9[135] ; Test Juda 24,6[136] ; Test Benj 9,2[137] ; Test Benj 10,9-10[138].

Résumons. Dans l'AT une tradition relativement consistante affirme que les païens ou des païens prendront part au salut eschatologique. Cette tradition trouve son expression privilégiée dans la représentation du pèlerinage des peuples à Sion. Bien conservées dans le judaïsme hellénistique, ces vues universalistes tendent à s'estomper dans le judaïsme palestinien contemporain des origines chrétiennes, sans toutefois en disparaître entièrement.

B) La reprise des motifs dans le logion.

1) Le fait.

a) Les mots ἀνακλιθήσονται ἐν τῇ βασιλείᾳ τοῦ θεοῦ sont sans aucun doute une mise en oeuvre du thème biblique du banquet eschatologique. La teneur même de la phrase et d'excellents parallèles évangéliques[139] en fournissent la garantie.
b) Ceux qui viennent de "l'Orient et de l'Occident" sont certainement des païens dans l'intelligence que Q (Lc 13,28+29) avait

lu logion[140] ; ils le sont plus nettement encore dans la rédaction matthéenne (Mt 8,11-12)[141]. A ces deux niveaux d'interprétation on ne peut guère faire abstraction de la représentation
lu pèlerinage eschatologique des nations.

L'influence de cette thématique est moins évidente dès
que l'on considère le logion (Lc 13,29) isolé de son contexte et
lans sa teneur primitive vraisemblable.

Dans l'AT l'expression "du levant et du couchant" se rencontre principalement en des textes annonçant le rassemblement
les dispersés d'Israël[142] et en des textes portant sur la recon-
naissance universelle de Iahvé[143]. Or c'est avec les textes du
premier groupe, les plus nombreux au reste, que la parenté formelle du logion est la plus grande[144]. Ainsi, lue à la lumière
le l'AT[145], l'expression n'est guère favorable, à première vue,
à l'interprétation courante qui voit dans le logion une reprise
lu motif du pèlerinage des peuples. C'est pourtant cette interprétation que, pour des raisons plus générales, il convient de
retenir.

On ne voit guère, en effet, comment Jésus aurait pu penser
ici aux dispersés d'Israël. Sa mission consistait proprement à
ramener Israël à Dieu (cf. Mt 15,24), et tout Israël, ainsi que
le montre le choix des Douze[146]. Mieux. Elle était à réaliser dans
l'immédiat même, afin de préparer le peuple à faire accueil au
Règne. Jésus pouvait-il dès lors attendre de l'initiative divine
un rassemblement d'Israël qui n'aurait lieu que lors de la réalisation eschatologique du Règne ? Pareille interprétation serait sans parallèle explicite dans les logia de Jésus. Selon
toute vraisemblance, en parlant de ceux qui "viendront du levant
et du couchant" il aura pensé aux païens[147]. Leur salut ne relève
pas de sa mission présente, il sera le fruit de l'acte eschatologique de Dieu même.

Que telle fut bien la vision propre à Jésus est confirmé
par d'autres indices. Il y a d'abord les parallèles évangéliques[148]. Même si J. Jeremias tend à se montrer trop généreux dans
leur énumération[149], ils restent assez nombreux pour autoriser
la conclusion que Jésus a effectivement repris l'ancienne représentation du pèlerinage eschatologique des nations. Sont à signaler ensuite des dits divers qui, s'ils ne mettent pas en oeuvre
la tradition du pèlerinage, montrent du moins que Jésus est

convaincu "qu'à la fin des temps des païens jouiront d'un traitement plus favorable que celui auquel ses contemporains doivent
s'attendre en raison de leur impénitence"[150]. Enfin, dans ses
rares contacts avec des païens ou des Samaritains dont la tradition a conservé le souvenir[151], Jésus a adopté à leur égard une
attitude plus accueillante que ses contemporains juifs et qui
n'est pas sans analogie avec son ouverture envers les publicains
et les pécheurs et, d'une manière générale, les déclassés du
judaïsme palestinien[152].

2) Des déplacements d'accent.

Jésus ne se contente pas de reprendre la tradition vétéro-
testamentaire et juive, il la dépasse. D'après F. Hahn[153] l'originalité de Jésus se manifeste d'une double façon. A l'encontre
de la représentation dominante sur le **pèlerinage** des peuples,
selon laquelle la réalisation de l'attente eschatologique se situera à Sion-Jérusalem[154], Jésus dépouille le thème de ses re-
lents nationalistes[155] et le traduit dans le langage de l'apocalyptique. Mais, et c'est le deuxième trait à noter, tout en se
rapprochant de l'apocalyptique, Jésus s'en démarque par le fait
que, sans réserve aucune, il annonce le salut des païens et non
pas leur extermination. En somme, Jésus innove en reliant étroitement le **pèlerinage** eschatologique des nations et le festin
du monde nouveau et en référant l'un et l'autre à la Basileia[156].

La manière dont Hahn présente l'originalité de Jésus paraît juste dans l'ensemble, mais elle demande à être nuancée.
Elle ne tient pas suffisamment compte des amorces juives de l'apport de Jésus, contenues en particulier dans Is 25,6 et dans
Test Lévi 18,10-14.

a) Is 25,6.

D'après Is 25,6 "Iahvé des armées organisera pour tous les
peuples sur cette montagne un festin de mets gras". Le texte
doit être lu en relation avec Is 24,21-23[157]. Il indique alors
que l'accession des païens au salut est un effet de l'entrée en
fonction de Iahvé comme Roi[158] et que la perspective s'ouvre sur
des dimensions cosmiques[159]. Reconnaissons toutefois que l'aspect

errestre et national de l'attente reste dominant : le festin a
ieu sur "cette montagne" (25,6), à Sion, qui est aussi le lieu
ù Dieu affirmera son Règne (Is 24,23). Il est effectivement
oins question d'un "nouvel éon radicalement pensé en termes d'au-
elà" que d'une "transformation eschatologique de Sion"[160].

) Test Lévi 18,10-14.

Le texte vaut d'être cité in extenso :
Et il[161] ouvrira les portes du paradis et éloignera l'épée qui
enace Adam.
t il donnera aux saints à manger de l'arbre de vie et un esprit
e sainteté sera sur eux.
t Béliar sera lié par lui et il donnera à ses enfants le pouvoir
e marcher sur les esprits mauvais.
t le Seigneur se réjouira au sujet de ses enfants et se complai-
a dans ses bien-aimés à jamais.
lors Abraham exultera et Isaac et Jacob (et moi je me réjoui-
ai[162]) et tous les saints revêtiront l'allégresse"[163].

Le motif de l'arbre de vie[164] (v. 11) n'est pas sans affinités
vec celui du banquet messianique[165] ; quoi qu'il en soit des
apports précis entre les deux, ils ont au moins en commun la
éférence au salut eschatologique[166]. De plus, d'après Test Lévi
8,12, la jouissance des fruits de l'arbre de vie va de pair
vec la ligature de Béliar par Dieu, ce qui signifie en clair
ue le règne de Satan s'achève et que celui de Dieu commence. A
e double contact idéel entre Lc 13,29 et Test Lévi 18,10-14
'en ajoute un troisième si l'on considère le contexte dans le-
uel la petite apocalypse est insérée. Les convives du banquet
ont les ἅγιοι (Test Lévi 18,11). Or, d'après le contexte immé-
iatement antérieur (18,9), les ἄνομοι désormais repentis, les
aïens (τὰ ἔθνη) convertis en feront partie. Notons enfin que la
onception du salut attestée dans ce morceau est essentiellement
pirituelle.
Ainsi, la conjonction entre les thèmes du banquet, de la
asileia et du pèlerinage des nations apparaît présente en ger-
e dans quelques-uns au moins des vestiges littéraires du judaïs-
e pré-chrétien[167]. Rien sans doute n'autorise à conclure que

Jésus s'inspire directement de ces textes exceptionnels ; mais,
à leur instar et d'une manière plus nette qu'eux, il prend ses
distances par rapport aux conceptions dominantes du milieu palestinien. Tout accent nationaliste a disparu, même la sainte Sion
ne tient plus le rôle de centre du Règne divin ; la Basileia de
Dieu ne se confond plus subrepticement avec la domination d'Israël sur les peuples. Les nations en seront membres à part entière et non plus seulement comme des faire-valoir. Le Règne est
grâce, élection, don, puisque des ἄνομοι y sont conviés. Comme
l'indique le motif du repas, la Basileia est conçue ici comme
l'état de bonheur définitif qui suivra l'intervention eschatologique de Dieu et qui se traduira dans la communion parfaite des
élus avec leur Dieu[168]. Attendue pour l'avenir, cette communion
paraît déjà anticipée dans les repas de Jésus avec les siens et
avec les pécheurs[169] ainsi que dans l'accueil favorable qu'il
réserve aux rares païens qui se sont trouvés sur sa route.

Si le temps où la Basileia deviendra pleinement réalité est
sans aucun doute le futur, le "lieu" et le mode de sa réalisation
sont beaucoup plus difficiles à caractériser. La complexité du
problème justifie un élargissement de l'enquête et demande un
traitement plus systématique.

V Le "lieu" de la Basileia.

Les logia étudiés dans la deuxième partie de cet ouvrage
m'ont amené à mettre l'accent sur l'altérité du Règne, sur son
caractère paradoxal, voire choquant, au regard des idées communé-
ment reçues dans le judaïsme en ce qui concerne les clients ou
les bénéficiaires du Règne. Le problème du "lieu" de la Basileia
est différent et nettement plus restreint.

Le salut, auquel, selon notre logion, les païens auront part,
est strictement eschatologique, définitif et plénier, consécutif
à l'intervention de Dieu attendue pour l'avenir. Sur ce point
l'accord des commentateurs est à peu près entier. Mais que sera ce
salut dans son état pleinement réalisé ? Les milieux qui ont élaboré les idées eschatologiques et dont Jésus hérite sans doute,
soit les prophètes dans l'AT et principalement les cercles apocalyptiques dans le judaïsme ancien, ne conçoivent pas la réalité

schatologique de manière uniforme. Comment en apprécier dès lors
es divergences et surtout comment les valoriser en l'occurrence ?

La recherche moderne[170] qualifie volontiers l'eschatologie
rophétique de terrestre, nationale, particulariste, intrahisto-
ique, naturelle, immanente. Dieu régnera à Sion et d'abord sur
sraël, son Règne se situera dans le cadre de cette création
ême, dont on attend l'achèvement ou la restitution, et ce sans
upture de continuité.

Par contraste on tend à présenter l'eschatologie apocalyptique
ou "eschatologie de la diastase"[170bis] - comme universelle et cos-
ique, supraterrestre et métahistorique, surnaturelle et transcen-
ante. Dieu ne régnera pas sur la création présente qui est appelée
disparaître pour faire place à un monde nouveau, -tout différent.

Ces qualificatifs, très schématiques, ont comme seul avan-
age de cerner le problème et de fournir un cadre à la réflexion.
forçant l'opposition entre les deux types réels d'eschatolo-
e et en réduisant ce qui leur est commun, ils ont le gros in-
nvénient de défigurer les données de l'histoire[171], de don-
r l'impression trompeuse que l'eschatologie prophétique est
onolithique[172] et que la pensée apocalyptique se laisse définir
son côté comme un système cohérent. En réalité il y a interpé-
tration. L'eschatologie "prophétique" comporte des thèmes "apo-
alyptiques", comme par ex. celui de la nouvelle création[173], et
eschatologie "apocalyptique" n'ignore pas des thèmes "prophé-
ques" tel que celui de l'instauration du Règne à Sion[174]. L'es-
atologie prophétique n'est pas que nationale et l'eschatologie
ocalyptique n'est pas qu'universaliste.

Ces remarques élémentaires montrent qu'il n'est guère indi-
é d'aborder le problème que pose la conception de Jésus sur le
lut du Règne à partir d'une simple approche qui s'appuierait
obalement sur l'enracinement prophétique ou, au contraire, apo-
lyptique de Jésus[175]. En outre, qu'on me passe de rappeler cette
idence, l'eschatologie de Jésus pourrait bien n'être en pre-
ère ligne ni apocalyptique ni prophétique mais "jésuanique" ! La
ie à suivre est par conséquent d'interroger directement la tration synoptique, de voir à quelles conceptions renvoient les
tifs utilisés en contexte eschatologique, d'en privilégier ceux
i distinguent l'un de l'autre les deux types d'eschatologie, de
nter enfin le départ entre ce qui vient de Jésus même et ce qui

est dû à la communauté post-pascale sinon à la rédaction évangélique. Dans le cadre du présent travail je ne puis présenter
qu'une modeste ébauche de pareille recherche[175bis].

A) L'immanence du Règne.

Selon H. Flender, qui a consacré un long développement à
la question[176], Jésus a considéré le salut eschatologique comme
terrestre et immanent, se situant dans le prolongement direct
de l'histoire et dans le cadre de la présente création[177]. Voici
un aperçu des faits généraux et des textes ou thèmes particuliers
allégués par Flender à l'appui de sa thèse.

1) Faits de portée générale.

a) Jésus se concentre sur Israël en tant que peuple et porte une
appréciation positive sur cette création[178].
b) Si Jésus ne précise nulle part sa conception de la Basileia,
c'est sans doute parce qu'il partageait celle de ses contemporains. Or ceux-ci attendaient l'établissement du Règne divin sur
la terre[179].
c) Dans les paraboles Jésus recourt sans cesse aux réalités quo-
tidiennes vécues dans le cadre de la création. Ces réalités ne
servent pas à illustrer du dehors une doctrine qui en serait indépendante, c'est au contraire par leur médiation que le message
lui-même est communiqué[180].
d) Jésus est monté délibérément à Jérusalem pour achever sa mission et la tradition atteste que les disciples nourrissaient des
espérances messianiques en rapport avec cette montée (cf. Lc
19,11 ; Mc 10,35-40 ; Mc 11,10). Ces espérances ne pouvaient dès
lors porter que sur l'établissement du Règne de Dieu à Sion. Or,
souligne l'auteur, la strate la plus ancienne de la péricope des
fils de Zébédée (Mc 10,35-38a+40) porte à penser que Jésus partageait ces espérances : il en aura simplement réservé la réalisation à l'initiative et au bon-vouloir de Dieu[181].

De ces divers arguments, seul le dernier -Flender lui-même
ne s'arrête d'ailleurs guère aux autres- vaut d'être pris en considération attentivement, d'autant plus, faut-il ajouter au

léveloppement de l'auteur, que le thème de la venue de Dieu joue
ın rôle de première importance dans la pensée de Jésus et que
a tradition juive situe cette venue précisément à Sion[182].

L'exégèse proposée de Mc 10,35-40, un jalon important dans
'argumentation de Flender, repose sur des bases fragiles. 1. A
a suite de R. Bultmann[183], l'auteur admet que l'unité primitive
·e réduisait à Mc 10,35-38a+40 : les vv. 38b-39 ne seraient en
omme qu'une insertion rédactionnelle. Or, cette analyse est des
lus contestées à l'heure actuelle[184]. 2. L'authenticité de la
·éricope prise en son entier est difficile à établir, et plus en-
ore l'historicité de son lien avec la notice sur la montée de
·ésus à Jérusalem en Mc 10,32. 3. Enfin et surtout, rien ne per-
et d'affirmer avec Flender[185] que ἐν τῇ δόξῃ σου au v. 37 au-
·ait pris la place d'un énoncé primitif portant sur le Règne de
·ieu[186]. Les conclusions de l'auteur relatives à la conception
ιe se faisait Jésus du Règne de Dieu sont fondées sur trop de con-
·ctures littéraires, doctrinales et historiques pour être recevables.

Reste à considérer le fait même de la montée finale de
·ésus à Jérusalem et le thème de la venue de Dieu. Jésus s'atten-
ait-il à ce que la manifestation définitive de Dieu, la venue
u Règne, ait lieu à Jérusalem ? C'est possible[187]. Notons toute-
ois qu'à la différence des textes juifs sur la venue de Dieu[188]
·ésus ne précise jamais que Dieu viendra "sur terre" ni qu'il
tablira son Règne "à Sion" ou "à Jérusalem". De plus, même si
elle avait été son attente, on ne pourrait y lire aucune indica-
ion sur le contenu du salut eschatologique consécutif à la mani-
estation de Dieu. Si Jésus l'avait conçu comme une existence
ous le signe de la théocratie pure désormais effective, on com-
rendrait mal qu'il n'ait rien dit de l'aspect politique si ce
'est national qu'impliquait inéluctablement pareille concep-
ion[189].

) Textes et thèmes particuliers.

Les textes principaux sur lesquels H. Flender s'appuie
·our découvrir chez Jésus une conception "diesseitig-zukünftig"
p. 32) du Règne sont le logion sur la récompense (Mc 10,29-30a),
·es paraboles du grain qui pousse tout seul (Mc 4,26-29) et du
·énevé (Mc 4,30-32 par.), le macarisme de Lc 14,15, enfin les
·ogia sur le banquet (Mt 8,11-12 par. et Mc 14,25 par.), auxquels

l'auteur attache à juste titre une importance majeure dans son
argumentation.

a) Le logion sur la récompense (Mc 10,29-30 par.) s'arrêtait primitivement sur le mot centuple ; il ne comportait pas la distinction entre la récompense dans "ce monde" et la rétribution "dans
le monde à venir". Sur ce point Flender a raison[190].

En revanche, il n'est pas certain du tout que l'expression
ἕνεκεν τῆς βασιλείας τοῦ θεοῦ de Lc 18,29 soit plus primitive
que les mots ἕνεκεν ἐμοῦ de Mc 10,29[191]. Le vocable "évangile",
qu'il lisait en Mc 10,29, aura poussé Luc à insérer le thème du
Règne en raison de la conception missionnaire qu'il se fait de
ce dernier[192]. Un second motif, d'ailleurs, pourrait bien avoir
amené le rédacteur lucanien à retoucher ainsi sa source : le souci d'harmoniser la teneur du dit avec le contexte proche et éloi-
gné où le vocable de βασιλεία revient à plusieurs reprises[193].

Mais surtout, même si le texte primitif avait effectivement parlé de renoncement "à cause de la Basileia", le laconisme
de l'expression "il recevra le centuple" ne permettrait pas d'en
conclure que la récompense est du même ordre -terrestre- que les
renoncements énumérés en Mc 10,29[194]. La correspondance entre la
nature de la récompense et celle du renoncement ne peut être affirmée qu'au niveau de la relecture manifestement secondaire de
Mc 10,30b : le vocable de "centuple" y est valorisé par la simple répétition des biens qui, d'après le v. 29, ont fait l'objet
du renoncement.

b) Pour Flender les deux paraboles du sénevé et du grain qui pous
se tout seul ont en vue, dans leur intentionnalité primitive, la
croissance progressive du Règne dans ce monde, sans rupture de
continuité.

Je me contente de noter que la pointe de ces paraboles
-croissance ou contraste- reste discutée. La teneur des deux textes apparaît de toute façon trop générale pour fonder quelque
conclusion sur la nature même de ce que l'incipit des deux morceaux appelle la Basileia.

c) Les pages consacrées par Flender aux logia du repas eschatologiques ne manquent pas d'aperçus originaux.

Le macarisme de Lc 14,15, que l'évangile met sur les lèvres d'un anonyme, est en réalité à attribuer à Jésus[195].

Le logion sur le pèlerinage des nations est historique, mais se limitait primitivement au Heilswort ; la menace à l'adresse des Juifs n'est qu'un ajout post-pascal. Dans sa forme première le dit est conservé seulement en Mt 8,11, à comprendre comme une annonce du salut pour Israël. Partant de ces positions, Flender n'hésite pas à dire que le logion "exprime la représentation israélite du Règne de Dieu sur le monde avec Israël en son milieu"[196] !

Quant à l'important logion eschatologique de Mc 14,25 par., Flender y voit une déclaration d'abstinence dans laquelle il reconnaît une correspondance étroite entre le renoncement de maintenant à la nourriture et l'accomplissement futur du Règne, les deux étant à situer au même niveau,-terrestre. On ne peut, dès lors, y lire une "irruption de la transcendance", à moins qu'on n'interprète le texte à partir de la pensée métaphysique des Grecs[197].

Que penser en définitive de ces diverses exégèses convergentes ? L'attribution de Lc 14,15 à Jésus me paraît insuffisamment fondée, mais le défaut n'est que d'une importance mineure étant donné que ce texte, trop laconique, ne joue guère de rôle dans la discussion.

Les positions de Flender sur Mt 8,11-12 et sur Mc 14,25 sont plus sujettes à caution.

D'après l'analyse de Mt 8,11-12 par. faite dans le présent chapitre, c'est Lc 13,28-29 qui reste le plus fidèle au donné traditionnel : il n'y a dans ce cas aucune raison de postuler qu'un dit primitif annonçant le salut à Israël a été transformé secondairement, après Pâques, en annonce de jugement contre Israël.

Mc 14,25, nous l'avons vu dans l'étude consacrée à ce logion, doit se comprendre non comme une simple déclaration d'abstinence mais au premier chef comme l'annonce suprême de sa mort par Jésus. Entre le présent et le terme futur pour lequel la venue du Règne est attendue, il y a pour le moins la rupture de la croix et de son lendemain immédiat.

Seul le thème du banquet eschatologique est de quelque poids à l'appui de l'hypothèse touchant la Basileia comme réalité

terrestre ou intrahistorique[198]. Mais l'argument n'est pas décisif. Le motif du banquet, que Jésus utilise d'une manière discrète sinon allusive, pourrait bien n'être qu'une image évoquant
dans des termes concrets le bonheur final des élus[199]. Il s'ensuit que même les textes que l'auteur présente comme particulièrement importants[200] pour le fondement de sa thèse ne sont pas
concluants[201]. En fait ils peuvent témoigner autant de l'intelligence transcendante de la Basileia chez Jésus.

B) La transcendance du Règne.

Diverses données de la tradition synoptique invitent à
voir dans la Basileia une réalité proprement transcendante. A
défaut d'une étude critique plus poussée que je ne puis entre-
prendre ici, voici du moins un aperçu sur les principaux textes,
groupés par thèmes, qui fournissent des indications à ce sujet.

1) Le schème des deux éons.

Le schème des deux éons n'est pas attesté expressément dans
la tradition la plus ancienne et, ainsi que nous l'avons vu dans
l'étude de la prière dominicale, les logia qui en utilisent la
terminologie ne viennent probablement pas de Jésus même. Il est
toutefois une affinité réelle entre certains traits de l'eschatologie de Jésus et le cadre de pensée des deux éons.

a) Le dualisme apocalyptique se rattache à cette veine et Jésus
l'aura partagé au moins sous la forme de l'opposition entre
"règne de Satan" et "Règne de Dieu"[202]. La venue de Dieu marque
la fin du règne de Satan. Ce fait, indiscutable, n'autorise pas
de conclusions immédiates sur la manière dont Jésus concevait le
salut dans la Basileia pleinement réalisée ; du moins indique-t-il
que nous sommes loin d'une eschatologie nationale, centrée sur
Israël désormais délivré de ses ennemis : manifestement la pensée
se meut à un autre plan.

b) Pour désigner le salut eschatologique, les synoptiques emploient
entre autres termes les vocables de ζωή et de ζωὴ αἰώνιος[203].
Or, d'après Mc 9,43-47 "entrer dans la vie" est synonyme de "entrer dans la Basileia", une expression qui se rencontre dans

maints logia synoptiques[204] et qui est à rapprocher des tournures
juives de l' "entrée dans le ^cwlm hb[?]" ou dans "le jardin
d'Eden"[205]. Dans ces logia la Basileia, comme ailleurs la "vie
éternelle", est une réalité qui fait suite au jugement de Dieu,
une grandeur d'un autre monde, transcendante. Mais les logia de
l'entrée viennent-ils de Jésus ? La réponse est négative pour
la plupart d'entre eux[206]. Il y a cependant des textes pour lesquels l'hypothèse de l'authenticité foncière se laisse sérieu-
sement fonder : nous avons examiné antérieurement Mc 10,25 et
le logion, apparenté aux dits de l'entrée, de Mt 21,31b ; il
convient d'y ajouter, je le rappelle, Mc 9,47 par.[207].

2) La récompense et le châtiment eschatologiques.

L'idée de rétribution eschatologique -récompense et châ-
timent- tient une grande place dans les synoptiques. La variété
des formes littéraires, des thèmes, des vocables à travers lesquels elle s'exprime, la diversité aussi des courants traditionnels qui la contiennent, autorisent à conclure qu'une partie
au moins des matériaux sur la rétribution remonte au Jésus de
l'histoire[208]. Mais, si le fait de la rétribution est sans cesse
affirmé, rares sont les textes qui fournissent quelque précision
sur ses modalités et sur sa nature.

a) La récompense.

La récompense est mise en relation avec "les cieux" dans le
macarisme qui promet aux persécutés un abondant salaire (ὁ μισ-
θὸς ὑμῶν πολύς)[209], et dans deux logia, l'un de Mc[210] et l'autre
de Q[211], qui utilisent la métaphore du "trésor" (ὁ θησαυρός).

Les macarismes des pauvres, des affligés et des affamés
d'une part, celui des persécutés d'autre part étaient déjà groupés dans la source Q ; mais, selon toute vraisemblance, les trois
premiers seuls formaient dès le départ une unité organique. Le
macarisme des persécutés constitue un ajout. Aux yeux de beaucoup d'auteurs[212] la référence aux persécutés serait une prophétie ex eventu, indice de l'origine post-pascale du texte. En
réaction contre cette thèse quelque peu massive, le P. Dupont[213],
tout en admettant que le groupement des quatre béatitudes est

littérairement secondaire, fait valoir avec de bons arguments,
et de façon nuancée, que le macarisme des persécutés, dans son
fond au moins, peut remonter à Jésus.

L'authenticité du dit sur le trésor inamissible (Mt 6,
19-21 par.) est discutée elle aussi ; en raison de la frappe juive du morceau elle peut difficilement être prouvée[214].

En Mc 10,21, pointe de l'apophtegme sur l'homme riche, le
motif du trésor est associé à l'exigence du renoncement total
aux richesses et ce dernier trait est à considérer comme indice
d'authenticité[215]. Mais, en raison du caractère surchargé du
v. 21, en raison plus précisément du fait que les mots καὶ ἕξεις
θησαυρὸν ἐν οὐρανῷ introduisent un indicatif dans une série
d'impératifs et, de la sorte, distendent le lien existant entre
ἀκολούθει d'une part et πώλησον et δός de l'autre, on ne peut
exclure la possibilité que la clause sur le trésor dans le ciel
soit une insertion secondaire inspirée du logion sur le trésor
inamissible.

Le sens exact des mots "dans les cieux" n'est pas facile à
établir. Faut-il les comprendre à la lumière des nombreux parallèles juifs, aussi bien apocalyptiques que rabbiniques[216], selon
lesquels les justes, par leurs bonnes actions, s'amassent un capital dans le ciel -c'est-à-dire auprès de Dieu-, dont ils auront la jouissance dans l'avenir eschatologique[217] ? Peut-être.
Mais la plupart des parallèles juifs allégués ainsi que certains
parallèles néo-testamentaires[218] précisent que la récompense ou
le trésor sont "préparés" ou "gardés", ce qui n'est pas le cas
de nos textes. Il est plausible dès lors qu'il faille entendre
les mots "dans les cieux" non pas tant du lieu où le capital est
conservé en attendant la fin que de la "résidence eschatologique
des justes"[219].

b) Le châtiment.

Plusieurs logia synoptiques situent le châtiment eschatologique dans la "géhenne"[220]. Deux d'entre eux, au moins, pourraient bien remonter à Jésus, à savoir le logion affirmant qu'il
vaut mieux entrer borgne dans le Royaume que d'être jeté avec les
deux yeux dans la géhenne (Mc 9,47 par.) et le dit de Q (Lc 12,5
par. Mt 10,28) qui appelle à craindre Dieu parce qu'il a le

pouvoir de jeter dans la géhenne[221]. Les deux logia, en effet,
se distinguent par la coloration sémitisante de leur énoncé, par
leur radicalisme éthique et par la référence au jugement de
Dieu pour motiver ce radicalisme.

La géhenne est le lieu du châtiment éternel dès l'apocalyptique ancienne[222] où, pourtant, elle reste identique au val-
lon maudit situé au sud de Jérusalem. Dans la suite, le lien
avec le site se perd[223], la géhenne est conçue alors comme "un
lieu de l'au-delà"[224]. Cette conception est attestée dans l'emploi rabbinique le plus ancien du terme[225] et dans les textes du
NT[226]. Les réprouvés entrent dans la géhenne après la résurrection et le jugement[227].

En raison même de l'opposition réelle entre les deux conditions eschatologiques visées en Mc 9,47 -entrer dans la Basileia, être jeté dans la géhenne[228]- la Basileia apparaît comme
une réalité transcendante au même titre que la géhenne.

3) La résurrection des morts.

La doctrine de la résurrection des morts n'est pas centrale
dans la prédication de Jésus. Le fait s'explique. Jésus atten-
dait la venue imminente du Règne et se souciait avant tout d'y
préparer ses contemporains en les appelant à la repentance. Pour
"cette génération" l'accès au Règne ne passait pas par la résurrection. Ce n'est que dans la suite, au niveau de la communauté
post-pascale, que le sort des défunts, et par conséquent la résurrection des morts, deviendront des questions d'importance.

Pourtant, au témoignage de quelques textes synoptiques,
Jésus n'a pas fait sienne la négation sadducéenne de la résurrection et semble avoir partagé les vues de l'apocalyptique et, dans
une certaine mesure, du pharisaïsme en la matière. Ces textes
sont : Mc 12,18-27 par. ; Lc 11,31-32 par. Mt 12,41-42 ; Lc
14,12-14, soit un texte de la tradition marcienne, un autre de Q,
le dernier de la tradition particulière à Lc. Mais reflètent-ils
effectivement la pensée de Jésus ?

a) La controverse avec les Sadducéens : Mc 12,18-27 par.[229]

La péricope est d'une importance majeure à notre point de vue, malgré les problèmes littéraires et historiques complexes qu'elle pose à la critique. En nous concentrant sur les paroles attribuées à Jésus et sans entrer dans le détail du débat, soulignons les divers faits suivants, qui paraissent acquis ou probables.

La réponse de Jésus aux Sadducéens (vv. 24-27) est composite. Introduits au v. 24 moyennant la phrase "...les Ecritures et la puissance de Dieu", dont le premier terme vise le v. 26 tandis que le second se rapporte au v. 25, l'ensemble ayant ainsi une structure chiastique, les deux logia qui composent la réponse portent, le premier sur la condition "céleste" des ressuscités (v. 25), le deuxième sur le fait même de la résurrection (vv. 26-27)[230]. Mais surtout, la clause περὶ δὲ κτλ au début du v. 26 ne dénote pas seulement la rupture de l'exposé et le changement de sujet ; elle montre que les vv. 25-27 sont dominés par le propos de fournir un enseignement complet sur la résurrection, sur son mode et sur sa réalité.

Deux traits convergents précisent d'ailleurs cette donnée fondamentale. Insidieuse, la question des Sadducéens porte sur le fait même de la résurrection. De plus, la péricope, qui est remarquablement structurée, s'ouvre et s'achève sur le registre scripturaire : la citation d'Ex 3,6 au v. 26 est la réplique directe à la référence du v. 19 à Dt 25,5-6. On peut en conclure que, s'il y a retouche du texte initial, celle-ci est à lire au v. 25, dans le dit "apocalyptique" sur la condition des ressuscités[231].

D'où viennent, au juste, les deux logia ? Auraient-ils l'un et l'autre même origine, soit pré-pascale[232], soit communautaire[233] ? Seraient-ils plutôt de provenance diverse, le dit des vv. 26-27 remontant seul à Jésus[234] ? L'éventail des conjectures est à ce point complexe qu'il paraît indiqué de rappeler certains faits généraux susceptibles de clarifier le débat.

1. Dans les textes apostoliques c'est la résurrection de Jésus que la chrétienté post-pascale présente comme son argument immédiat, seul décisif, de la foi biblique en Dieu qui "ressuscite" ou "vivifie les morts"[235]. L'exégèse pour le moins pré-lucanienne du Ps 16(15),10 en Ac 13,35-37 et 2,25-32 montre d'ailleurs qu'elle

éclaire et valorise par l'événement de Pâques jusqu'aux promesses
de restauration -et d'incorruption- contenues dans les Ecritures.

2. De même c'est par la référence au Christ ressuscité, et non
par le théologoumène apocalyptique des anges, qu'elle répond aux
difficultés suscitées à l'occasion par le problème relatif à la
condition des fidèles resssuscités[236]. Cette réaction apparaît
d'autant plus significative que l'influence de l'apocalyptique
juive semble bien avoir persisté dans certains milieux du judéo-
christianisme d'avant 70.

3. Dans un autre registre de faits, Ex 3,6 fait partie selon toute probabilité des "écritures" majeures du judaïsme contemporain
de Jésus : le texte est repris dans la première beraka de la
version palestinienne du Shemone Esre[237], qui remonte d'après
la critique à le première moitié du premier siècle chrétien[238].
Il a du moins pu être allégué par Jésus, tout comme le Shema,
par exemple, rapporté en Mc 12,29-30.

4. Jésus a certainement puisé à l'apocalyptique. Mais l'apport
en fut-il réduit aux vocables "Règne de Dieu" et "fils de l'homme" ? En d'autres termes : aurait-il été moindre que l'héritage
similaire de certains milieux judéo-chrétiens d'entre 30 et 70 ?
Dans l'état actuel de nos connaissances toute réponse nette à la
question serait téméraire.

    Compte tenu de ces faits il apparaît difficile de refuser
pour le moins la présomption favorable de l'historicité foncière
à l'un et à l'autre des logia reproduits dans la péricope.
    La référence à Ex 3,6 -quoi qu'il en soit du rôle qu'elle
aura joué dans la formation du dialogue entre Jésus et les Sad-
ducéens- ne répond pas seulement aux premier et troisième critères signalés, aucune donnée interne ne paraît assez nette pour
en infirmer fondamentalement la haute ancienneté.
    Pour ce qui est du dit du v. 25, d'abord indépendant, les
parallèles qu'en offrent la littérature apocalyptique et secondairement les textes de Qumran[239] auraient-ils assez de poids
pour neutraliser les faits qui rendent son authenticité vraisemblable ?

b) La reine de Saba et les Ninivites : Lc 11,31-32 par.

De l'avis de la critique[240], le logion double de Lc 11,31-32
existait comme unité avant de devenir un élément de la péricope
plus vaste de Q sur le signe de Jonas. Les deux membres du dit
ne paraissent d'ailleurs pas calqués secondairement l'un sur
l'autre ; ils formaient vraisemblablement une unité dès le départ.

La touche sapientielle donnée au logion par la référence
à des épisodes du passé biblique, l'annonce du jugement et la
sympathie pour les païens sont typiques à la fois de Jésus et
de la tradition Q. Mais il est difficile de mettre au seul compte du genre littéraire et l'emploi réitéré de qwm-ἐγείρομαι-ἀνίσ-
τημι et l'idée de la présence des représentants de la gentilité
aux assises du jugement. Au reste, la discrétion de la christologie (ἰδοὺ πλεῖον... ὧδε) invite à attribuer le logion au Jésus
de l'histoire[241].

L'accent du dit ne repose certes pas sur la résurrection
des morts mais sur l'annonce du jugement à Israël. Ce fait, toutefois, n'enlève rien à l'importance du logion dans le cadre de
notre recherche. Si Jésus n'enseigne pas ici la résurrection des
morts, il s'y réfère -et comme en passant. Ne peut-on y voir
l'indice que la foi en la résurrection faisait partie des fonde-
ments de la pensée et de l'attente de Jésus ?

c) La "résurrection des justes" : Lc 14,14.

La péricope sur le choix des invités (Lc 14,12-14) porte
la marque de la plume de Luc[242] et répond à l'intérêt de cet
évangéliste pour les pauvres. Pourtant, dans son fond, elle apparaît traditionnelle, ne serait-ce qu'à cause du parallélisme,
que Luc n'aime guère.

La provenance plus précise du morceau n'est pas facile à
établir. Il ne trahit rien de spécifiquement chrétien qui oblige-
rait à y voir une création communautaire. En revanche, des parallèles juifs assez étroits[243] et l'aspect apparemment calculateur
de la morale ici proposée ne laissent pas de donner quelque fondement à l'hypothèse d'après laquelle Lc 14,12-14 serait un morceau "typiquement juif", peut-être un mashal profane devenu secondairement une parole de Jésus[244]. Et pourtant le morceau n'est

pas si "atypique" de Jésus qu'il paraît à première vue. En défen-
dant d'inviter les amis et en recommandant de ne convier que
"pauvres, estropiés, boiteux, aveugles", le texte témoigne d'un
radicalisme éthique analogue à celui qu'on trouve dans divers
passages du Sermon sur la Montagne[245] et relève du paradoxe comme bien d'autres logia de Jésus[246]. Il accuse en outre des
traits littéraires qui ne peuvent être refusés à Jésus, à savoir
le parallélisme antithétique structurant tout le morceau et
le passif théologique du v. 14 (ἀνταποδοθήσεται). En somme il y
a à la fois similitude et dissimilitude entre le texte et les
parallèles juifs ; dans ces conditions ni l'historicité ni la
non-historicité ne peuvent être considérées comme assurées.

Le texte situe la rétribution au moment de la "résurrection des justes". Est-ce à dire que Jésus partage les conceptions de certains de ses contemporains pour lesquels la résurrection sera le sort des seuls justes, les impies disparaissant
dans le néant dès leur mort ? Ce n'est pas exclu[247]. Mais, selon
l'explication la plus vraisemblable, la prétérition de la résurrection des impies n'est pas à confondre avec sa négation. Le
silence sur la résurrection des méchants s'explique par le propos même du texte : il ne tend pas à dispenser un enseignement
doctrinal et abstrait sur la résurrection, il vise à donner l'assurance de la vraie vie à ceux qui acceptent les exigences de
Jésus.

Que, indépendamment de son destin propre, Jésus ait cru à
la dimension transterrestre de l'existence humaine et dans ce
sens à la résurrection des morts, voilà qui paraît solidement
établi par ces textes ainsi que, je le rappelle, par les logia
sur la géhenne.

Cette foi introduit à tout le moins une rupture dans le
déroulement de l'histoire. De plus, d'après Mc 12,25 la résurrection n'est pas un retour à l'ancien mode d'être ; elle instaure
une condition d'un ordre supérieur[248], à vrai dire céleste, une
"vie métamorphosée"[249].

4) La fin du monde.

La "fin du monde" n'est qu'un point particulier dans une synthèse eschatologique. Mais cet aspect est de ceux par où diffèrent précisément l'eschatologie transcendante et l'eschatologie immanente. Une eschatologie pour laquelle le monde présent, terrestre et historique, est appelé à disparaître tend nécessairement à faire du salut futur une réalité transcendante et à en situer la réalisation dans un monde céleste ou sur une terre issue d'une création nouvelle. Jésus s'est-il exprimé sur ce point ?

a) Les textes.

Laissant de côté l'apocalypse synoptique (Mc 13) comme telle[250], je ne retiens que les deux logia où le thème est attesté et qui sont susceptibles de venir de Jésus, à savoir Mc 13, 31 par. (triple tradition) et Lc 16,17 par. Mt 5,18 (Q) [251]. Voici, en bref, les conclusions d'ordre littéraire et traditionnel qui paraissent pouvoir être retenues :
1. Mc 13,31 est un élément pré-marcien dont le contexte primitif ne peut plus être restitué avec certitude[252].
2. Mise à part la dernière proposition de Mt 5,18 (ἕως ἂν πάντα γένηται), qui est de provenance matthéenne[252bis], la teneur du logion de Q aura été mieux conservée en Mt qu'en Lc [253].
3. Les différences entre le logion de la double tradition et celui de Mc 13,31 apparaissent trop considérables pour que soit vraisemblable l'hypothèse d'une dépendance littéraire d'un texte par rapport à l'autre. On sera d'autant plus réservé à ce sujet que le problème des rapports entre Mc et Q n'est pas résolu. Selon l'hypothèse la moins aléatoire Mc 13,31 et le logion de Q seraient plutôt des variantes traditionnelles d'un même dit.

b) L'expression "le ciel et la terre passent".

Le logion a manifestement pour propos d'affirmer la permanence de la Loi ou des paroles de Jésus et non de donner quelque précision sur le sort final de la création. En d'autres termes : la pointe ne repose pas sur la clause concernant le ciel et la terre. Mais c'est cette clause seule qui nous intéresse directement ici.

Pour affirmer solennellement la permanence d'une institution, la validité inébranlable d'une promesse, l'homme de la Bible en appelle parfois à la stabilité sans faille de l'ordre cosmique ; il établit un parallèle entre le "ciel et la terre" et
la réalité qu'il veut présenter comme immuable.

Le même effet peut être obtenu non plus par la mise en
parallèle des deux réalités mais par le contraste : le caractère transitoire de la création met en relief la pérennité divine[254]. Ce que nous prenons spontanément comme une affirmation
valant par elle-même peut n'être alors qu'une manière imagée et
populaire d'exprimer une valeur adverbiale : toujours, jamais.
En Jb 14,12b, par exemple, il est dit que "jusqu'à la disparition
des cieux" les hommes "ne s'éveilleront pas et point ne se réveil-
leront de leur sommeil". L'auteur n'entend pas affirmer que le
ciel et la terre disparaîtront, il veut dire simplement : jamais
les hommes ne reviendront à la vie. Selon divers critiques nous
aurions un cas analogue dans notre dit : la référence à la disparition du monde n'y serait qu'une manière particulièrement ex-
pressive de souligner la pérennité de la Loi ou des paroles de
Jésus[255].

Plausible au plan de la rédaction matthéenne[256], l'hypothèse est loin de s'imposer pour le logion traditionnel. Certes,
ses tenants ont raison de souligner que la pointe du logion est
dans l'affirmation solennelle de la permanence. Mais j'hésite
à les suivre quand ils enlèvent toute portée réelle à la clause
sur la disparition. Selon le sens obvie du texte, dans Mc 13,31
en particulier, le locuteur paraît compter avec une disparition
effective de la terre et du ciel ; qu'il n'insiste pas sur ce
point ne change rien à la portée de l'expression même[257]. L'importance de la "fin du monde" dans le judaïsme -surtout apocalyp-
tique- contemporain des origines chrétiennes invite à voir dans
l'allusion à la disparition du ciel et de la terre plus qu'une
fiction littéraire.

c) L'historicité du logion.

La complexité du donné traditionnel[258] rend illusoire toute
tentative qui voudrait restituer, au mot près, la teneur du logion primitif. On peut toutefois poser la question d'une façon

globale et se demander si l'affirmation centrale de l'une et de
l'autre version -pérennité de la Loi en Mt 5,18, permanence des
λόγοι de Jésus en Mc 13,31- peut remonter à Jésus.

Pour ce qui est de la version de Q, il est difficile de
reconnaître quelque indice positif d'authenticité. Jésus, il
est vrai, a repris le Décalogue ; il en a radicalisé les exigences
et l'a débarrassé des édulcorations venues de la casuistique des
docteurs. En ce sens il a pu proclamer la permanence de toute la
Loi[259]. Mais l'insistance sur le "moindre trait" de la Loi, que
néglige toute exégèse de ce type[260], s'explique mieux si le
logion émane de communautés judéo-chrétiennes conservatrices[261].

Selon Mc 13,31 les λόγοι de Jésus ne passeront pas. Jésus
lui-même ne fait que rarement référence à ses λόγοι[262] ; mais
la tradition post-pascale ne recourt pas plus souvent à ce terme quand elle veut désigner de façon générale ce que nous appe-
lons la prédication de Jésus[263].

A la lumière du parallèle adéquat qui se lit en Lc 6,47-
49[264], il n'est pas invraisemblable que Mc 13,31 reflète la conscience qu'avait Jésus de l'importance décisive de son évangile
et que le logion soit foncièrement authentique[265]. Nous aurions
dès lors un texte où Jésus n'a certes pas enseigné la "fin du
monde" -la pointe du dit, je l'ai noté, est ailleurs- mais où il
s'y est référé. C'est peu, mais il importait de le signaler.

Dans l'apocalyptique juive la fin du monde et la nouvelle
création sont deux motifs associés et complémentaires. Encore la
nouvelle création n'est-elle parfois comprise que comme la réno-
vation ou la transformation de ce monde. Les représentations,
multiples, restent imprécises, voire se compénètrent. La portée
exacte des textes est difficile à cerner. En somme l'idée de
création nouvelle n'est guère le critère qui permettrait de distinguer d'un côté une conception selon laquelle le salut se si-
tuerait dans un monde radicalement nouveau, de l'autre une représentation parallèle où le lieu du salut serait le monde présent
simplement "transformé"[266].

Dans la prédication de Jésus il n'est pas question de "création nouvelle". Mais les données du judaïsme que je viens de

rappeler invitent à la prudence. On ne peut tirer aucune conclusion de l'absence du thème de la nouvelle création, sinon peut-être celle-ci[267] : Jésus se distingue à la fois du courant "prophétique" (attente d'un monde transformé) et du courant "apocalyptique" (attente d'une nouvelle création cosmique) ; plus nettement que ce n'est le cas dans l'apocalyptique elle-même, le "lieu" et la "nature" du salut relèvent chez lui de la transcendance et, en dernier ressort, du mystère de Dieu.

Conclusion.

L'étude qui précède a surtout mis en relief les difficultés inhérentes à la problématique du "lieu" de la Basileia. La provenance des traditions reste plus d'une fois incertaine. Les représentations sont imprécises, disparates même ; en tout cas elles n'apparaissent pas organisées en un système cohérent et ne peuvent de ce fait être serrées de près ; il convient de ne pas les presser. La prudence, en un mot, est de rigueur dans les conclusions.

Il m'apparaît néanmoins probable que Jésus a conçu le salut du Règne dans son état pleinement accompli comme une réalité proprement transcendante, relevant d'un mode d'existence tout différent de celui de ce monde et de cette histoire. C'est ce "tout différent" qui, au fond, représente ce qu'on peut dire de plus positif sur le salut de la Basileia[268]. Jésus n'a donné de précision ni sur le "lieu" ni sur les modalités de ce salut et le plus sage est de respecter et d'accepter cette discrétion. Tout au plus peut-on noter quelques indices ténus, relevés au cours de l'analyse, je veux dire la condition "angélique" des ressuscités et le ciel comme résidence eschatologique des justes, qui invitent à penser que Jésus devait avoir en vue ce que le langage chrétien appellera bientôt le ciel, l'au-delà, l'auprès-de-Dieu.

Quoi qu'il en soit, une donnée apparaît certaine : comme l'indique le symbole du banquet, Dieu introduira les élus dans son intimité et en fera ses familiers[269]. Tel sera le salut dans la βασιλεία τοῦ θεοῦ.

DEUXIEME PARTIE
Deuxième section
CHAPITRE II

(p. 603-604)

1) Tel est l'avis de Th. SOIRON, Die Logia Jesu. Eine literar-
kritische und literargeschichtliche Untersuchung zum synoptischen Problem (NTA VI,4), Munster 1916, p. 88, et de
F. HAUCK, Lk, p. 184.
    K.H. RENGSTORF, Lk, p. 173, et E. SCHWEIZER, Mt, p. 137,
sont favorables à cette vue mais n'excluent pas l'autre explication possible, à savoir l'insertion du logion par le
rédacteur matthéen.

2) Cf. p. 318 n. 284 du présent travail.

3) La plupart des commentateurs se prononcent en ce sens. Voir,
parmi les plus récents : N. PERRIN, Rediscovering, p. 161 ;
J. DUPONT, "Beaucoup viendront...", p. 154 ; D. LUEHRMANN,
Redaktion, p. 57 ; M.E. BOISMARD, Synopse II, p. 289 ;
S. SCHULZ, Q, p. 239 ; J. ZUMSTEIN, La condition du croyant,
p. 366 ; S. LEGASSE, Les miracles de Jésus selon Matthieu,
dans : Les miracles de Jésus selon le Nouveau Testament (éd.
X. Léon-Dufour) (Parole de Dieu) , Paris 1977, p. 227-247
(à la p. 240); B.D. CHILTON, God, p. 184.
    P. HOFFMANN, Redaktion und Tradition, p. 206, et Logien-
quelle, p. 39, ne se prononce pas nettement.

4) Voir les indications bibliographiques données par P. HOFFMANN,
Redaktion und Tradition, p. 192 n. 14; cf. aussi W.GRUNDMANN,
Mt, p. 34-35.

5) Outre l'étude citée de P. Hoffmann, je mentionne F. MUSSNER,
"Gleichnis" ; M.E. BOISMARD, Synopse II, p. 288-289 (proto-
Luc). - Il est intéressant de noter que J. DUPONT, "Beaucoup
viendront...", surtout p. 156, accorde plus d'importance à
la rédaction lucanienne que dans Béatitudes I, p. 94-98.

(p. 604-605)

6) Ainsi P. HOFFMANN, Redaktion und Tradition, p. 206 ;
   N. PERRIN, Rediscovering, p. 161.

7) Ainsi A. KRETZER, Herrschaft der Himmel, p. 85 et n. 110,
   et, semble-t-il, H. SCHUERMANN, Lk, p. 394.

8) S. SCHULZ, Q, p. 323 n. 3, renvoie à Lc 17,22 ; 21,2 ;
   22,43 ; 23,49. Cette liste appelle quelques observations qui
   en restreignent la portée :
   - Lc 17,22 est vraisemblablement traditionnel (cf. ci-dessus
   p. 183-184).
   - Lc 23,49 : il est vrai que Luc remplace ici par ὁράω le
   verbe θεωρέω qu'il lisait en Mc 15,40, et il fait de même
   en 21,1 (diff. Mc 12,41). Mais ce choix pourrait s'expliquer
   autant par la volonté d'omettre θεωρέω que par une prédilection pour ὁράω. Il est en effet d'autres cas où Luc omet
   θεωρέω (Lc 4,41 diff. Mc 3,11 ; 8,51-52 diff. Mc 5,38) ou
   le remplace par un autre verbe (Lc 8,35 diff. Mc 5,15 ;
   23,55 diff. Mc 15,47 ; 24,2 diff. Mc 16,4). Notons toutefois
   que θεωρέω est employé 14 fois dans Ac, dont 8 fois dans la
   deuxième partie (Ac 15-28).
   Les seuls cas probants sont donc 21,2 (déjà signalé par
   H.J. CADBURY, Style, p. 176) et 22,43 si, comme cela est
   vraisemblable (cf. G. SCHNEIDER, Engel und Blutschweiss
   (Lk 22,43-44), BZ 20, 1976, p. 112-116), Lc 22,43-44 est à
   retenir comme texte authentique de Lc.

9) Lc 17,22 ; 21,27 ; cf. 16,23. Voir H. FLENDER, Heil und
   Geschichte, p. 94.138 ; P. HOFFMANN, Redaktion und Tradition, p. 207 n. 69.

10) A Lc 3,21 ; 9,30.37 ; 22,69 (signalés par H.J. CADBURY,
    Style, p. 176), il faut ajouter Lc 9,10.
    Mais ici encore la valeur probante de l'un ou l'autre de
    ces textes prête à discussion : en Lc 9,30 il y a plutôt
    transposition qu'omission du verbe (cf. 9,31) ; Lc 22,69
    est considéré par d'aucuns comme plus primitif que Mc 14,62.

(p. 605-606)

11) Voir H. SCHUERMANN, Paschamahlbericht, p. 38 ; S. SCHULZ, Q, p. 323 n. 3. - Dans Ac on lit 2 fois ὅταν contre 10 fois ὅτε.

12) Mt 2,23 ; 5,12.17 ; 7,12 ; 11,13 ; 13,17 ; 16,14 ; 22,40 ; 23,29.30.31.37 ; 26,56.

13) Lc 1,70 ; 6,23 ; 9,8.19 ; 10,24 ; 11,47.50 ; 13,28.34 ; 16,16.29.31 ; 18,31 ; 24,25.27.44 ; cf. Ac 3,18.21.24.25 ; 7,42.52 ; 10,43 ; 13,15.27.40 ; 15,15 ; 24,14 ; 26,22.27 ; 28,23.

14) Voir Lc 18,31 où Luc introduit "les prophètes" dans sa source (cf. Mc 10,33) ; cf. aussi l'expression "tous les prophètes" en Ac 3,18.24 ; 10,43.

15) Avec U. WILCKENS, Missionsreden, p. 102 n. 2 ; N.A. DAHL, The Story of Abraham in Luke-Acts, dans : Studies in Luke-Acts (FS P. Schubert) (éd. L.E. Keck - J.L. Martyn), Londres 1968, p. 139-158 (à la p. 141).

16) Lc 13,29 ; Ap 21,13.

17) Lc 11,31 = Mt 12,42 ; Lc 12,55 ; 13,29 ; Ac 27,13 ; 28,13 ; Ap 21,13.

18) Voir A. LOISY, Lc, p. 432 ; E. KLOSTERMANN, Mt, p. 195.
    Dans les deux textes (8,11 ; 24,27) Matthieu se contente d'indiquer comme points cardinaux l'est et l'ouest, ce qui n'est guère logique surtout dans le cas de l'éclair. Luc remédie à la petite incohérence en généralisant les indications : de ce point de vue les quatre points cardinaux de Lc 13,29 correspondent à la formule vague "d'un bout à l'autre de l'horizon" (Lc 17,24).

19) S. SCHULZ, Q, p. 323 n. 5, renvoie à Ps 106(107),3 ; W. GRIMM, Hintergrund, p. 255-256, à Is 43,5-6. Voir aussi B.D. CHILTON, God, p. 195.

(p. 606-607)

20) Ainsi S. SCHULZ, Q, p. 323-324.

21) Sur 7 emplois de la formule λέγω δὲ ὑμῖν 4 viennent sans doute de la rédaction : Mt 17,12 (cf. Mc 9,13) ; 26,29 (cf. Mc 14,25) ; 19,9 (diff. Mc 10,11) ; 12,36.

22) Cf. Mt 5,18.20 ; 18,18.19 ; 19,23.24. Le dernier cas est très frappant car, comme le montre la comparaison avec Mc, les formules ἀμὴν λέγω ὑμῖν en 19,23 et πάλιν δὲ λέγω ὑμῖν en 19,24 sont toutes deux rédactionnelles.

23) Voir D. LUEHRMANN, Redaktion, p. 57 n. 7 ; J. DUPONT, "Beaucoup viendront...", p. 157 ; V. HASLER, Amen, p. 61-62 ; J. ZUMSTEIN, La condition du croyant, p. 366.

24) Ainsi P. HOFFMANN, Redaktion und Tradition, p. 209-210 ; H. FLENDER, Botschaft, p. 32 n. 46 ; D. ZELLER, "Völkerwallfahrt", p. 223; cf. aussi B.D. CHILTON, God, p. 189-190 (pour d'autres raisons).

25) N. TURNER, Syntax, p. 292-293 ; M. BLACK, Aramaic Approach, p. 126-127.

26) Cf. M. ZERWICK, Graecitas, § 3 ; J. DUPONT, Béatitudes I, p. 248 et n. 2, p. 286 et n. 3.

27) J. DUPONT, "Beaucoup viendront...", p. 157.

28) Is 2,2-4 ; Mi 4,2-3 ; Za 8,22. Cf. J. JEREMIAS, ThWNT 6, p. 537.

29) Cf. E. LOHMEYER, Mt, p. 158.

30) Avec S. SCHULZ, Q, p. 324, et les auteurs indiqués par lui à la n. 8. Dans le même sens P.D. MEYER, Gentile Mission, p. 412.

(p. 607)

31) Voir par ex. W. GRUNDMANN, Mt, p. 349 ; J. DUPONT, Le point
de vue de Matthieu dans le chapitre des paraboles, dans
L'Evangile selon Matthieu (éd. M. Didier), p. 221-259 (à la
p. 223 et n. 5).

32) Mt 9,15 par. Mc 2,19 ; Mt 12,27 par. Lc 11,19 ; Mt 13,38 (2
fois) ; 17,25.26 ; 23,15.
　　Relèvent de la rédaction les deux emplois de 13,38, celui de 23,15 (cf. W. GRUNDMANN, Mt, p. 491 n. 38) et, sans
doute, 17,25.26 puisque le vocabulaire de 17,24-27 est "nettement matthéen, apparenté, semble-t-il, aux couches les plus
récentes de Mt" (M.E. BOISMARD, Synopse II, p. 261).
　　A noter toutefois qu'en 12,31 (par. Mc 3,28) et en 10,13
(par. Lc 10,6) Matthieu paraît avoir éliminé une tournure de
ce genre.

33) Voir cependant Ac 13,10 et, peut-être, Lc 20,34.36.

34) Cf. Lc 5,34 ; 10,6 ; 11,19 ; 16,8 (2 fois) ; peut-être
20,34.36.

35) Voir C. WESTERMANN, Grundformen prophetischer Rede (BEvTh 31)
Munich [3]1968, p. 94 - P. HOFFMANN, Redaktion und Tradition,
p. 208, explique la 2e pers. par le contexte du discours
lucanien (13,22-30).
35bis) Cf. G. DALMAN, Worte, p. 78.

36) Voir S. SCHULZ, Q, p. 324, et les auteurs indiqués là à la
n. 10. En outre : R. SCHNACKENBURG, Gottes Herrschaft, p. 51;
W. GRUNDMANN, Mt, p. 491 n. 38 ; J. DUPONT, "Beaucoup viendront...", p. 157 ; A. KRETZER, Herrschaft der Himmel,
p. 55 ; H. FRANKEMOELLE, Jahwebund, p. 266 n. 13; B.D. CHILTON
God, p. 191-192.

37) P. HOFFMANN, Redaktion und Tradition, p. 208, et P.D. MEYER,
Gentile Mission, p. 412, soulignent avec raison que l'expression n'a pas le même sens en 8,12 et en 13,38. Mais
s'ensuit-il que Mt 8,12 est traditionnel ?
　　D. ZELLER, "Völkerwallfahrt", ne se prononce pas nettement

(p. 607-610)

quand il traite de la question (BZ 15, 1971, p. 224). Dans
la suite de son article (BZ 16, 1972, p. 84-85 n. 85-86) il
exprime sa préférence pour le caractère primitif de "fils
du Royaume" ; selon lui les deux groupes antagonistes ont
dû être caractérisés clairement dès le départ.

    J. ZUMSTEIN, La condition du croyant, p. 367 n. 2, lais-
se la question ouverte.

38) 8,12 ; 22,13 ; 25,30.

39) Sprüche, p. 55-56.

40) "Beaucoup viendront...", p. 155.

41) M.E. BOISMARD, Synopse II, p. 289.

42) Cette leçon, attestée par B,W et un certain nombre d'anciennes versions latines, syriaques et coptes, est à préférer
à l'autre leçon, majoritaire, ουδε εν τω Ισραηλ, qui représente une harmonisation avec Lc 7,9. Voir E. HAENCHEN, Gott
und Mensch. Gesammelte Aufsätze, Tübingen 1965, p. 83 n. 1 ;
B.M. METZGER, Textual Commentary, p. 21.

43) Voir G. STRECKER, Weg, p. 100 ; R. WALKER, Heilsgeschichte,
p. 49 ; S. SCHULZ, Q, p. 239 ; H. FRANKEMOELLE, Jahwebund,
p. 113 n. 157 ; J. ZUMSTEIN, La condition du croyant, p. 368.

44) Voir le dossier établi par R. WALKER, Heilsgeschichte,
p. 38-74. Comme textes particulièrement significatifs je relève Mt 13,10-15 ; 15,1-20 ; 21,33-46 ; 22,34-40.

45) Voir là-dessus M. DIBELIUS, FG, p. 251-252 n. 2.

46) G. STRECKER, Weg, p. 100-101 ; W. TRILLING, Israel, p. 89.

47) W. TRILLING, ibid. : "ἐκεῖ ἔσται...setzt Matthäus refrain-
artig an den Schluss und wandelt damit seine Funktion". -
Voir aussi R. WALKER, Heilsgeschichte, p. 90 n. 58.

(p. 610-611)

48) Voir avant tout Ac 13,45-48 ; 18,6 ; 28,25-28. - M. DIBELIUS,
Aufsätze zur Apostelgeschichte (FRLANT 60), Göttingen
[4]1961, revient plus d'une fois sur l'importance de ce schéma lucanien (par ex. p. 129 ; 168 n. 5).

49) Par ex. J. WELLHAUSEN, Lc, p. 75 ; A. HARNACK, Sprüche, p. 57 ;
C.G. MONTEFIORE, The Synoptic Gospels II, Londres [2]1927,
p. 504 ; J. SCHMID, Lk, p. 239 ; M.E. BOISMARD, Synopse II,
p. 289.

50) Ainsi, avec beaucoup d'assurance, F. MUSSNER, "Gleichnis",
p. 118-119 ; P. HOFFMANN, Rekaktion und Tradition, p. 193.
206-207 ; J. DUPONT, "Beaucoup viendront...", p. 156 ;
D. ZELLER, "Völkerwallfahrt", p. 223 ; J. ZUMSTEIN, La
condition du croyant, p. 367 et n. 1 ; B.D. CHILTON, God, p. 187.

   F. Mussner exagère quand il dit que Luc procède de façon fort habile et que maintenant ἐκεῖ signifie clairement
" 'dehors', devant la porte fermée de la salle céleste du
festin" (p. 118).

   D'autres auteurs admettent l'hypothèse d'un arrangement
lucanien, mais avec quelque hésitation ; voir N. PERRIN,
Rediscovering, p. 161-162 ; E. NEUHAEUSLER, Anspruch, p. 200
n. 61 ; E. SCHWEIZER, Mt, p. 137 ; S. SCHULZ, Q, p. 323.

51) P. HOFFMANN, Redaktion und Tradition, p. 208 n. 72, trouve
une confirmation dans l'habitude qu'a Luc de supprimer les
parallélismes. Mais il faut rappeler que Matthieu, de son
côté, aime les parallélismes et en crée volontiers de nouveaux.

52) Βρύχω - βρυγμός s'appliquent aussi bien au grincement des
dents (sous l'effet de la colère par ex.) qu'au claquement
des dents (sous l'effet du froid) ; cf. W. BAUER, col. 293.

53) "Ténèbres extérieures" : 8,12 ; 22,13 ; 25,30.
"Fournaise de feu" : 13,42 ; 13,50.
"Mise en pièces et part avec les hypocrites" : 24,51.

(p. 611-612)

54) Cf. Th. ZAHN, Lc, p. 535 n. 3 ; K.H. RENGSTORF, ThWNT 1,
p. 639-640 ; W. TRILLING, Israel, p. 89 ; G. STRECKER,
Weg, p. 162.

55) Cf. H. CONZELMANN, ThWNT 7, p. 426.429.432.

56) Voir 2 Hén 10,2 ; Apocalypse de Paul 42 ; Flavius-Josèphe,
Guerre II, 155.

57) Cf. F. LANG, ThWNT 6, p. 945 n. 89.

58) Nombreuses références sur le feu du châtiment dans BOUSSET-
GRESSMANN, p. 279 ; Bill. IV, p. 1078 ; F. LANG, ThWNT 6,
p. 937 ; M. HENGEL, Judentum und Hellenismus, p. 367 n.568.

59) En affirmant que ὁ βρυγμὸς τῶν ὀδόντων ne peut désigner le
claquement des dents sous l'effet du froid parce que la même
formule est appliquée par Matthieu à la fournaise de feu,
E. KLOSTERMANN, Mt, p. 9, raisonne en occidental moderne et
oublie que, dans la "logique" apocalyptique, le feu ne fait
pas fondre la neige (cf. 1 Hén 14,13 ; 2 Hén 10,2) et n'éclaire pas les ténèbres (cf. 1 Hén 103,8 ; 1 QS II,8 ; IV,12-13 ;
Sib IV,43).

60) Cf. 1 Hén 108,3-6.

61) Mt 13,42 ; 13,50 ; 22,13 ; 24,51 et 25,30 viennent de la
rédaction.

62) Cf. G. BARTH, Gesetzesverständnis, p. 54-58 ; H. FRANKEMOELLE,
Jahwebund, p. 252 n. 26.

63) Voir G. STRECKER, Weg, p. 236.

64) Voir avant tout Mt 13,40-43, mais aussi 7,19 ; 25,31-46. Cf.
M.E. BOISMARD, Synopse II, p. 368 ; J. LAMBRECHT, The Parou-
sia Discourse. Composition and Content in Mt., XXIV-XXV, dans
L'Evangile selon Matthieu (éd. M. Didier) p. 309-342 (aux p.330s).

(p. 612-613)

65) Cf. F. LANG, ThWNT 6, p. 945.

66) Mc 9,43.48 ; Lc 3,17 ; Mt 3,12 ; 5,22 ; 13,42.50 ; 18,8.9 ; 25,41.

67) Jdt 14,16 (trad. de la Pléiade) ; cf. 14,19.

68) Cité par Bill. IV, p. 1040.

69) Voir B. SCHWANK, "Dort wird Heulen und Zähneknirschen sein", BZ 16, 1972, p. 121-122.

70) Voir B. SCHWANK, ibid.

71) J. WELLHAUSEN, Lc, p. 75, affirme à tort que ἐκεῖ n'est attesté qu'au sens local. H.J. HOLTZMANN, Synoptiker, p. 379, voyait plus juste. En effet, bien que rare, le sens temporel est bien attesté pour le grec ἐκεῖ (cf. LIDDELL-SCOTT, p. 505 ; N. TURNER, Syntax, p. 226) et pour l'hébreu shm (cf. KOEHLER-BAUMGARTNER, p. 983 ; R. TOURNAY, Les Psaumes, Paris [3]1964, p. 196), les cas les plus nets étant ici Ps 36(35),13 et Na 3,15. Notons que l'adverbe shm de Qo 3,17b est traduit par tunc dans la Vulgate (d'après C.F. WHITLEY, Bib. 55, 1974, p. 396). Voir aussi l'hébreu mshm (KOEHLER-BAUMGARTNER, loc. cit.) et l'araméen mtmn (G. DALMAN, Grammatik, p. 212 ; Tg Is 65,20 en est un bon exemple). - En Ac 13,21 κἀκεῖθεν peut avoir un sens temporel (W. BAUER, col. 783).

72) Ainsi traduit E. DELEBECQUE, Evangile de Luc, p. 91.

73) A noter que l'emploi fait de la formule par Justin de Rome correspond bien au sens dégagé plus haut. En 1 Apol 16,11-12 Justin combine Mt 7,22-23 + Lc 13,26-27 (son texte vient en partie de Lc, en partie de Mt) avec Mt 13,43 et 13,42. La formule qui, dans le texte de Mt 13,42, suit la mention de la fournaise, est placée en tête par Justin, ἐκεῖ devenant τότε.

   Voici son texte, d'après BENOIT-BOISMARD, Synopse I, p. 191 et 116 :
"Or beaucoup me diront : 'Seigneur, Seigneur, n'avons-nous pas en ton Nom mangé et bu et fait des miracles' ? Et alors

(p. 613-614)

je leur dirai : 'Ecartez-vous de moi, faiseurs d'iniquité'.
Alors (τότε) sera pleur et grincement des dents, lorsque
(ὅταν) les justes resplendiront comme le soleil, mais que les
injustes seront envoyés dans le feu éternel".

4) J. JEREMIAS, Jésus et les païens, p. 49 n. 5.

5) Voir J. JEREMIAS, loc. cit. ; M. BLACK, Aramaic Approach,
p. 82.92 ; K. BEYER, Syntax, p. 254-255.

6) Ainsi G. STRECKER, Weg, p. 100 n. 2 ; W. TRILLING, Israel,
p. 88 ; H. FLENDER, Heil als Geschichte, p. 32 n. 103 ;
H.J. HELD, Matthäus als Interpret der Wundergeschichten, dans
G. BORNKAMM - G. BARTH - H.J. HELD, Auslegung, p. 158-287
(à la p. 185) ; K. GATZWEILER, Les récits de miracles dans
l'Evangile selon saint Matthieu, dans L'Evangile selon Matthieu (éd. M. Didier), p. 209-220 (à la p. 219), cf. aussi
S. SCHULZ, Stunde, p. 206. - A. POLAG, Christologie, p. 92,
récuse cette vue, mais il paraît argumenter unilatéralement,
à partir de la seule version de Mt.

7) Voir en ce sens B. WEISS, Das Matthäusevangelium, Göttingen
[10]1910, p. 169 ; H.J. HOLTZMANN, Synoptiker, p. 379 ; W.
TRILLING, Israel, p. 88-89 ; G. STRECKER, Weg, p. 100 ;
R. WALKER, Heilsgeschichte, p. 89 ; H. ZIMMERMANN, Methoden-
lehre, p. 145 ("peut-être") ; A. KRETZER, Herrschaft der
Himmel, p. 55.

8) La plupart des auteurs admettent l'authenticité de Lc 13,28-29.
D'aucuns en envisagent l'origine post-pascale (par ex. E.
KAESEMANN, Anfänge, p. 98), voire l'affirment sans réserve
(par ex. E. HAENCHEN, Die Bibel und wir. Gesammelte Aufsätze.
Zweiter Band, Tübingen 1968, p. 155 n. 40). R. BULTMANN, GST,
p. 136, laisse la question ouverte.

9) Voir Bill. I, p. 116-121 ; S. SCHULZ, Q, p. 374 et n. 336.

(p. 614-616)

80) Lc 3,8 par. Mt 3,9.

81) Avec J. DUPONT, "Beaucoup viendront...", p. 159.

82) Ainsi E. KAESEMANN, Anfänge, p. 98. - D. ZELLER, "Völkerwallfahrt", p. 89-91, trouve l'hypothèse de Käsemann "très digne de considération". Il estime avec raison qu'on peut difficilement trouver dans la vie de Jésus une situation où il s'op-
poserait à tout Israël. Mais l'objection ne vaut pas si, comme
je le pense, c'est Lc 13,28 qui est resté le plus fidèle à la
teneur du logion primitif. - B.D. CHILTON, God, p. 196-198, se
range aux arguments de Zeller, mais n'admet la conclusion (création communautaire) que pour la deuxième partie du logion
(l'exclusion, d'après la version matthéenne).

83) Voir R. BULTMANN, GST, p. 122.

84) J. JEREMIAS, Verkündigung Jesu, p. 22 n. 13.

85) Cf. R. BULTMANN, GST, p. 117-124 : les "Drohworte".

86) Cf. Is 25,8 ; 26,19 ; Dn 12 ; 2 M 7. - Pour une synthèse récente
sur le sujet voir F. FESTORAZZI, Speranza e resurrezione
nell'Antico Testamento, dans : Resurrexit. Actes du Symposium
international sur la résurrection de Jésus (Rome 1970) (éd.
E. Dhanis), Cité du Vatican 1974, p. 5-30.

87) Cf. BOUSSET-GRESSMANN, p. 293-294 ; B. RIGAUX, Dieu l'a ressuscité, p. 19 n. 22 ; M. HENGEL, Judentum und Hellenismus,
p. 361-364 ; G.W.E. NICKELSBURG, Resurrection, Immortality,
and Eternal Life in Intertestamental Judaism (HThS 26),
Cambridge 1972 ; G. STEMBERGER, Der Leib der Auferstehung
(AnBib 56), Rome 1972. - Les textes essentiels sont : 1 Hén
102,4-10 ; 103,2-8 ; Jub 7,29 ; 22,22 ; 23,30-31 ; 24,31-33.

88) Sg 3,1-3 ; 4,7.10-11.17. - Pour une appréciation très nuancée
de ces passages et du problème plus général qu'ils posent
(rapport avec la résurrection et le jugement), voir P.GRELOT,
L'eschatologie de la Sagesse et les apocalypses juives, dans
id., De la mort à la Vie éternelle (LeDiv 67), Paris 1971,
p. 187-199 (surtout p. 193-196).

(p. 616-617)

89) Voir BOUSSET-GRESSMANN, p. 294, et M.E. BOISMARD, Synopse
    II, p. 349.

90) Cf. BOUSSET-GRESSMANN, p. 271 ; B. RIGAUX, Dieu l'a ressus-
    cité, p. 19 n. 24.

91) Ce sera fait dans 2 Ba et 4 Esd.

92) Pour les problèmes posés par ce texte voir p. 263 ci-dessus.

93) Bill. IV, p. 1155.

94) Bill. IV, p. 841 ; l'expression "monde à venir" ne figure pas
    dans ce texte.

95) Bill. I, p. 430.

96) Voir C.H. DODD, Parables, p. 38-39, avec renvoi à Mc 12,26-
    27 ; W. GRUNDMANN, Lk, p. 286 : "Das Reich Gottes ist die
    dem Menschen bevorstehende ewige Welt Gottes (ὄψεσθε), die
    jenseits der irdischen Welt sich befindet" ; J. BECKER,
    Auferstehung, p. 12-13 ; surtout M.E. BOISMARD, Synopse II,
    p. 288, qui s'appuie lui aussi sur la controverse avec les
    Sadducéens, plus exactement sur Mc 12,24+26b-27, les vv. 25
    et 26a étant considérés comme insérés (cf. p. 348).

97) Sur la thématique du paradis, voir J. JEREMIAS, ThWNT 5,
    p. 763-771 (surtout p. 767).

98) E. PERCY, Botschaft, p. 176.

99) Cf. Bill. IV, p. 840-841.

00) Le jugement visé aux vv. 26-27 est sans aucun doute le juge-
    ment universel. Selon toute vraisemblance le texte de Q si-
    tuait la scène "en ce jour-là" (= Mt 7,22) ; voir S. SCHULZ,
    Q, p. 425 ; P. HOFFMANN, Redaktion und Tradition, p. 200.

(p. 617-619)

"Ce jour-là" est une désignation technique du jugement :
voir Is 2,11.17 ; Za 14,6 ; 1 Hén 45,3 ; 61,11 ; 62,3.8 (cf.
Bill. I, p. 468).

101) La question pourrait se poser à propos des logia de l'entrée
dans la Basileia. Dans ces logia la Basileia semble équiva-
loir au "monde à venir" dans lequel on entre, d'après les
textes juifs (cf. Bill. I, p. 252-253 ; G. DALMAN Worte,
p. 95.376). Or, dans quelques-uns de ces textes juifs l'expression polyvalente "monde à venir" désigne effectivement
le monde des âmes où l'on entre dès la mort. Mais, en règle
générale, c'est bien la réalité eschatologique plénière, consécutive à la résurrection, qui est en vue.
   Par ailleurs, je le rappelle (cf. p. 554-556), l'authenticité de la plupart des logia synoptiques de l'entrée est
peu vraisemblable.

102) Les données principales ont été souvent rassemblées. Voir
par ex. J. JEREMIAS, Abendmahlsworte, p. 222-226 ; H. PATSCH,
Abendmahl, p. 139-149.

103) Voir G. VON RAD, Theologie II, p. 305-307 ; B. RENAUD, La
formation, p. 165-170 ; J. JEREMIAS, Jésus et les païens,
en particulier p. 51-55 ; D. ZELLER, "Völkerwallfahrt".

104) La présentation qu'en fait J. Jeremias est trop schématique.

105) Cf. D. ZELLER, "Völkerwallfahrt", p. 226-228.

106) Cf. Is 45,14-15 ; 49,22-23.

107) Références dans P.E. BONNARD, Second Isaïe, p. 324 n. 4 ;
D. ZELLER, "Völkerwallfahrt", p. 228-229 et les notes.

108) Voir Ba 4,36-37 ; 5,5-9 ; 1 Hén 90,30 ; 1 QM XII,13-18 ;
4 Q Dibre Hammeorot IV,8-13 (voir M. BAILLET, RB 68,1961,
p. 195-250, et J. CARMIGNAC, Textes II, p. 304-306).

(p. 619)

Avec J. CARMIGNAC, Textes I, p. 221, et D. ZELLER,
"Völkerwallfahrt", p. 235 et n. 68, je pense que, malgré
les apparences, 1 QH VI,12 est à ranger dans ce groupe.

09) Voir 2 Ba 72 ; 4 Esd 13,13.

10) Voir Bill. III, p. 144-145 ; J. JEREMIAS, Jésus et les païens,
p. 36.

11) Voir D. ZELLER, "Völkerwallfahrt", p. 229.235.

12) Voir G. BERTRAM, ThWNT 2, p. 365.

13) shwb : Is 19,22 ; Ps 22(21),28.

14) bqsh : Za 8,21.22.

15) lwh (niphal) : Is 56,3.6 ; Za 2,15. - En Jr 50,5 le même
verbe est employé à propos des fils d'Israël et de Juda
revenant d'exil.

16) Les textes les plus riches à cet égard sont : Is 19,25 ;
45,22-25 ; Za 2,15. Za 2,15 applique aux païens la formule
d'alliance traditionnelle, et d'après le contexte d'Is 45,
25 les païens font partie de la "postérité d'Israël" (cf.
P.E. BONNARD, Second Isaïe, p. 180 ; C. WESTERMANN, Jesaja
40-66, p. 143).

17) Is 19,21 ; 56,7 ; 66,21 ; So 3,9-10 ; Za 14,16.

18) Is 2,4 ; Mi 4,4.

19) Is 25,9 ; 56,7.

20) Is 25,7-8.

(p. 619-620)

121) Is 66,18. Le regroupement dont il est question dans ce texte
montre que l'auteur pense à un événement avant tout salvifique. Voir P.E. BONNARD, Second Isaïe, p. 491.536-537.

122) Cf. R. MEYER, ThWNT 4, p. 48-49.

123) Cf. J. JEREMIAS, Jésus et les païens, p. 54 et n. 3.
     G. BERTRAM, ThWNT 2, p. 364 n. 11, attire l'attention
sur le renforcement de l'aspect universaliste dans les tra-
ductions que Théodotion et Symmaque font de Ps 47(46),10.

124) Cf. J. JEREMIAS, op. cit., p. 54 ; D. ZELLER, "Völkerwallfahrt", p. 231 n. 48.

125) Cf. O. EISSFELDT, Einleitung, p. 793 ; P.E. DION, Raphaël
l'Exorciste, Bib. 57, 1976, p. 399-413.

126) Tb 14,6 B,A (trad. Pléiade). Le thème du pèlerinage, qui
reste implicite ici, est formellement attesté en Tb 13,13.

127) Voir les témoignages cités dans Bill. III, p. 142.150-152.

128) Cf. Bill. III, p. 139-155.

129) Un exemple : en 1 Hén 48,5 J. JEREMIAS, Jésus et les païens,
p. 54, voit une allusion au motif de l' "adoration des
peuples dans le sanctuaire universel". Mais, outre qu'il
n'est question ni de venue ni même de rassemblement, l'adoration, dont on ne sait d'ailleurs pas si elle s'adresse à
Dieu ou au Fils de l'homme (cf. C. COLPE, ThWNT 8, p. 427
n. 193) ne suffit pas à faire de 1 Hén 48,5 une affirmation
sur le salut des païens (cf. 1 Hén 48,10 ; 62,9-10 ; Lc
13,35 par.). Voir D. ZELLER, "Völkerwallfahrt", p. 233-234.

130) D. ZELLER, op. cit., p. 232-233, réduit par trop la portée
universaliste de ces deux textes. - On peut voir encore
1 Hén 105,1-2.

(p. 620-621)

131) Voir M. HENGEL, Judentum und Hellenismus, p. 344.

132) Voir M. PHILONENKO, interpolations chrétiennes, p. 7 ;
D. ZELLER, "Völkerwallfahrt", p. 234 et les notes.

133) Cf. J. BECKER, Testamente (JSHRZ), p. 104 n. e.

134) Dieu apparaîtra "pour sauver la race d'Israël et rassembler les justes des nations".

135) Je reviendrai sur ce texte (cf. ci-dessous p. 623).

136) Le Messie apportera un sceptre de justice pour les nations
"pour juger et sauver tous ceux qui invoquent le Seigneur".

137) Les douze tribus et toutes les nations seront rassemblées
dans le sanctuaire eschatologique. - D. ZELLER, "Völkerwallfahrt", p. 234, y voit une interpolation chrétienne ; M.
PHILONENKO, interpolations chrétiennes, p. 7.22, attribue
le passage à un interpolateur juif et attire l'attention
sur l'excellent parallèle de 1 Hén 90,29.

138) Dieu jugera Israël et les nations ; "il redressera Israël
par les élus des nations".

139) Avant tout Mc 14,25 par. ; mais aussi Lc 6,21 par. ; Lc
14,16-24 par. ; Mt 25,10.21.23 ; Lc 12,37 ; 22,28-30.

140) Il y est question successivement des Israélites fidèles (les
patriarches), des Juifs incrédules et des païens.

141) En raison de l'opposition entre les "nombreux" et les "fils
du Royaume".

142) Is 43,5 ; Za 8,7 ; Ps 107(106),3 ; Ba 4,37 ; 5,5. Avec de
légères variations : Is 49,12 ; Jr 3,18 ; 16,15. Voir aussi
PsSal 11,2-3 ; 1 Hén 57,1.

(p. 621-622)

143) Is 45,6 ; 59,19 ; Ml 1,11 ; Ps 113(112),3 ; cf. Ps 50(49),1.

144) Presque tous les passages cités comportent à la fois la formule (avec des variations) et un verbe du sens "venir".
W. GRIMM, Hintergrund, p. 255-256, attire l'attention
en particulier sur Is 43,5-6 et sur Ba 4,37 (je n'ai pu consul-
ter la contribution de W. Grimm signalée par lui à la p.256 n.2

145) Selon D. ZELLER, "Völkerwallfahrt", p. 84-85, l'expression
n'est pas une "bewusste Anknüpfung" à l'AT. Il me paraît
néanmoins difficile de ne pas tenir compte de l'AT, où elle
a pratiquement rang de formule, pour l'interprétation de
l'expression.

146) Voir K.H. RENGSTORF, ThWNT 2, p. 326.

147) Pour expliquer la confluence entre la venue et la formule
géographique on en est réduit à des conjectures. Ou bien
Jésus a appliqué aux païens ce que l'AT disait des dispersés d'Israël (ainsi J. JEREMIAS, Jésus et les païens, p. 56
n. 1, et, implicitement, les commentateurs qui renvoient comme lui à Is 49,12), ou bien il a enrichi la tradition du pèlerinage en y adjoignant la formule géographique qu'il aura
choisie pour son universalisme.

148) J. JEREMIAS, op. cit., p. 57-63.

149) Voir les critiques faites à Jeremias par R. SCHNACKENBURG,
Joh II, p. 452 (pour Jn 11,51-52) et par D. ZELLER, "Völkerwallfahrt", p. 233 n. 59 (pour Mt 25,31-32).

150) J. DUPONT, "Beaucoup viendront...", p. 160. Les dits en question sont : Lc 10,12 par. Mt 10,15 ; Lc 10,13-15 par. Mt 11,
21-23a ; Lc 11,31-32 par. Mt 12,41-42.

151) Lc 7,1-10 par. Mt 8,5-13 ; Mc 7,24-30 par. Mt 15,21-28 ;
Lc 17,18-19 ; Jn 4,1-26 ; 12,20-22.

(p. 622-623)

152) M. GOGUEL, Jésus (Bibliothèque Historique), Paris [2]1950,
p. 259-260 ; J. DUPONT, "Beaucoup viendront...", p. 160 ;
M. HENGEL, Die Ursprünge der christlichen Mission, NTS 18,
1971-1972, p. 15-38 (aux p. 35-37).

153) F. HAHN, Mission, p. 27 n. 2.

154) F. HAHN : "diesseitige Enderwartung".

155) Voir F. MUSSNER, "Gleichnis", p. 124 : comparée à celle des
prophètes la conception de Jésus est "radikal entnationa-
lisiert" (souligné par Mussner).
        Il n'y a pas lieu de retenir la suggestion de D. ZELLER,
"Völkerwallfahrt", p. 86 : pour cet auteur le festin est cen-
sé prendre place au Gan-Eden ; du moment qu'on attend pour
les temps eschatologiques la révélation du Gan-Eden à Jérusalem, Sion paraît jouer dans le logion un rôle central. -
Remarquons seulement que rien ne l'indique en tout cas, et
que le détour par les conceptions rabbiniques paraît aléatoire.

156) Cf. S. SCHULZ, Q, p. 325-326, qui reprend l'argumentation de
F. Hahn.

157) Voir J. WEISS, Predigt, p. 13-14 ; O. PLOEGER, Theokratie
und Eschatologie (WMANT 2), Neukirchen-Vluyn [3]1968, p. 77.

158) Is 24,23b.

159) Is 24,21.23a.

160) F. HAHN, Mission, p. 27 n. 2.

161) D'après J. BECKER, Testamente (JSHRZ), p. 61, le pronom désigne Dieu et non le Messie, dont il était question en 18,9.
Test Lévi 18,10-14 est en effet une petite apocalypse juive
primitivement indépendante.

(p. 623-625)

162) Ces mots ont été ajoutés au moment où la petite apocalypse a été insérée dans Test Lévi (cf. J. BECKER, loc. cit.).

163) Ou bien : "la justice".

164) Voir 1 Hén 25,4-6 ; Apocalypse de Moïse 28 ; Ap 2,7 ; 22,2 14.19 (cf. sur le sujet BOUSSET-GRESSMANN, p. 284 ; J. SCHNEIDER, ThWNT 5, p. 40).

165) Voir 1 Hén 25,4-6 : l'arbre de vie transplanté à Jérusalem

166) La référence eschatologique du motif de l'arbre de vie est nette en 1 Hén 25,4-6 ; Apocalypse de Moïse 13,2-3 = VAE 42,1 ; Apocalypse de Moïse 28,4.

167) Voir en plus Tb 13,11 ; 14,6 ; 1 Hén 90,30ss : des païens sont invités (leçon vraisemblable) avec les Israélites fidèles dans la maison du Seigneur des brebis ; la scène se situe après le jugement (90,24ss).

168) Voir par ex. E. PERCY, Botschaft, p. 224 n. 1 : "ein Heils zustand", "eine Heilsgabe" ; N. PERRIN, Rediscovering, p. 163 : "the End time state of blessedness".

169) Cf. N. PERRIN, op. cit., p. 106-107.

170) Présentation synthétique dans Ch. BARTH, Diesseits, p. 9-13

170bis) L'expression est de H. MERKLEIN, Gottesherrschaft, p. 112.

171) Voir H.R. BALZ, Probleme, p. 48-61 ; Ch. BARTH, Diesseits.

172) En fait elle ne l'est pas (cf. par ex. L. RAMLOT, DBS 8, col. 1179-1205).

173) Is 65,17 ; 66,22. - Pour l'apocalyptique voir par ex. 1 Hé 72,1 ; 91,16 ; 2 Ba 32,6 ; 44,12 ; 57,2.
    Le thème est attesté aussi en dehors des écrits apocalyptiques : par ex. Jub 1,29 ; 4,26 ; 5,12 ; Tg Mi 7,14.

(p. 625-627)

174) Voir 1 Hén 90,28-29 ; Sib III, 785-787 ; 4 Esd 7,25-55 ;
2 Ba 32,2-4 ; cf. aussi Jub 1,28 ; 4,26 ; Test Dan 5,10-13.

175) Ainsi que je l'ai rappelé dans l'Introduction, la part respective des deux influences sur le Jésus de l'histoire est
l'objet d'une recherche ouverte.

75bis) Voir H. MERKLEIN, Gottesherrschaft, p. 110-125, avec lequel
je me trouve en accord sur de nombreux points.

176) Voir H. FLENDER, Botschaft, p. 25-51.

177) Flender emploie surtout les qualificatifs "irdisch" et
"diesseitig". Quelques exemples : "die irdisch gebundene is-
raelitische Heilserwartung" (p. 27), "irdische Verwirkli-
chung des Reiches Gottes" (p. 34), "diesseitige Wirklichkeit" (p. 37). Il parle aussi de "Vollendung dieser Welt"
(p. 30), d'accomplissement "innerhalb dieser Welt" (p. 38).

178) p. 23-30.

179) p. 31.40-41.

180) p. 35-36.

181) p. 40-42.

182) Cf. ci-dessus, p. 269-284.

183) GST, p. 23.

184) Voir S. LEGASSE, Approche ; A. VOEGTLE, Todesankündigungen
p. 82-88.

185) p. 41 n. 84.

186) L'argumentation de Flender suppose que les deux demandeurs
ont attendu de Jésus qu'il distribue des places dans la Basileia de Dieu. Attribuer une telle attitude à des disciples
dans la situation pré-pascale c'est ne pas tenir compte de

(p. 627-629)

la distinction maintenue habituellement dans le judaïsme entre règne messianique et Règne de Dieu (cf. sur ce point
K.G. KUHN, ThWNT 1, p. 573).

187) Voir ci-dessus, p. 209.

188) J'en cite un bon nombre p. 276-283.

189) R. BULTMANN, Theologie, p. 3, note : "Kein Wort Jesu redet
vom Messiaskönig, der die Feinde des Volkes zerschmettern
wird ; kein Wort von der Herrschaft des Volkes Israel über
die Erde, von der Sammlung der zwölf Stämme oder von dem
Glück im reichen, vom Frieden gesegneten Lande"; cf. aussi
E. RUCKSTUHL, Streiflichter, p. 89.

190) Ci-dessus, p. 265.

191) Les mots "et de l'évangile" paraissent bien être une addition marcienne.

192) Voir O. MERK, Reich Gottes, p. 220. - Lc 9,62, qui vient probablement de la rédaction, constitue un bon parallèle.

193) Lc 17,20-21 ; 18,24-25 ; 19,11. L'observation est faite par
S. LEGASSE, L'appel, p. 78.

194) Voir aussi les réserves faites par H.H. SCHROEDER, Eltern
und Kinder in der Verkündigung Jesu. Eine hermeneutische
und exegetische Untersuchung (ThF 53), Hambourg-Bergstedt
1972, p. 129 n. 16.

195) p. 33-34.

196) p. 32.

197) p. 43.

(p. 630-631)

198) Flender (p. 34) souligne à propos de Lc 14,15 que le thème
du repas trahit une "irdisch gebundene Auffassung".

199) J. JEREMIAS, Verkündigung Jesu, p. 237 : "Essen und Trinken
sind in der Symbolsprache der Bibel uralter Ausdruck für
Gemeinschaft vor und mit Gott".
    Je rappelle en outre que le judaïsme ancien utilise aus-
si le thème pour évoquer le bonheur des justes qui, dès
leur mort, entrent dans le monde céleste (cf. Bill. IV,
p. 841). La note terrestre, intrahistorique, n'est donc pas
essentielle au thème.

200) Selon lui Mt 8,11-12 par. fournit "den deutlichsten Hinweis" (p. 32) ; Mc 14,25 par. est "ein wichtiger Beleg"(p.43).

201) Avec A. VOEGTLE, Zukunft, p. 149 ; E. RUCKSTUHL, Streiflichter,
p. 88-89.

202) Mc 3,27 par. ; Lc 11,20 par. ; Lc 10,18.

203) $\zeta\omega\dot{\eta}$: Mc 9,43.45 par. Mt 18,8-9 ; Mt 7,14 (réd. ?) ; Mt 19,
      17 (réd.).
    $\zeta\omega\dot{\eta}$ $\alpha\iota\dot{\omega}\nu\iota\sigma\varsigma$: Mc 10,17 par. Mt 19,16 et Lc 18,18 ; Mc 10,30
               par. Mt 19,29 et Lc 18,30 ; Mt 25,46 ; Lc 10,25.
    Déjà connus du judaïsme palestinien (cf. S. LEGASSE,
L'appel, p. 27 et n. 28), ces termes seront repris dans la
sotériologie apostolique (pour l'expression complète voir
Ac 13,46.48 ; Rm 2,7 ; 5,21 ; 6,22.23 ; Ga 6,8 ; 1 Tm 1,16 ;
6,12.19 ; Tt 1,2 ; 3,7 ; Ju 21, ainsi que les nombreuses
attestations johanniques,Jn 3,15.16.36 ; 4,14.36...), mais,
au vu des textes, il est difficile d'affirmer que Jésus lui-
même en a fait usage : Mc 10,30b ; Mt 7,14 et 25,46 sont
très vraisemblablement secondaires ; pour Mc 9,43.45 l'authenticité reste discutée. Notons qu'à l'exception éventuelle mais fort improbable de Mt 7,14, le thème est absent de Q.

204) Mc 10,15 ; 10,23.24.25 ; Mt 5,20 ; 7,21 ; 18,3.

(p. 631-632)

205) Voir H. WINDISCH, Sprüche.

206) Voir l'aperçu donné p. 554-556, ci-dessus.

207) Voir ci-dessus, p. 557.

208) Voir par ex. J. SCHMID, Mt, p. 290-293 ; L. GOPPELT, Theologie I, p. 171-173. H. MERKLEIN, Gottesherrschaft, p. 135 et
p. 147-149.

209) Lc 6,22-23 par. Mt 5,11-12.

210) Mc 10,21 par. Mt 19,21 et Lc 18,22.

211) Lc 12,33-34 par. Mt 6,19-21.

212) Cf. S. SCHULZ, Q, p. 455 et n. 398. H. MERKLEIN, Gottesherrschaft, p. 50 n. 23.

213) Béatitudes II, p. 285-350; voir dans le même sens
E. NEUHAEUSLER, Anspruch, p. 167.

214) Voir D. ZELLER, Mahnsprüche, p. 77-81.

215) Voir H. BRAUN, Radikalismus II, p. 56 (p. 54 n. 1).

216) Voir Bill. I, p. 429-431.

217) Ainsi H. TRAUB, ThWNT 5, p. 532 ; A. SCHLATTER, Mt, p. 144 ;
J. DUPONT, Béatitudes II, p. 348.

218) Mt 25,34 ; 1 Co 2,9 ; 1 P 1,4 ; cf. Col 1,5 ; 3,3.

219) S. LEGASSE, L'appel, p. 57 n. 148 (à propos de Mt 5,12). -
H. TRAUB, ThWNT 5, p. 532, paraît accepter conjointement les
deux sens ; il écrit : "Diese Güter (dont θησαυρός et μισθός)
sind im Himmel, und das heisst bei Gott bzw bei Christus,
eben bei dem Gott bzw dem Christus, bei dem seine Gläubigen
sein werden bzw im Glauben sind. Der Himmel ist wie ein
Ort...".

(p. 632-634)

220) Mc 9,43.45.47 ; Mt 5,22.29-30 ; 10,28 ; 18,9 ; 23,15.33.

221) Cf. H. BRAUN, Radikalismus II, p. 54-55 n. 1.

222) 1 Hén 90,26-27 ; 1 Hén 26-27.

223) Il est déjà moins sensible en 1 Hén 54,1-2 et 56,3-4.

224) A. SCHLATTER, Mt, p. 171 : "Der Name hat sich dann aber von der Oertlichkeit gelöst, nun wird an einen jenseitigen Ort gedacht...".

225) Il s'agit d'une baraïta reflétant l'opinion de l'école de Shammai et conservée dans Rosh Hashannah 16b (Bill. IV, p. 1033).

226) Voir J. JEREMIAS, ThWNT 1, p. 655.

227) Voir J. JEREMIAS, loc. cit. ; J. SCHMID, Mk, p. 227.
F. MUSSNER, L'enseignement de Jésus sur la vie future d'après les synoptiques, Concilium n° 60 (1970), p. 43-50 (à la p. 46), note que Mt 10,28 "implique la résurrection des morts par allusion au 'corps" de celui qui est jugé par Dieu".

228) Dans la baraïta mentionnée à la note 225 l'opposition est entre la "vie éternelle" et la "géhenne".

229) Etudes récentes sur ce texte dans B. RIGAUX, Dieu l'a ressuscité, p. 24-39 et 46-52 ; A. AMMASSARI, La resurrezione nell'insegnamento nella profezia nelle apparizioni di Gesu I, Rome 1975, p. 23-57.
Nous nous en tiendrons à la version marcienne qui paraît primitive au regard de celle de Luc (cf. ci-dessus, p. 266).

230) Voir surtout E. SCHWEIZER, Mk, p. 140 ; A. VOEGTLE, Zukunft, p. 147 ; J. GNILKA, Mk II, p. 156.159.

(p. 634-636)

231) Voir en ce sens E. SCHWEIZER, Mk, p. 140-141 ; M.E. BOISMARD, Synopse II, p. 348. - Reconnaissons pourtant que la parole de Jésus du v. 25 peut se comprendre aussi comme réponse adéquate à la question posée par les Sadducéens, et donc comme partie intégrante de la péricope : déduire de l'obligation du lévirat l'impossibilité de la résurrection est fallacieux puisque les ressuscités n'auront plus à se marier. De fait, divers auteurs admettent l'appartenance originelle du v. 25 à la péricope : par ex. H. FLENDER, Botschaft, p. 33 ; R. PESCH, Mk II, p. 230 ; J. GNILKA, Mk II, p. 156.

232) Par ex. B. RIGAUX, Dieu l'a ressuscité, p. 34-38.

233) Par ex. R. BULTMANN, GST, p. 25.

234) Par ex. H. FLENDER, Botschaft, p. 33, qui pense que 12,26b-27 est une tradition isolable.

235) Cf. J. JEREMIAS, Verkündigung Jesu, p. 180 n. 28.

236) J. JEREMIAS, ibid.

237) Cf. P. DREYFUS, L'argument scripturaire de Jésus en faveur de la résurrection (Marc, XII, 26-27), RB 66, 1959, p. 213-224 (à la p. 216).

238) Voir A. VOEGTLE, Das Vaterunser, p. 170 et 274.

239) Cf. B. RIGAUX, Dieu l'a ressuscité, p. 49-50.

240) Voir R. BULTMANN, GST, p. 118 ; S. SCHULZ, Q, p. 253 ; R.E. EDWARDS, Theology of Q, p. 114.

241) Avec N. PERRIN, Rediscovering, p. 195 ; P. HOFFMANN, Logienquelle, p. 183.187, et bien d'autres critiques.

242) Cf. M.E. BOISMARD, Synopse II, p. 292 ; D. ZELLER, Mahnsprüche, p. 69.

(p. 636-639)

243) Cf. Bill. II, p. 206-207. A relever en particulier Aboth
1,5, et le texte de la Sagesse d'Ahikar cité par M.E.
BOISMARD, ibid.

244) R. BULTMANN, GST, p. 108.220. Voir aussi H. BRAUN, Radikalismus II, p. 89 n. 1 ; D. ZELLER, Mahnsprüche, p. 71.

245) Par ex.`Lc 6,32-35 par.

246) Cf. W. GRUNDMANN, Lk, p. 294.

247) Cf. M.E. BOISMARD, Synopse II, p. 292 ; J. ERNST, Gastmahl-
gespräche : Lk 14,1-24, dans Die Kirche des Anfangs (FS
H. Schürmann), p. 57-78 (à la p. 70 et n. 65).

248) E. LOHMEYER, Mk, p. 256 : telle qu'elle est envisagée ici,
la résurrection "verdeutlicht die Scheidung zwischen dem
gegenwärtigen und dem kommenden Aeon...".

249) P. GRELOT, La résurrection de Jésus et son arrière-plan biblique et juif, dans : La résurrection du Christ et l'exégèse moderne (LeDiv 50), Paris 1969, p. 17-53 (à la p. 37).

250) A l'heure actuelle on est d'accord pour admettre que le discours en tant que tel ne vient pas de Jésus, même si quelques
éléments authentiques s'y laissent reconnaître.

251) Voir A. VOEGTLE, Zukunft, p. 99-107.

252) Voir R. PESCH, Naherwartungen, p. 188-190.

52bis) Voir H. MERKLEIN, Gottesherrschaft, p. 74 et n. 225.

253) Avec J. DUPONT, Béatitudes I, p. 116 n. 2 ; S. SCHULZ,
Q, p. 114. - Cette conclusion, il faut le reconnaître, ne
s'impose pas et n'est pas celle que proposent la plupart
des critiques (cf. R. BANKS, Law, p. 215 et n. 3 ; H.
MERKLEIN, Gottesherrschaft, p. 74-75).

254) Voir A. VOEGTLE, Zukunft, p. 102-104.

(p. 639-640)

255) Ainsi E. KLOSTERMANN, Mt, p. 41 ; J. DUPONT, Béatitudes I, p. 116 n. 2 ; G. STRECKER, Weg, p. 144 ; A. VOEGTLE, Zukunft, p. 104-107.

256) Je note que l'argumentation de Vögtle (loc. cit.) vaut avant tout pour la rédaction matthéenne.

257) Avec W. GRUNDMANN, Mt, p. 148 ; S. SCHULZ, Q, p. 115 ; L. GOPPELT, Theologie I, p. 155 ; J. ZUMSTEIN, La condition du croyant, p. 121.

258) Le logion est attesté dans deux traditions anciennes, Q et la tradition pré-marcienne. La convergence de fond s'accompagne d'importantes divergences : le sujet dont on affirme la permanence est la Loi en Mt, les paroles de Jésus en Mc ; la structure de la phrase n'est pas la même dans les deux versions.

259) Voir J. DUPONT, Béatitudes I, p. 135-136 ; M.E. BOISMARD, Synopse II, p. 138.

260) R. BANKS, Law, p. 214 n. 2, cite encore d'autres exégèses qui, comme celle que j'ai mentionnée, ne tiennent guère compte de ἰῶτα ἕν ἤ μία κεραία.

261) Telle est effectivement la position de beaucoup de critiques ; voir A. VOEGTLE, Zukunft, p. 101 et n. 58 ; J. DUPONT, Béatitudes III, p. 251 n. 2.

262) Voir Mc 8,38 par. Lc 9,26 ; Mc 13,31 par. ; Lc 6,47 par. Mt 7,24.26 (Matthieu ajoute deux fois le démonstratif). - La référence aux λόγοι en Mc 8,38 est vraisemblablement un ajout.

263) Je n'ai relevé chez les syn. qu'un seul texte, à savoir Mc 8,38 par. Lc 9,26. En Lc 9,44 ; 24,44 et Ac 20,35 le mot λόγοι désigne en fait une parole particulière de sorte que

(p. 640-641)

ces parallèles ne sont pas adéquats. - Dans le 4e év. Jésus
se réfère à ses paroles en les appelant λόγοι (Jn 14,24)
et, plus souvent, ῥήματα (Jn 5,47 ; 6,63.68 ; 14,10 ; 15,7 ;
17,8).

264) S. SCHULZ, Q, p. 312, souligne à juste titre que le démonstratif τούτους de Mt 7,24.26 renvoie explicitement au Sermon
sur la Montagne et, pour cette raison, doit être considéré
comme rédactionnel.

265) Avec W.G. KUEMMEL, Promise, p. 91 ; J.D.G. DUNN, Jesus and
the Spirit, p. 79. Voir aussi H. BRAUN, Radikalismus II,
p. 16-17 (sans mention expresse de Mc 13,31) et E. LOHMEYER,
Mk, p. 282. - A. VOEGTLE, Zukunft, p. 100-101, propose,
avec prudence et sans donner d'arguments précis, d'attribuer
le dit à la communauté pagano-chrétienne. Il ne tient pas
compte de Lc 6,47-49, et écarte trop vite l'hypothèse de
l'authenticité. - Pour J. GNILKA, Mk II, p. 204; le logion
peut être authentique.

266) Pour l'ensemble de ce développement voir A. VOEGTLE, Zukunft,
p. 55-66.

267) Cf. A. VOEGTLE, op. cit., p. 149.

268) K.L. SCHMIDT, ThWNT 1, p. 588 : "Das Negativum, dass das Gottesreich nichts anderes als ein Wunder ist, muss in seiner
strengen Negativität festgehalten werden. Dieses Negativum,
dass das Gottesreich das ganz Andere, das schlechthin Ueber-
weltliche und Gegenweltliche ist, ist das Positivste was
überhaupt ausgesagt werden kann". - L. GOPPELT, Theologie
I, p. 124, s'exprime dans le même sens.

269) Selon L. GOPPELT, op. cit., p. 123, Jésus utilise l'image du
repas "um auszusagen, dass die Vollendung ein Mit-Sein ist".

CONCLUSION

Dans l'introduction de la présente étude j'ai rappelé que le problème central posé à l'exégète par la prédication de Jésus est celui des rapports et de la cohérence entre le thème dominant du Règne et les autres pôles constitutifs de cette prédication : la "théologie", la "christologie" et l'éthique. En conclusion je me propose de reprendre, de manière synthétique et selon leur densité théologique croissante, les divers aspects de la problématique pour tenter de préciser comment s'articulent avec le message du Règne les exigences de Jésus, ce qu'il nous laisse entrevoir de sa propre personne, enfin et surtout son idée de Dieu.

I Règne et éthique.

A) Ethique et Règne futur.

Les exigences éthiques de Jésus, nous l'avons vu dans l'Introduction, sont souvent mises en relation avec le futur eschatologique, le jugement, la récompense, le châtiment. L'examen des dits du Règne montre que la motivation de l'agir peut être donnée aussi, de manière plus précise, par une référence explicite à la Basileia.

1) D'un point de vue littéraire et formel, diverses constructions sont attestées :

- Une protase conditionnelle formulant l'exigence est suivie d'une apodose qui comporte le thème du Règne : Mt 5,20 ; 18,3.

- L'exigence peut être exprimée dans une relative qui se trouve articulée avec une principale de sens futur : Mc 10,15 ; Mt 5,19 ; 18,4 ; cf. Lc 18,29.

- Le comportement à adopter est indiqué par une participiale alors que la référence à la Basileia se lit dans la principale : Mt 7,21 ; cf. Lc 9,62.

- Enfin, l'exigence peut être tenue à l'impératif : Lc 12,31 par. Mt 6,33.

2) En ce qui regarde la thématique sont à noter :

- L'association de βασιλεία avec le vocable (Mt 5,10+11-12) ou
avec l'idée de récompense (Mt 25,31-46 ; 21,43).
- Les conditions à remplir maintenant pour qui veut avoir part
à la Basileia future, soit

    1. la justice : Mt 5,20 ; cf. Mt 5,10 ; 6,33 ; 7,21-23 ;
                 25,36.46 ;

    2. l'accomplissement de la volonté de Dieu : Mc 12,34 ;
       Mt 7,21 ; 21,28-32 ;

    3. la conversion : Mc 1,15 ; Mt 21,28-32 ;

    4. la foi : Mc 1,15 ; 10,15 ; Mt 8,11-12 (par le contexte) ;

    5. l'engagement radical : Mc 9,47 ; 10,25 ; Lc 12,31 par.
       Mt 6,33 (?) ; Lc 9,62.

Une analyse détaillée, qu'il n'était pas possible de présenter dans ce travail sans s'éloigner indûment de son objet
central, l'étude de la pensée de Jésus, une telle analyse établit que la plupart des textes mentionnés proviennent de la Communauté et des derniers rédacteurs, de Matthieu en particulier.
Ainsi, la référence à la Basileia future comme fondement de l'agir
chrétien n'est peut-être pas aussi typique de Jésus qu'il
apparaît au premier abord. Il n'est pas question, toutefois, de
nier la réalité de cet aspect de la prédication du Règne, car
Mc 1,15 ; 9,47 et 10,25 représentent à cet égard des points
d'appui solides. En outre, ainsi que l'a montré récemment D.
Zeller[1] dans une étude où il a repris à nouveaux frais le problème des rapports entre eschatologie et exigences éthiques de
style sapientiel, le défaut de lien explicite entre les impératifs éthiques et le kérygme du Règne ne signifie nullement qu'il
n'y a pas de relation réelle entre les deux grandeurs. Selon
cet auteur, les consignes éthiques appartiennent à un autre Sitz
dans la vie de Jésus et répondent à un autre motif que le kérygme du Règne et de la conversion. Elles s'adressent à des auditeurs déjà gagnés à la cause de Jésus et à son message de la Basileia et ont pour fonction d'expliciter et de détailler les
implications concrètes de l'appel à la repentance. Le message du
Règne représente l'arrière-plan sur lequel les exigences prennent leur vrai sens, bref, l'éthique de Jésus fut davantage commandée par l'eschatologie que les textes ne le laissent paraître[1bis].

Parce que Dieu est le Dieu Saint, il est impossible d'aller
à sa rencontre, autrement dit, d'entrer dans le Royaume sans le
retournement existentiel fondamental et sans le changement concret qui en est le fruit et qui le traduit. La Basileia ne se
confond pas avec le jugement, mais l'accès à la Basileia future
passe par le jugement[2].

B) Ethique et Règne présent.

Le trait le plus caractéristique de l'eschatologie de
Jésus est sans aucun doute son insistance sur la présence effective du Règne. Jésus a-t-il établi quelque rapport entre la Basileia présente et l'éthique ?

Zachée s'est converti après sa rencontre avec Jésus (Lc
19,1-10) et, selon Lc 7,36-50, l'amour suit le pardon reçu et
en découle. La malédiction des villes galiléennes (Lc 10,13-15
par.) est motivée par le fait qu'elles ne se sont pas repenties
à la vue des δυνάμεις, signes de la présence du Règne ; le jugement viendra sanctionner le refus d'une conversion qui eût été
la réponse normale à la manifestation de la Basileia. De façon
analogue, "cette génération" se verra condamnée parce qu'elle
n'a pas réagi alors que Jésus, qui est "plus que Salomon" et
"plus que Jonas", venait à sa rencontre (Lc 11,31-32 par.).

Dans les paraboles du trésor et de la perle (Mt 13,44-46)
la pointe paraît n'être ni la mise en relief de la valeur incom-
mensurable du Règne, ni la nécessité du sacrifice et du renoncement, mais le "rapport entre la découverte et la détermination
qu'elle provoque"[3]. L'attitude humaine de renoncement ou d'enga-
gement total exprimée par les mots πωλεῖ/πέπρακεν πάντα ὅσα
ἔχει/εἶχεν (vv. 44.46) n'est pas première. Elle est exigée et
suscitée par la situation exceptionnelle où se trouvent placés
les deux personnages du fait même de leur découverte, par "l'occasion inespérée"[4] qui s'offre à eux. Ne pas profiter d'une
chance pareille serait pure sottise.

Tout en se gardant d'une identification directe du Règne
avec le trésor et la perle, on peut inférer de ces paraboles que,
du fait même de sa présence,la Basileia est le Kairos et, à ce
titre, provoque chez ceux qui sont touchés un mouvement de retour total vers Dieu (cf. Mc 1,15).

Plus généralement, la présence salvifique de Dieu, proclamée et effectuée par Jésus, rend possibles et entraîne avec elle de nouvelles relations des hommes entre eux et avec Dieu. Le fondement ultime de l'existence nouvelle n'est plus dans l'exigence de la Loi mais dans l'expérience du pardon reçu. L'agir repose sur l' "indicatif du salut" et, de ce fait, il est lui-même don et grâce[5]. Les oeuvres que Jésus exige de ses disciples "sont à considérer en première ligne comme le résultat et la manifestation du salut du Règne auquel ils ont part dans le Christ"[6].

II Le temps du Règne et la personne de Jésus.

Ainsi que nous l'avons vu dans l'Introduction, la critique actuelle tend à retenir comme également authentiques et l'affirmation de la présence du Règne et celle qui porte sur sa venue future. Ma propre recherche a confirmé la justesse de cette position. Pareille eschatologie à deux pôles, typique de Jésus, a des analogies lointaines dans le judaïsme, notamment à Qumran. H.W. Kuhn[7] a montré que l'eschatologie des Hodayoth de la communauté comporte à la fois un élément présent et un élément futur et que les deux sont étroitement liés. Cette eschatologie est due "à l'interaction de deux poussées différentes : le mouvement apocalyptique et la vision sacerdotale que la communauté avait d'elle-même...En raison de sa compréhension d'elle-même comme temple spirituel, la communauté ne pouvait pas accepter la vue apocalyptique selon laquelle le présent était dépourvu de salut. Cependant, parce que la communauté était fortement marquée par l'apocalyptique, ce salut ne pouvait pas être conçu autrement que comme une irruption du futur dans le présent"[8].

Selon toute vraisemblance des traits particuliers à la pensée hébraïque ont favorisé de telles synthèses eschatologiques[9]. Pour l'homme de la Bible, le temps[10] n'est pas une sorte de support vide, une ligne abstraite où viennent s'insérer les événements. Il est perçu directement comme déterminé, rempli par son contenu[11], s'identifiant avec lui et qualifié par lui[12]. Le temps est Kairos, temps-pour[13].

Une seconde particularité, plus remarquable, est à signaler. En raison sans doute de l'idée de la "corporate personality"[14], les frontières entre le passé, le présent et le futur sont moins nettes dans la pensée biblique que dans celle de l'Occident. L'homme de la Bible ne se souvient pas seulement du passé, il le revit, il y a part. Dans le culte le passé est actualisé, re-présenté[15]. Il en va de même, quoique de façon moins sensible, pour le futur[16].

Quant à l'espace, nos catégories ne nous permettent guère de saisir l'élément dynamique qui, là encore, fait partie intégrante de la perception hébraïque de l'espace. En rendent partiellement compte les représentations de la sphère, de la zone d'influence, du champ, aux contours non nettement définis, dans lequel des forces telles que la vie, la malédiction ou la mort exercent leur pouvoir[17].

A la lumière de ce contexte culturel général et de l'analogie particulière que représente l'eschatologie à deux pôles des Hodayoth, la tension -une tension authentiquement temporelle qui ne doit pas être évacuée par l'interprétation existentielle- entre Règne présent et Règne futur dans l'enseignement de Jésus devient historiquement plus compréhensible[18]. Il reste à en dégager la cohérence profonde.

H.W. Kuhn voit la clé dans l'idée de la "sphère du salut"[19] qui permet effectivement de comprendre la Basileia, action de Dieu[20] et salut de l'homme, à la fois comme déjà expérimentée et comme encore attendue. Sans perdre ses liens essentiels avec le futur, le salut eschatologique est réalité actuelle parce que Dieu agit, et la Basileia est précisément et avant tout l'activité eschatologique de Dieu, sa "force agissante"[21]. Or, d'après le témoignage capital du logion sur le "doigt de Dieu" (Lc 11,20 par.), l'impact de l'action eschatologique anticipée de Dieu est focalisé dans le ministère de Jésus et là seulement. Peut-on préciser dès lors les rapports entre la personne de Jésus et le Règne présent ?

Jésus apporte la révélation ultime, il proclame vraiment et de manière décisive la volonté de Dieu à la fois comme exigence et comme grâce[22], il se comprend lui-même comme "la dernière parole de Dieu aux hommes"[23]. Mais il n'est pas que prophète, fût-ce le dernier. Il ne proclame pas seulement le salut, il le réalise déjà comme le montrent des faits solidement attestés :

exorcismes, guérisons, communion accordée aux pécheurs[24]. Il n'est
pas exclu que l'interprétation que Jésus donne de sa propre mort
puisse elle-même se comprendre dans la ligne du message de la Basileia : la mort du Christ "pour" ne serait pas à considérer comme
une exigence nouvelle (venant s'ajouter à celle de la conversion)
que Dieu adresserait à l'homme, il faudrait y voir au contraire
un ultime geste d'amour posé par Dieu par l'intermédiaire de son
Envoyé pour sauver in extremis la proclamation du salut qu'impliquait le message du Règne et que le refus d'Israël avait mis en
cause[25].

En tout cas, quoi qu'il en soit de ce dernier point, avec
Jésus il y a vraiment du nouveau et du définitif, le contenu du
temps est devenu autre, sa qualité a changé[26]. On a franchi le
dernier seuil, on est entré dans l'ordre eschatologique. La distinction nette entre les deux éons est abolie[27]. Bref, dans la personne de Jésus le futur de Dieu a pénétré le monde présent. Ce
lien intime entre personne de Jésus et présence du Règne ne peut
être dépourvu d'une signification christologique. Le problème est
de rendre compte de la christologie impliquée là, et cela en des
termes qui ne dépassent pas ce que la recherche sur le Jésus de
l'histoire autorise à dire.

Selon F. Mussner[28] la présence du Règne est fonction de celle
du Messie. D'après H. Schürmann[29] ce sont sa conscience de Fils
et, en profondeur, son "être de Fils" qui ont poussé Jésus à mettre
l'accent sur la présence du salut. Si l'on s'en tient strictement
au niveau du Jésus terrestre -de la "christologie" pré-pascale en
quelque sorte- ces catégories sont sans doute trop précises. En
effet, il est difficile d'établir de façon convaincante que Jésus
a utilisé des titres tels que Messie[30], Fils de Dieu et même
Fils[31]. Nous n'avons par conséquent aucun accès direct à la conscience spécifique que Jésus avait de lui-même et nous en sommes
réduits à procéder par induction en nous appuyant d'abord sur sa
prédication eschatologique qui, elle, nous est accessible. Aussi
divers auteurs préfèrent-ils rendre compte des implications christo-
logiques comprises dans la proclamation et dans l'effectuation du
Règne en présentant Jésus comme l'Envoyé ou le Représentant eschatologique de Dieu, comme le Médiateur du salut eschatologique[32],
comme le "Signe eschatologique de Dieu"[33], voire tout simplement
comme "la Personne eschatologique"[34]. Il semble bien, pourtant, qu'
on puisse aller un peu plus loin dans la direction préconisée par

H. Schürmann. Il importe de tenir compte, en effet, de l'immédiate-
té unique qui caractérise le rapport de Jésus avec Dieu et qui
s'exprime dans l'appellation Abba. C'est sans doute la singulière
proximité de Jésus au Père qui fonde à la fois, et sans qu'il soit
possible d'établir une priorité entre elles, sa conscience de
l'eschaton ouvert et sa propre exousia, en d'autres termes son interprétation du temps présent comme inauguration de l'action eschatologique de Dieu liée à sa propre personne.

Si le présent a déjà la même qualité que le futur, l'articulation entre ces deux pôles de l'eschatologie de Jésus s'explique.
Dieu lui-même a commencé d'agir à travers son Envoyé, il mènera
aussi cette oeuvre à sa fin. L'expérience du Règne présent garan-
tit sa venue future, la réalisation actuelle intensifie l'attente
de l'accomplissement à venir[35]. En effet, si plein que soit le
temps, et si réelle la présence du Règne, ce n'est encore que le
début, et ce début appelle la suite. Il y a place ainsi pour un
avenir du Règne, et, convient-il d'ajouter, pour un avenir proche.
Loin de relativiser la réalité de la Naherwartung, l'insistance
de Jésus sur la valeur eschatologique du présent intensifie l'attente. Il est indiqué de voir dans le présent le "premier acte de
l'intervention eschatologique de Dieu, et donc la garantie de
l'imminence des bouleversements que cette intervention doit pro-
duire"[36].

Cette interprétation des données a l'avantage de rendre
compte de la double série des textes sur la présence et sur la
venue future de la Basileia et de correspondre à la psychologie
de l'attente, car toute attente eschatologique est attente d'une
intervention imminente[37]. Le présent et l'avenir, le déjà et le
pas encore sont l'un à l'autre comme le début et l'achèvement de
la même oeuvre, et c'est cette continuité de l'agir divin qui, en
dernière analyse, permet la synthèse entre les deux pôles[38]. En-
trant en action dans et par Jésus, Dieu "a entamé le processus
qui doit aboutir à la venue glorieuse de son Règne"[39].

S'il en est ainsi, y a-t-il encore place pour une fonction
déterminée de Jésus dans la venue future du Règne ? Nous rencon-
trons par ce biais la question du Fils de l'homme.

Dans un article devenu célèbre, Ph. Vielhauer[40] soutenait que les deux concepts de "Fils de l'homme" et de "Règne de Dieu" ne sont mis en rapport l'un avec l'autre ni dans le judaïsme ancien ni dans la prédication de Jésus. L'auteur s'est attiré des critiques en partie justifiées en ce qui concerne le judaïsme ancien[41], mais son constat ne laisse pas d'être valide pour ce qui regarde la prédication de Jésus : il n'y a, de fait, nul logion d'une authenticité vraisemblable où le Règne de Dieu et le Fils de l'homme soient nommés ensemble, et là même où l'on attend le plus la mention du Fils de l'homme, en Mc 14,25 par., celle-ci ne vient pas.

S'ensuit-il que, le thème du Règne ne pouvant être refusé à Jésus, celui du Fils de l'homme est à considérer comme communautaire ainsi que le pensent Ph. Vielhauer et d'autres à sa suite[42] ? La conclusion est loin de s'imposer. A la différence de la proclamation du Règne de Dieu, le thème du Fils de l'homme paraît réservé à l'enseignement ésotérique, adressé aux disciples[43]. Le fait est sans doute à mettre en rapport avec la réduction de l'audience de Jésus et avec le repli sur les disciples consécutif à la "crise galiléenne"[44]. Par ses attaches juives, le thème du Fils de l'homme convient bien pour exprimer ce que les Anglais appellent la "vindication", la défense, la réhabilitation du juste. Jésus y aura recouru précisément sous la poussée de l'échec et dans la perspective de la fin tragique, le thème du Fils de l'homme exprimant alors la certitude du triomphe final de Jésus[45]. De même, c'est sans doute à cause de son échec, c'est-à-dire du refus opposé par ses contemporains au message de la Basileia, du Dieu qui vient en sauveur, que Jésus va accentuer désormais l'annonce du jugement. Or, sans nier que le Fils de l'homme exerce aussi des fonctions salvifiques, il y a lieu d'admettre que son rôle de témoin à charge, d'instrument du jugement, voire de juge est plus appuyé dans la tradition juive et chrétienne. C'est avec le jugement, la "colère", et non point avec le thème à valeur avant tout sotériologique de la Basileia que le motif du Fils de l'homme a les affinités les plus marquées. En somme, les thèmes du jugement et du Fils de l'homme apparaissent connexes et sont à distinguer de celui du Règne[46]. En conséquence, les logia du Fils de l'homme n'autorisent guère à penser que Jésus se sera attribué une fonction précise dans l'établissement du Règne à venir.

Quant aux dits du Règne eux-mêmes, ils ne témoignent pas
d'une conviction de Jésus selon laquelle il serait l'instrument
de l'avènement futur du Règne comme il est l'agent de sa réalisation présente. Il y a , certes, la scène du jugement rapportée
en Mt 25,31-46 : "Venez, les bénis de mon Père, recevez en partage
la Basileia qui a été préparée pour vous depuis la fondation du
monde" (v. 34)[47], mais il est extrêmement difficile d'y dégager
avec précision ce qui relève de la prédication du Jésus de l'histoire. Il ne reste alors, comme indication positive, que le fait général de la continuité entre Règne présent et Basileia future, continuité qui est thématisée en particulier par les paraboles de
Mc 4. S'appuyant là-dessus, on peut estimer que Dieu agira par
Jésus lors de l'accomplissement, de même qu'il en a fait son agent
pour l'inauguration du Règne[48]. Pourtant ce n'est là qu'une suppo-
sition, car, je le répète, aucune affirmation explicite ne vient
confirmer cette vue, Jésus ne donne aucune précision. Il déclare
même ignorer le moment de la réalisation et affirme fortement que
l'initiative en revient au Père seul (Mc 13,32 par.). La discrétion
de la visée christologique souligne à sa manière le théocentrisme
dont Jésus témoigne avec tant de netteté. La venue définitive du
Règne est pour lui, d'abord et avant tout, la révélation dont
Dieu en personne sera le sujet et l'objet. Seul paraît compter
pour Jésus le fait qu'enfin Dieu sera "tout en tous" (1 Co 15,28).

III Dieu et le Règne.

Dans l'étude du Notre Père j'ai insisté sur l'unité foncière existant entre la demande relative au Nom de Dieu et celle qui
porte sur son Règne. J'ai noté toutefois l'opinion de quelques
auteurs qui, sans mettre en cause cette unité, accordent néanmoins
à la première demande une portée plus vaste qu'à la seconde : expression de la théologie de Jésus, l'appel lancé à Dieu de sanc-
tifier son Nom engloberait en quelque sorte la demande du Règne
où se condenserait de son côté l'eschatologie de Jésus.

A) Selon H. Schürmann[49] l'ensemble de la prédication de Jésus
s'articule autour des mêmes deux pôles : l'eschato-logie, à entendre comme la proclamation du Règne à venir et, précise l'auteur
à l'occasion, comme le message de l'inauguration de l'eschaton
dans le présent ; la théo-logie, qui équivaut à la révélation
faite par Jésus et portant sur Dieu en personne, sur son

être de Seigneur et de Père, sur la "vraie réalité de Dieu"[50].
Tout en reconnaissant à plusieurs reprises (surtout p. 32) le
lien entre ces deux composantes majeures de l'enseignement de
Jésus, Schürmann soutient que "sans aucun doute Jésus est davantage mû par le théocentrisme que par l'eschatologie ; en dernière
analyse, révéler Dieu et le rendre visible dans son être de Seigneur et de Père est plus fondamental pour Jésus que d'annoncer
la proximité du Règne" (p.28).

Les arguments invoqués par Schürmann à l'appui de son hypothèse de la bipolarisation "eschato-logie" / "théo-logie" sont
puisés avant tout à l'éthique de Jésus, plus précisément à la
manière dont les exigences sont motivées par Jésus. A côté de
la motivation eschatologique évidente, il est une motivation théologique plus discrète mais plus fondamentale que, selon l'auteur,
révèlent deux faits principaux :
1) Face à Dieu nous sommes dans la position de "fils" vis-à-vis
de leur père, d' "esclaves" par rapport à leur seigneur. En d'
autres termes, nous sommes tenus au don total, existentiel, nous
ne sommes jamais quittes. La perfection exigée par Mt 5,48 et
les antithèses qui précèdent, pour ne prendre que cet exemple,
s'explique en dernier ressort par la Sainteté même du Dieu qui
porte cette exigence. De la sorte, les logia qui soulignent la
grandeur de notre dette envers Dieu comme d'ailleurs les dits
qui radicalisent les exigences éthiques sont en fait une révélation indirecte de la Sainteté et de la Seigneurie divines.
2) L'homme accablé par la conscience de sa faute et dévoré d'inquiétude est invité par Jésus à lever les yeux vers le Père qui,
dès maintenant, lui pardonne et prend soin de lui (Lc 15,11-32 ;
12,22-30 par.). Une articulation analogue se rencontre dans le
registre des exigences éthiques : la miséricorde et la bonté de
Dieu envers toutes les créatures est le modèle et le moteur de
l'amour des ennemis tel que Jésus le commande à ses disciples
(Lc 6,27-35 par. ; Lc 6,36 par.). Donner pareilles assurances et
présenter ainsi les exigences fondamentales, c'est, conclut
Schürmann, révéler indirectement Dieu comme Père.

B) Dans sa reprise récente du problème des rapports entre "eschato-logie et théo-logie" dans la prédication de Jésus, A. Vögtle[51]
commence par faire apparaître un certain nombre de flottements

d'incohérences et de systématisations indues dans la thèse de
Schürmann. Puis, tout en gardant pour base de la discussion les
propositions de Schürmann, il présente et développe ses propres
positions sur les points centraux du débat.

1) Concernant la problématique, Vögtle estime qu'il n'est guère
légitime de considérer les logia sur la bonté et sur la providence de Dieu comme des "énoncés théologiques sur l'être" de
Dieu[52], à distinguer du thème eschatologique de l'agir ou de la
venue de Dieu. En fait, l'homme de la Bible, et Jésus ne déroge
point à la règle, saisit Dieu dans son agir plutôt que dans son
quant-à-soi[53]. En outre, du point de vue historique les exigences éthiques de Jésus sont à comprendre non pas tant comme des
normes valables toujours et partout que comme la concrétisation
de l'appel fondamental adressé par Jésus à ses contemporains,
l'appel à la conversion rendue inéluctable par la densité eschatologique de l'heure.

L'antinomie établie par Schürmann entre l'être et l'agir
de Dieu est pour le moins surévaluée.

2) Certes, les exigences éthiques de Jésus ne sont pas toujours
motivées expressément par la Basileia, -un trait qui paraît justifier à première vue l'hypothèse de la bipolarité. Mais, observe
Vögtle, il n'est pas invraisemblable que les logia portant sur
la providence du Père ou sur la vanité des soucis humains et
regroupés en Mt 6,25-34 par. aient été prononcés en référence
à la Basileia[54]. En outre, l'insistance de Jésus sur la présence
de la Basileia, c'est-à-dire sur l'intervention eschatologique
de Dieu déjà inaugurée, constitue le "contexte d'ensemble" (p.
387) à partir duquel la radicalisation des exigences de Jésus est
à comprendre. Ainsi, même si la motivation eschatologique ne s'exprime pas d'une manière ponctuelle dans chaque logion, il y a
lieu d'en tenir compte en raison de ce que W. Schrage appelle de
son côté la "prévalence du cadre eschatologique d'ensemble"[55].

A ce point de vue aussi, l'opposition entre "théo-logie"
et "eschato-logie" apparaît forcée.

3) Dans l'insistance sur le salut présent Schürmann reconnaît à
juste titre une caractéristique essentielle de la prédication de
Jésus. Il a tort, cependant, d'établir une distinction entre la
présence de l'eschaton et le Règne, de reléguer ce dernier dans
le futur et de rendre compte du salut présent en partant

directement de la christologie du "Fils", autrement dit en partant de la "théo-logie" seule[56]. A.Vögtle récuse cette construction[57]. Avec l'ensemble de la critique récente, il admet que
Jésus n'a pu proclamer le salut comme présent qu'à partir de sa
conception dynamique du Règne : le salut de l'eschaton déjà réalisé est le résultat de l'entrée en action du Dieu-Roi, il est
en rapport avec la Basileia, réalité à la fois eschatologique
et théologique. A l'encontre de Schürmann qui, à l'occasion du
moins, oppose "théocentrisme" et "eschatologie"[58], Vögtle souligne avec force que, s'il est un trait qui caractérise l'eschatologie de Jésus, c'est justement le théocentrisme (p. 394).

L'argumentation plus convaincante de Vögtle[59] sauvegarde à
n'en pas douter l'unité interne et immédiate entre l'idée de
Dieu qui se laisse dégager de la prédication de Jésus et la conception de ce dernier touchant la Basileia.

C) Divers traits plus ponctuels, valorisés en partie par Vögtle
lui-même, confirment la justesse de la position exégétique qui
tend, non pas certes à identifier, mais à rapprocher la thématique de Dieu et celle du Règne.
1) Théologie et eschatologie se rejoignent du seul fait que le
Règne est présenté constamment comme le Règne de Dieu.
2) Dans nombre de logia le terme βασιλεία est à prendre au sens
dynamique. L'expression βασιλεία τοῦ θεοῦ ne désigne pas une réalité susceptible d'être distinguée de Dieu, mais l'activité même
de Dieu.
3) Il va de soi que la Basileia est en première ligne l'expression de la Souveraineté et de la Royauté de Dieu. Pourtant, selon le logion du petit troupeau (Lc 12,32), Jésus la met aussi en
relation avec la sollicitude aimante (εὐδοκέω) du Père. Et,
d'après la prière dominicale, c'est bien le Père qu'on supplie
de manifester sa Sainteté et de faire venir son Règne. Le "Règne
eschatologique de Dieu c'est précisément le Règne du Père et la
puissance salvifique de son amour et de sa bonté"[60]. La venue de
Dieu n'est d'ailleurs pas uniquement objet d'attente. Dès à présent elle se réalise, puisque -tel est l'aspect le plus caractéristique de l'eschatologie de Jésus- le Règne est là. Or, aux
yeux de Jésus, "Celui qui vient c'est le Sauveur de sa créature
perdue"[61].

4) Pour rendre compte du fait que Jésus -et lui seul- emploie le substantif Basileia comme sujet du verbe venir nous n'avons trouvé qu'une explication : Jésus recourt au thème vétéro-testamentaire et juif de la venue de Dieu. Il ne peut le faire que parce qu'il voit dans la Basileia l'entrée en action et la manifestation de Dieu en personne. Il n'y a pas d'eschatologie qui soit plus théocentrique.

5) A la lumière du thème de la venue eschatologique de Iahvé et des motifs connexes qu'il comporte à l'occasion (le Règne, la Gloire, le Nom), nous avons reconnu dans les deux premières demandes du Notre Père une unité foncière en ce sens que la venue du Règne équivaut à la venue de Dieu et de sa Gloire et correspond à la manifestation de sa Sainteté. Un même théocentrisme fondamental caractérise les deux demandes. L'objet central de l'attente eschatologique est la révélation même, éclatante et définitive, de Dieu en personne. Point n'est possible de distinguer en l'occurrence eschato-logie et théo-logie de Jésus.

6) Par la plupart de ses traits l'idée de Dieu qui se dégage des dits et des actes de Jésus recouvre celle que nous connaissons par l'AT et par le judaïsme ancien[62]. Et cependant, le rejet de Jésus par son peuple et sa mort sur la croix ne s'expliquent pas s'il n'y a pas eu dans le comportement et dans l'enseignement de Jésus des éléments qui heurtaient de front le judaïsme[63]. Il ne fait pas de doute que l'une de ces discordances décisives fut l'attitude de Jésus envers les pécheurs, envers tous ceux que le judaïsme de l'époque se plaisait à classer parmi les πονηροί et les ἄδικοι. Peu enclin à majorer l'originalité du prophète de Nazareth, G. Vermès note pourtant que sur ce point la différence est considérable entre Jésus d'une part, ses contemporains et les prophètes de l'autre. "Les prophètes, écrit-il, parlaient en faveur du pauvre honnête, et défendaient la veuve et l'orphelin, ceux qu'opprimaient et exploitaient les méchants, riches et puissants. Jésus alla plus loin. Non content de proclamer que tous ceux-là étaient bénis, il se mêla en outre aux parias de ce monde, à ceux que méprisaient les gens respectables. Les pécheurs étaient ses commensaux ; les percepteurs de taxe qu'on méprisait tant et les prostituées ses amis"[64]. Or, ce comportement a sa source très probable dans la théologie de Jésus[65] ; c'est en tout cas en se référant à Dieu que

Jésus explique et justifie sa propre conduite, en particulier dans les paraboles[66]. Au témoignage de celles de Lc 15 et de Mt 20,1-15, Jésus se réclame d'un Dieu qui ne se contente pas de tolérer le pécheur : il en fait l'objet de sa sollicitude spéciale, à l'étonnement et au scandale des "justes". La réaction de ces derniers est d'ailleurs compréhensible, car la pratique de Jésus et la perception de Dieu qui la sous-tend ne pouvaient que mettre en cause la religion établie, et singulièrement l'importance accordée à l'observation de la Loi[67].

Ainsi que nous l'avons vu dans la deuxième partie de cet ouvrage, l'enseignement de Jésus sur la Basileia suscite lui aussi les sarcasmes et les protestations des "justes", le logion des βιασταί en témoigne. Parce qu'il touche d'abord les déclassés du judaïsme officiel (pauvres, pécheurs, enfants...) et que les héritiers légitimes s'en trouveront exclus (cf. Mt 21,31b ; Lc 13,28-29 par.), le Règne prêché et inauguré par Jésus apparaît comme la négation de l'ordre socio-religieux établi et comme l'élection des pauvres. Le kérygme du Règne proclamé par Jésus et le témoignage qu'il rend au Père se correspondent étroitement[68] ; sous cet angle aussi, la théo-logie et l'eschato-logie de Jésus sont très proches l'une de l'autre.

En vertu de la représentation utilisée, le Règne est certes la souveraineté du Seigneur. Concrètement et en profondeur, il se confond avec le plein exercice de la miséricorde du Père.

CONCLUSION

(p. 672-674)

1) Mahnsprüche, p. 147-184, surtout 177-184.

1bis) C'est aussi une des thèses centrales de H. MERKLEIN, Gottesherrschaft.

2) Cf. J. JEREMIAS, Verkündigung Jesu, p. 103.

3) J. DUPONT, Encore des paraboles (Mt 13,44-52), AssS[2], n° 48, Paris 1972, p. 16-26 (à la p. 19) ; voir aussi E. LINNEMANN, Gleichnisse, p. 103-111 ; G. EICHHOLZ, Gleichnisse der Evangelien. Form, Ueberlieferung, Auslegung, Neukirchen-Vluyn 1971, p. 109-125; H. MERKLEIN, Gottesherrschaft, p. 67-69.

4) J. DUPONT, loc. cit.

5) Voir en ce sens H. RIDDERBOS, Coming, p. 246-252 ; H. SCHUERMANN, Eschatologie und Liebesdienst, p. 288-289 ; H.D. WENDLAND, Ethik des Neuen Testaments (GNT 4), Göttingen 1970, p. 5-33 ; J. JEREMIAS, Verkündigung Jesu, p. 155-156 ; P. HOFFMANN, Basileia-Verkündigung, p. 52-56 ; U.B. MUELLER, Vision, surtout p. 440; H. MERKLEIN, Gottesherrschaft, p. 166-168.

6) H. RIDDERBOS, Coming, p. 248.

7) Enderwartung ; cf. aussi D.E. AUNE, The Cultic Setting of Realized Eschatology in Early Christianity (NT S. XXVIII), Leiden 1972, p. 29-44.

8) J. MURPHY O'CONNOR, RB 75, 1968, p. 442 (recension de l'ouvrage cité de H.W. Kuhn).

9) Cf. A. POLAG, Christologie, p. 48-55.

10) Voir avant tout A. VOEGTLE, Zeit.

(p. 674-675)

11) G. DELLING, Zeit und Endzeit, p. 13, emploie l'expression "mit geschichtlichem Geschehen gefüllte Zeit".

12) Th. BOMAN, Denken, p. 120.

13) Voir H.W. WOLFF ,Anthropologie des Alten Testaments, Munich [2]1974, p. 127-140 ; E. LINNEMANN, Zeitansage, p. 258-261 ; G. DELLING, ThWNT 9, p. 584-587.

14) Cf. A. VOEGTLE, Zeit, p. 276.

15) Cf. G. VON RAD, Theologie II, p. 113-114 ; G. DELLING, Zeit und Endzeit, p. 20.

16) Th. BOMAN, Denken, p. 123, évoque à ce propos le parfait prophétique ; voir aussi H.W. KUHN, Enderwartung, p. 183.

17) Voir G. VON RAD, Theologie I, p. 397.399-400.

18) Cf. H.W. KUHN, Enderwartung, p. 203 et n. 4.

19) Je relève sa formulation dans Enderwartung, p. 201 : "Wie der Qumran-Fromme der Gemeindelieder in einer Heilssphäre als Priester vor Gott lebt und damit schon das Eschaton in die Gemeinde hereinreicht, so ereignet sich auch im Wirken Jesu -allerdings in ganz anderer Weise als dort- eine Heilssphäre Gottes, in der das von der Zukunft erwartete Heil als schon präsent gesehen werden kann".

20) Tout en insistant particulièrement sur la Basileia comme salut, Kuhn n'oublie pas l'aspect actif, dynamique de la notion : "Gottes Herrsein" (p. 200 ; cf. p. 201.204), "die Tatsache, dass Gott König ist" (p. 200-201 ; c'est Kuhn qui souligne), "Hinweis auf Gottes Handeln in Jesus" (p. 103, dans une citation de W.G. Kümmel).

(p. 675-676)

21) A. VOEGTLE, Zeit, p. 287 : "die Gottesherrschaft als wirkende Kraft".

22) Cf. R. BULTMANN, Das Verhältnis der urchristlichen Christus-botschaft zum historischen Jesus, dans id., Exegetica, p. 445-469 (à la p. 452) ; A. VOEGTLE, Zeit, p. 283-284.

23) Ph. VIELHAUER, Gottesreich und Menschensohn, p. 89. La formule est reprise par E. GRAESSER, Naherwartung, p. 66.

24) E. KAESEMANN, Lukas 11,14-28, p. 244 : "Wer es mit Jesus zu tun bekommt, bekommt es nach seinem eigenen Anspruch mit der praesentia Dei auf Erden und bis in die Leiblichkeit hinein zu tun".

25) En ce sens R. PESCH, Abendmahl, p. 183-185. Voir cependant les réserves importantes de A. VOEGTLE, Der verkündigende und ver-kündigte Jesus "Christus", p. 58-62 ; W.G. KUEMMEL, ThR 43, 1978, p. 264.

26) A. VOEGTLE, Zeit, p. 284 ; G. DELLING, Zeit und Endzeit, p. 33-34.

27) Cf. Ph. VIELHAUER, Gottesreich und Menschensohn, p. 88.

28) Gottesherrschaft, p. 94-95.

29) Hauptproblem.

30) Voir par ex. W. GRUNDMANN, ThWNT 9, p. 530.

31) Voir par ex. E. SCHWEIZER, ThWNT 8, p. 367 ; M. HENGEL, Jésus, Fils de Dieu (LeDiv 94), Paris 1977, p. 104-105.

32) Ainsi A. VOEGTLE, Der verkündigende und verkündigte Jesus "Christus", p. 43-46.

688

(p. 676-678)

33) J. RATZINGER, Eschatologie - Tod und ewiges Leben, Ratisbonne
1977, p. 40 ; cf. H. CONZELMANN, Das Selbstbewusstsein Jesu,
dans id., Theologie als Schriftauslegung, p. 30-41 (à la p. 41).

34) E. JUENGEL, Paulus und Jesus, p. 197.

35) A. VOEGTLE, Zeit, p. 284 ; W. THUESING, Erhöhungsvorstellung
und Parusieerwartung in der ältesten nachösterlichen Christologie (SBS 42), Stuttgart s.d. (1969 ?), p. 93.

36) J. DUPONT, Béatitudes II, p. 113 (c'est moi qui souligne).
Dans son étude sur le temps (Zeit, p. 287.291) A. Vögtle
estimait que l'insistance de Jésus sur le présent du Règne
relativise la note d'imminence dans l'attente personnelle de
Jésus. Dans "Theo-logie" und "Eschato-logie", p. 397, il corrige cette vue et écrit : "Durch das in Jesus anhebende Kommen
der Gottesherrschaft ist Jesu Zukunftserwartung innerlich
folgerichtig und konstitutiv 'Naherwartung' und wird diese
seine Naherwartung intensiviert, sozusagen eher 'verabsolu-
tiert' als 'relativiert' ".

37) Je reprends en la généralisant une phrase de B. RIGAUX, seconde venue, p. 190 : "Toute attente eschatologique me semble
avoir été l'attente d'une intervention imminente". La phrase
est appliquée expressément à Dn et aux textes de Qumran. Mais
le contexte montre qu'aux yeux de Rigaux elle vaut aussi pour
Jésus.

38) Cf. E. RUCKSTUHL, Streiflichter, p. 83.

39) J. DUPONT, Béatitudes II, p. 113.

40) Ph. VIELHAUER, Gottesreich und Menschensohn.

41) Cf. H.E. TOEDT, Menschensohn, p. 298-316 ; F. HAHN, Hoheits-
titel, p. 27-30 ; H. BALZ, Probleme, p. 55 n. 3 ; C. COLPE,
ThWNT 8, p. 424.443 ; K. KOCH, Ratlos vor der Apokalyptik,
Gütersloh 1970, p. 28-29 n. 33.

(p. 678-681)

42) Voir les indications données par S. LEGASSE, Jésus historique, p. 277 n. 22.

43) Voir J. JEREMIAS, Verkündigung Jesu, p. 254-255 ; L. GOPPELT, Theologie I, p. 229.

44) Voir O. MICHEL, Der Umbruch : Messianität = Menschensohn. Fragen zu Markus 8,31, dans Tradition und Glaube (FS K.G. Kuhn), p. 310-316 (à la p. 315), et surtout F. MUSSNER, Gab es eine "galiläische Krise" ? , dans Orientierung an Jesus (FS J. Schmid), p. 238-250.

45) En ce sens : R. SCHNACKENBURG, Kirche und Parusie, dans id., Schriften, p. 288-320 (aux p. 309-310) ; J. SCHMITT, sotério-logie, p. 43-47.

46) Voir surtout J. BECKER, Johannes der Täufer, p. 86-104.

47) Cf. R. SCHNACKENBURG, Gottes Herrschaft, p. 118-119.

48) Cf. W. SCHRAGE, Theologie und Christologie, p. 138.

49) Hauptproblem ; Eschatologie und Liebesdienst.

50) Hauptproblem, p. 25.

51) "Theo-logie" und "Eschato-logie".

52) H. Schürmann parle de "theologische Seinsaussagen" (Haupt-problem, p. 32), de "ontische Aussagereihe" (p. 32), de "Offenbarung der wahren Wirklichkeit Gottes" (p. 25).

53) Voir aussi W. SCHRAGE, Theologie und Christologie, p. 136.

54) Dans le même sens H. MERKLEIN, Gottesherrschaft, p. 180-183.

690

(p. 681-683)

55) W. SCHRAGE, Theologie und Christologie, p. 148 ; voir la posi-
    tion analogue mais plus précise de D. Zeller (présentée
    ci-dessus, p. 672).
    U.B. MUELLER, Vision, p. 435-448, insiste, quant à lui, sur
    les affinités profondes existant entre la bonté universelle du
    Créateur et le Règne en tant que réalité salvifique. Il pense
    que Jésus a réactivé le lien que la tradition vétéro-testamen-
    taire avait établi entre d'une part le Dieu qui règne dès à
    présent et, de l'autre, le Dieu Créateur et Providence.

56) Cf. surtout Hauptproblem, p. 33.

57) Voir aussi D. ZELLER, Mahnsprüche, p. 169.

58) Hauptproblem, p. 24 ; p. 30-31 n. 91 ; surtout p. 28.

59) E. RUCKSTUHL, Streiflichter, p. 81-85, et H. MERKLEIN, Gottes-
    herrschaft, p. 212-213, se prononcent dans le même sens.

60) W. SCHRAGE, Theologie und Christologie, p. 135. Cf. H.
    MERKLEIN, Gottesherrschaft, p. 209-210.

61) E. KAESEMANN, Jésus, l'accès aux origines, LV(L) 26, 1977,
    n° 134, p. 47-64 (à la p. 59).

62) Cf. W.G. KUEMMEL, Gottesverkündigung.

63) Voir F. HAHN, Methodische Ueberlegungen, p. 41-44 ; J. BECKER,
    Gottesbild ; W. SCHRAGE, Theologie und Christologie, p. 151.

64) G. VERMES, Jésus le Juif. Les documents évangéliques à l'épreu-
    ve d'un historien (Coll. "Jésus et Jésus-Christ" 4), Paris
    1978, p. 294.

65) Voir par ex. N. WALTER, Christusglaube und Heidnische Religio-
    sität in Paulinischen Gemeinden, NTS 25, 1978-1979, p. 422-442
    (à la p. 441).

(p. 684)

66) Cf. J. JEREMIAS, Gleichnisse, p. 124-145 ; J. BECKER, Gottes-
bild, p. 111-112.

67) Cf. W.G. KUEMMEL, Gottesverkündigung, p. 118-119.122-123 ;
W. SCHRAGE, Theologie und Christologie, p. 151.

68) Voir U. WILCKENS, Gottes geringste Brüder - Zu Mt 25,31-46,
dans Jesus und Paulus (FS W.G. Kümmel), p. 363-383 (aux p.
379-381).

TABLE DES CITATIONS

A) ANCIEN TESTAMENT

GENESE

6,13	118
9,21	383, 408
17,19	242
19,3	531
20,3	307
24,63	358
26,8	358
27,44	354
29,21	98
31,24	307
37,35	443
44,31	359
45,1	354, 355
45,8	212

EXODE

3,6	634, 635
8,15	133, 134, 136, 146
12,9	229
12,42	192, 193, 226
14,30	358, 360
15,23	407, 489
16,20	354
16,27	354
17,7	203, 234
19,9	307
19,21-24	524
20,20	307

20,24	307
23,5	360
23,20	155
31,18	146
34,9	203, 234

LEVITIQUE

4,11	229
10,3	293, 294
22,31-32	320
22,32	293

NOMBRES

6,5	98
6,13	98
14,42	238
15,13	496
15,24	317
18,8-9	503
20,12	293
20,13	293
20,17	407
20,19	408
21,22	407
22,9	307
22,20	307
24,2	360

NOMBRES

27,14	293, 320
27,17	595

DEUTERONOME

1,42	238
9,10	146
11,11	407
18,4	503
18,15	171
18,18	171
22,4	360
24,1	509
25,5-6	634
30,6	102
31,14	124
32,36	359
32,51	293, 320
33,2	307

JOSUE

5,14	307
9,13	410
22,31	238

JUGES

2,16	171
2,18	171
3,9	171, 354
3,15	171
3,19	355, 370
5,4-5	307
6,11	307
13,6-10	307
16,27	359
18,7	358
20,34	150, 151
20,42	151

RUTH

2,9	408

1 SAMUEL

4,7	307
4,20	354

2 SAMUEL

5,20	524
11,2	358
12,1-7	469
12,7	457, 458
18,26	358
20,12	358

1 ROIS

8,59	125
10,8	370
12,8	370
13,25	358
19,12	194
22,17	595
22,19	358

2 ROIS

2,10	358
5,21	358

LXX 1 ROIS

2,5	445
4,20	355
14,32-34	229
27,12	123

LXX 2 ROIS

12,3	407
13,25	537
13,27	537
17,23	317

LXX 3 ROIS

11,14	171
11,23	171
13,25	358
17,4	407
17,6	407

LXX 4 ROIS

5,23	537
23,22-23	317

1 CHRONIQUES

16,33	274
29,17	359

2 CHRONIQUES

20,20	123
21,19	118

ESDRAS

3,1	150

LXX 2 ESDRAS

5,8	317
7,21	317
7,26	317
20,1	173

NEHEMIE

5,2-4	327
7,72	150
10,1	173

TOBIE

1,17	360
13,2	70, 84
13,9	84
13,11	660
13,13	84, 656
13,16	84, 360
14,5	98, 100, 117
14,6	656, 660

JUDITH

10,22	474
13,1	355
14,16	650
14,19	650

1 MACCABEES

3,49	98
9,10	107, 125

2 MACCABEES

4,6	333
7,7	229
8,4	505
10,1	474

JOB

2,8	203, 234
2,13	359
11,2 LXX	172
11,12 LXX	172
11,15	590
11,18	590
14,1	172
14,12	639
15,14	172
20,17-25	443
25,4	172
27,16	443
29,25	443
31,24	443

PSAUMES

8,4	146
16,10	634
17,15	445
22,19	379
22,28	655
22,29	149
24,7	307
24,9	307
26,10	443
31,11	173
32,6	124, 125
35,14	443
36,13	650
37,16	443
37,25	358
39,3	232
39,4	203
47,10	656
49,7	443
49,10	358
49,12	203

50,1	658
66,11	203
66,18	307
73,1-12	443
73,21	203
74,1-2	595
75,9	357
77,20-21	595
78,22	123
78,32	123
78,52-53	595
78,52	592, 595
88,3	124
88,6	203, 234
95,7	595
96,13	274, 309
98,9	274, 309
103,1	203
103,20-21	285
106,12	123
107,3	644, 657
107,18	124
109,22	203, 232
110,7	407
112,10	612
113,3	658
118,169-170	107
118,169	125
141,5	203,234
146,7	445

PROVERBES

1,11-14	443
5,15	407
9,18	407
10,15	443

QOHELETH

2,1-11	443
3,4	443
3,17	650
7,4	443
7,6	443
8,14	151
10,19	443

CANTIQUE

3,10	203

SAGESSE

2,20	313
3,1-3	652
3,7	313
3,13	313
4,7	652
4,10-11	652
4,15	313
4,17	652
6,4	70
10,10	70
12,24	505
14,11	313
15,14	505
19,15	313

SIRACIDE

5,1	443
7,23-24	504
7,34	445
11,24	443
21,20	443
26,12	383, 408
27,13	443

30,1-13	504
32,21	123
33,8	118
36,1-17	259
36,3-4	250
36,3	294
36,7	259
37,30	124
48,10	530
48,11	360
48,24	447
51,2	355
51,6	124

ISAIE

2,2-4	645
2,4	655
2,11	654
2,17	654
2,19	364
5,1-7	469
5,16	250, 293, 294
6,3	250
8,13	293
11,12	300
13,22	310
16,11	203
19,21	655
19,22	655
19,25	655
24,21-23	364, 622
24,21	659
24,23	208, 209, 623, 659
25,6	618, 622-623
25,7-8	655
25,8	272, 652
25,9	272, 655

ISAIE

26,21	310	45,22	113
27,13	300	46,10	315
29,18-19	433	48,14	315
29,23	293, 294	49,8	315
30,27-33	308	49,10	447
35,2	271, 309	49,12	657, 658
35,4	270-271, 278, 310	49,22-23	654
35,5-7	271	51,5	113
35,5-6	433	51,7	595
40,1-11	71	51,17	357
40,5	272, 309	51,22	357
40,9-10	272	52,7-10	71, 272
40,9	595	52,7	272, 282, 309
40,10	309, 340, 364	52,8	310
40,11	595	52,9	580, 596
41,8-10	580	52,10	308
41,10	595	54,1	580, 596
41,13	595	54,4	579, 595
41,14	297, 580, 595, 596	54,14	595
41,16	297	55,1-2	447
41,20	297	55,6-7	113
41,22	306	55,8	419
41,23	306	56,1	97, 113, 115, 124, 125
42,13	308	56,3	655
43,1	579, 595	56,6	655
43,3	297	56,7	655
43,5-6	644, 658	57,18	447
43,5	579, 595, 657	58,6	433
43,14	297	59,17-18	308
43,15	297	59,17	308
44,2-3	579	59,19-20	113, 272, 277
44,2	595	59,19	308, 309, 310, 658
44,7	306	59,20	314
44,22-23	113	60,19	312
44,28	315	61,1-3	424, 433, 442, 445, 448
45,6	658	61,1	300, 315, 435
45,14-15	654	61,2	426, 443
45,22-25	655	61,3	443

ISAIE

61,6	447
62,1	279, 312
62,11	310
63,7-14	595
63,16	595
64,7	595
65,17	660
66,10-13	447
66,15	273
66,18-19	309
66,18	273, 656
66,21	655
66,22	660

JEREMIE

3,12-13	113
3,17	619
3,18	657
12,6	123
13,17	595
13,20	592
15,19	487
16,15	657
16,19	619
23,3	595
23,4	596
25,12	98
29(36),10	98
31,9-10	595
31,10	595
31,15	426
31,31-34	102
37(44),10	354
38(31),20	203
50,5	655
51(28),7	383, 408
51(28),9	124, 125

LAMENTATIONS

1,3	203, 234
1,10	358
4,18	107, 115, 118, 125
4,21	357

BARUCH

4,36-37	654
4,37	657, 658
5,5-9	654
5,5	657

EZECHIEL

1,16	203, 234
3,24	203, 234
7,3	115
7,7	125
7,12	115
9,1	115, 125
12,23	124, 125
20,33	364
20,41	250, 293, 300
28,16	203
28,22	293, 294
28,25	250, 293, 300
33,3	358
33,6	358
34	595
36,16-38	250
36,23	249, 255, 293, 294
36,25-27	102
36,33-34	250, 300
37,26-28	238
38,16	293, 294
38,18-23	250
38,23	250, 251, 255, 293
	294, 298

EZECHIEL

39,7	239, 293
39,27	250, 300
43,7	208, 238
43,9	238

DANIEL

2,37-38	149
2,44	70, 364
3,12	328
3,33	70, 149
4,11(LXX)	124, 125
4,22(LXX)	124, 125
4,25	151
4,31	70, 149
5,18-19	597
6,8	402
6,14	402
6,24	123
6,27	70, 149
7,13(LXX)	355
7,14	584, 597
7,16	354, 355
7,21-22	312
7,27	576, 584-585
8,4	358
8,7	358

JOEL

1,2	496
2,1	115
2,12-13	113
2,27	235, 239
4,17	238
4,21	238

AMOS

1,2	115
2,11	124

JONAS

3,4	115
3,6	124

MICHEE

1,3-4	308
2,12-13	596
2,12	595
4,2-3	645
4,4	655
4,6ss	209
4,6-8	595
4,6-7	581, 596
4,7	238
4,8	262
5,2	595
5,3	595
5,5	203
6,14	203
7,5	123

NAHUM

3,15	650

HABAQUQ

2,3	310
3,2	203, 234
3,3-4	307
3,13	307

SOPHONIE

3,5	238
3,9-10	655
3,12-13	595
3,15	208, 209, 238
3,17	238

AGGEE

2,22	364

ZACHARIE

2,9	238
2,14-15	309
2,14	207, 238, 278
2,15	238, 655
3,4	354, 355

3,7	354, 355
8,2	238
8,3	207
8,7	657
8,21	655
8,22	645, 655
8,23	238
10,2	595
10,3	581, 595
14,1-5	308
14,3-9	282
14,3	314
14,5	274
14,6	654
14,9	274, 309
14,16	655

MALACHIE

1,11	658
3,1-2	273
3,1	155, 273
3,5	309, 314
3,23	530
3,24	309

B) NOUVEAU TESTAMENT

MATTHIEU

1,17	530
1,20	141
1,23	114
2,1	529
2,9	474
2,18	114, 426, 441

2,22-23	113
2,23	114, 644
3,1	170
3,2	45, 82, 95, 126, 177, 512
3,7-10	95
3,9	169, 171

MATTHIEU

3,12	650
3,14	497
3,15	530
4,12-17	94
4,12-14	113
4,12	94
4,14	113
4,17	42, 94-95, 113 512, 529
4,22	470
4,23	45, 82, 494, 592
4,24	493
5,3-12	430
5,3-10	440
5,3	43, 423-450, 588 601
5,4	425-429, 439, 441
5,5	436, 593
5,6	428, 429-430, 444
5,7ss	424
5,8	336
5,10-12	672
5,10	44, 336, 567, 672
5,12	188, 319, 439, 644, 664
5,16	319
5,17	529, 532, 644
5,18	286, 319, 528, 553, 638-640, 645
5,19	44, 174, 388, 671
5,20	44, 206, 388, 472, 554, 555, 566, 567, 568, 645, 663, 671,672
5,21-48	555, 680
5,22	650, 665
5,25	402
5,26	169, 468

5,29-30	555, 665
5,32	472, 528
5,34-35	319
5,34	142
5,39	142
5,43-48	72
5,45	319, 521
5,48	680
6,1	319
6,7	173
6,9-13	247-248
6,9	319
6,10	43, 87, 188, 247-322, 317, 318, 319, 361
6,13	363
6,19-21	590, 632
6,19	319
6,20	287, 318
6,25-34	681
6,25-33	590
6,25	169, 590
6,26	563
6,29	169
6,31	590
6,33	43, 237, 567, 573, 590, 671, 672
6,34	591
7,11	319
7,12	529, 532
7,13-14	237, 604
7,14	663
7,19	649
7,21-23	672
7,21	45, 206, 286, 287, 317, 319, 388, 460, 554, 556, 566, 663, 671, 672
7,22-23	603, 650
7,22	408, 530, 653
7,23	567
7,24-27	556

MATTHIEU

7,24	668, 669
7,26	668, 669
7,28	562
8,2	441
8,3	470
8,5-13	603
8,10	121, 169, 603, 609
8,11-12	43, 175, 567, 603, 663, 669, 672
8,11	629
8,12	592, 648
8,13	121, 286, 318, 603
8,16	493
8,18	470
8,22	45
8,32	470
8,33	470
8,34	470
9,2	493
9,4	141
9,6	319
9,7	470
9,15	426, 646
9,18	441, 530
9,19	470
9,28	121
9,29	286, 318
9,32	493
9,35	45, 82, 494, 592
10,6	592
10,7	43, 96, 101, 111
10,13	646
10,15	169
10,23	50, 53, 324, 345, 352, 368
10,27	111
10,28	632, 665
10,32	319
10,33	319
10,42	169, 175, 596
11,2-19	155
11,4	171
11,7-11	155, 510
11,8	242
11,9	169
11,11	43, 87, 155-178, 509, 512
11,12-15	168, 455, 528
11,12-13	43, 51, 168, 237, 455, 509-539
11,12	54, 170, 237
11,13	171, 511, 528, 530, 644
11,14-15	510
11,14	509, 513, 528
11,16-19	155, 536
11,17	426
11,18-19	359, 522
11,19	467
11,21	120
11,23	318
11,25	319
11,28	498, 499
12,11	470
12,18	134
12,22	493
12,27	646
12,28	43, 87, 124, 127-153, 175, 340, 460, 472, 520
12,29	140, 141, 514, 519, 520, 535
12,30	140
12,31-32	134
12,31	169, 646
12,32	265, 306
12,36	645
12,37	467
12,39	169, 470
12,41	120
12,43	548
12,48	470

MATTHIEU

12,50	286, 287, 317, 319
13,10-15	647
13,11	42, 470
13,17	184, 405, 644
13,19	45, 494, 514, 519, 592
13,22	303
13,24-30	67
13,24	44, 84
13,30	529
13,31-32	66
13,31	43
13,33	43,66
13,36-43	607
13,38	592, 607, 646
13,40-43	649
13,40	303
13,42	648, 649, 650
13,43	44, 388, 473, 650
13,44	44, 67, 84, 121, 566, 673
13,45-46	67, 121, 566, 673
13,45	44, 84
13,47-50	67
13,47	44, 84
13,50	648, 649, 650
13,52	44, 84
13,54	562
14,2	170
14,8	170
14,10	470
14,13	113, 470
14,16	470
14,17	470
14,22	472, 474
15,1-20	647
15,3	470
15,7	530
15,13	470
15,19	141
15,21	470
15,24	592, 621
15,26	470
15,28	121, 286, 318, 470
15,30	441
16,2	470
16,4	169, 170
16,12	142
16,13	143
16,14	644
16,15	143
16,17	319, 440
16,19	44, 84, 319
16,21	470, 529
16,27	323
16,28	43, 169, 323, 369
17,11	224, 470
17,12	645
17,13	170
17,20	121
17,24-27	646
17,25	469, 646
17,26	469, 646
18,1-14	483
18,1-4	174
18,1	45, 388
18,3	43, 169, 336, 477, 554, 566, 567, 663, 671
18,4	45, 163, 388, 671
18,6	123, 175, 596
18,8	470, 612, 650
18,9	43, 650, 665
18,10	175, 319, 506, 596
18,12	458, 469
18,13	169
18,14	175, 317, 319, 593, 596
18,18	318, 319, 645
18,19	319, 645

MATTHIEU

18,21-22	529
18,23-34	67, 68
18,23	44, 84
18,24	493
19,9	472, 645
19,12	44, 84, 522
19,13-15	477
19,13	480, 484
19,14	43
19,16-22	471
19,16	470
19,17	472, 663
19,21	318, 319
19,23	43, 169, 549, 645
19,24	43, 460, 472, 542, 548, 549, 564, 645
19,25	113, 562
19,26	563
19,27	585
19,28	43, 169, 362, 585-587
19,29	593
20,1-16	67, 68, 470
20,1-15	464, 684
20,1	44, 84, 467
20,5	470, 471
20,16	569, 582
20,20-28	471
21,6	470
21,19	472
21,21	169
21,23-25,46	451
21,23-22,14	451-452
21,23-45	452-453
21,28-32	451-461, 672
21,28-31	318, 454, 457-458, 460
21,31	44, 317, 318, 388, 419, 451-476, 522, 536, 556, 569, 684
21,32	121, 178, 454-456, 472, 474
21,33-46	647
21,34	123
21,36	471
21,38	470
21,40	368
21,41	461, 471
21,42	471
21,43	44, 460, 461, 472, 473, 601, 672
21,45	113
22,1-14	67
22,2	45, 67
22,13	647
22,14	467
22,17	458, 469
22,23	143
22,24	470
22,25	470
22,26	512
22,30	318
22,33	562
22,34-40	647
22,34	113
22,35	459
22,40	529, 532, 644
22,42	458, 469, 471
22,43	471
23,8-12	163
23,9	319, 577
23,12	569
23,13	45, 519
23,15	646, 665
23,17	293
23,19	293
23,22	318

MATTHIEU

23,23	121
23,24	552
23,26	188
23,29	644
23,30	529, 644
23,31	644
23,33	665
23,35	319
23,37	644
23,39	530
24,2	169, 470
24,3	182
24,11	171
24,14	45, 592
24,17	494
24,23-25	185, 221
24,23	185-186
24,24	171
24,26	121, 185-186, 221
24,27	186, 221, 369, 644
24,28	187
24,30	182, 184, 296, 318
24,33	118
24,34	169
24,35	319
24,36	318
24,37	369, 529
24,38	529
24,42	368
24,51	648, 649
25,1	44, 84
25,1-12	67, 68
25,10-12	604
25,10	657
25,14	45
25,19	368
25,21	657
25,23	657
25,30	647, 648, 649
25,31-46	444, 649, 672, 679
25,31-32	658
25,31	362
25,34	44, 473, 575-576, 592 593, 601, 664, 679
25,36	672
25,41	612, 650
25,46	567, 612, 663, 672
26,13	169
26,14	470
26,16	529
26,17	470
26,21	169
26,23	470
26,29	43, 169, 373, 374, 381, 397, 414, 473, 530, 645
26,32	474
26,34	169
26,36	351, 470
26,42	286, 317, 318, 329, 356
26,44	470
26,45	223
26,53	441, 530
26,56	644
26,64	530
26,66	458, 469, 470
26,68	530
26,73	354
26,75	426
27,8	530
27,15-26	471
27,16	470
27,22	471
27,35	403
27,48	459
27,60	470
27,64	530
28,4	318
28,7	474

MATTHIEU

28,8	470
28,18	318, 319
28,19	293
28,20	414

MARC

1,1	91, 93
1,2	155
1,4	45, 91, 92
1,6	91
1,7	91, 93
1,9-13	91
1,9	91
1,14-3,6	91
1,14-15	42, 91-126
1,15	61, 87, 139, 261, 337, 345, 672, 673
1,20	222
1,22	545, 562
1,27	544, 545, 561, 562
1,28	96
1,33	96
1,38-39	91
1,38	45
1,39	45, 91, 96, 97, 111
2,5	121, 560
2,8	141, 560
2,9	547
2,10	319
2,13	96, 97
2,14	500
2,17	474, 526, 560
2,19-20	242
2,19	54, 100, 175, 238
2,20	219
2,23	560
2,27	318, 351
3,2	197, 230
3,4	563
3,5	559, 560
3,6	217
3,7-12	96
3,7	111
3,13	222
3,23	140, 142
3,27	73, 140, 149, 152, 520, 663
3,28	170, 352
3,29	265, 352
3,33	562
3,34	559, 560, 563
3,35	317
4,2	351
4,9	528
4,11-12	601
4,11	42, 114, 351, 601
4,13-20	519
4,15	45
4,19	303
4,20	494
4,21	351
4,23	528
4,24	351
4,26-29	66, 365, 627, 628
4,26	43
4,30-32	66, 365, 627, 628
4,30	43
4,31	319
4,33	496
4,35	548
4,40	121
5,3	406
5,7	563
5,21-34	546
5,23	563

MARC

5,24	222
5,28	563
5,31	560
5,32	559, 560
5,34	121, 563
5,39	560
5,41	560
5,43	142
6,2	545, 562
6,4	170, 351
6,6	45, 97, 110
6,7	111
6,10	351
6,12	45, 91, 96, 111
6,32	222
6,34	45
6,35	560
6,37	222, 562
6,38	563
6,41	561
6,53-56	97, 546
6,55	96
6,56	563
7,2	560
7,6	530
7,9	351
7,12	406
7,21	141
7,24-30	658
7,24	112
7,28	217
7,29	359
7,30	359
7,31	111
7,37	545, 562
8,1	561
8,4	560
8,6	560
8,7	142
8,12	170, 563
8,17	543, 560
8,21	351
8,25	561, 563
8,27-30	110
8,27	143, 560
8,29	143, 562
8,33	563
8,34-9,1	323
8,35	91, 114, 563
8,38	352, 362, 366, 369, 668
9,1	43, 50, 53, 55, 57, 59, 87, 188, 224, 257, 301, 323-371, 389, 393, 412, 507, 524
9,3	319
9,5	560, 562
9,8	406, 559, 560
9,9-10	111
9,10	545, 562
9,11-13	513, 528
9,13	359
9,14	561
9,19	562
9,30	111
9,31	111, 351
9,33-41	480
9,33	562
9,34	45, 562
9,36-42	496
9,36-37	489, 498
9,36	480, 498
9,37	212, 482, 483
9,38-40	479
9,40	140
9,41	170, 175, 482, 483
9,42	121, 175, 483, 596
9,43-47	534, 554, 555, 630
9,43	555, 650, 663, 665

MARC

9,45	555, 663, 665
9,47	43, 121, 388, 552, 555, 566, 567, 568, 569, 631, 632, 633, 665, 672
9,48	650
10,3	562
10,10	561
10,13-16	477-507, 551
10,13	561
10,14	43, 419, 451, 463, 588, 601
10,15	43, 336, 388, 478, 483, 491, 493, 494-495, 496, 499, 507, 554, 567, 663, 671, 672
10,17-31	265, 541, 585
10,17-27	559
10,17-22	541, 550, 553, 559, 564
10,17	265, 541, 593, 663
10,21	318, 447, 522, 547, 563, 632, 664
10,22	222, 564
10,23-27	541-552
10,23-25	43, 388, 663
10,24-25	237
10,25	121, 419, 541-569, 672
10,28-31	541
10,28	304, 541, 550
10,29-30	627, 628
10,29	45, 114, 551, 628
10,30	96, 265, 306, 541, 628, 663
10,31	569
10,32	112, 474, 541, 544, 627
10,33	111, 644
10,34	111
10,35-40	626-627
10,38-39	330, 348, 596
10,41-42	560
10,42	544, 560
10,46-52	110
10,47	563
10,51	562
10,52	121, 563
11,1	96, 560
11,5	354, 355
11,9	224, 293
11,10	301, 626
11,11	559, 560
11,13	95
11,14	562
11,15-18	209
11,17	351
11,18	545, 562
11,21-22	544
11,21	560
11,22	121, 560, 562
11,23	170, 542
11,25	319, 577
11,26	319
11,30	467
11,31	562
11,32	178, 561
11,33	562
12,2	96
12,7	562
12,9	469
12,10	318
12,13	197
12,14	469
12,18-27	266, 634-635
12,18	143
12,24-27	634, 653
12,24	365

MARC

12,25	266, 319, 637, 666
12,26-27	653
12,29-30	635
12,34	43, 84, 406, 672
12,35	469, 562
13,1-4	326
13,4	326
13,5-6	187
13,9	111, 352
13,10	45, 112, 114
13,11	352
13,12	111
13,13	546, 563
13,14	355
13,19	496
13,20	546, 563
13,21-23	185
13,21	185-186, 187, 223
13,22	171
13,26	362, 364, 368
13,27	319
13,28-29	58, 229
13,28	118
13,29	45, 124
13,30	50, 53, 325-327, 352, 367
13,31	319, 638-640, 688
13,32	50, 318, 347, 408, 679
13,33	96
13,35	368
14,1	112
14,4	562
14,5-7	447
14,9	112, 114, 170
14,12	560
14,13	560
14,16	561
14,17-21	374
14,18	170
14,22-25	374
14,22-24	375
14,22-23	379
14,23	407
14,24	71, 374
14,25	43, 50, 57, 61, 87, 170, 175, 208, 373-417, 627, 629, 657, 663, 678
14,27-31	374
14,27-28	596
14,27	348, 592, 596
14,28	93, 111
14,30	170
14,32-42	
14,36	330-331, 356, 357
14,42	96
14,45	563
14,47	354, 355
14,48	562
14,49	95
14,62	362, 394
14,63	563
14,64	469
14,65	530
14,67	563
14,69	354, 355
14,70	354, 355
15,2	562
15,5	406
15,12	562
15,14	542, 558
15,24	379
15,28	95
15,35	354, 355
15,39	355
15,41	111
15,43	43, 82, 114
16,3	562

MARC

16,7	111
16,14	534
16,15-16	122
16,16	495

LUC

1,3	599
1,5	529
1,7	529
1,11	351
1,17	489, 504
1,18	529
1,20	121, 529
1,23	117
1,25	220
1,33	149
1,44	223
1,45	121
1,48	223, 406
1,49	293
1,51	133
1,53	424, 446
1,57	117
1,66	133
1,67	530
1,69	171
1,70	644
1,72	599
1,75	529
2,6	117
2,10	223
2,14	287, 316
2,21-22	117
2,26	360
2,35	141
2,46	237
2,48	562, 599
2,49	599
3,8	169, 171, 401, 405, 652
3,9	103
3,10	231
3,12	178
3,17	103, 650
3,18	441
3,21	643
4,4	217
4,6	148
4,13	529
4,18-22	433, 446
4,18-21	152
4,24	170, 401
4,25	170, 529
4,32	562
4,36	338, 363
4,41	643
4,42	222
4,43	45, 401, 494, 514
5,1	351
5,2	351
5,10	406
5,11	222
5,17	217
5,21	217, 466
5,22	141
5,24	319
5,25	222
5,30	217, 444, 466
5,32	359, 474
5,33	444
5,34	646
5,35	220
5,38-39	219
6,1	402
6,3	217
6,5	351, 401
6,7	197, 217, 230, 466
6,8	141

712

LUC

6,9	217
6,10	559
6,20-21	71, 423-432
6,20	43, 419, 423-450, 451, 463, 483, 492, 500
6,21	425-430, 657
6,22-23	423, 664
6,22	440
6,23	188, 223, 318, 644
6,24-25	424, 427
6,24	427, 556
6,25	426, 427, 428
6,27-35	680
6,32-35	667
6,36	577, 680
6,38	74
6,41-42	552
6,46	45, 317, 556
6,47-49	640, 669
6,47	498, 499, 668
7,1-10	603, 658
7,9	121, 169, 603, 609, 647
7,13	441
7,16	159, 171
7,18-35	155
7,18-23	155, 175, 526
7,19-20	224
7,20-21	168
7,20	170
7,22-23	54, 71, 73, 152, 433
7,22	100, 171, 242, 514
7,24-28	155, 510
7,24	222
7,25	242
7,26	169
7,28	43, 87, 155-178, 388, 527
7,29-30	168, 455-456, 460, 468, 474
7,29	467
7,30	217
7,31-35	155
7,31-32	484, 489
7,32	426
7,33-34	165, 359, 444, 531
7,33	170, 402
7,35	467
7,36-50	476, 673
7,38	441
7,41-43	457, 469
7,43	469
7,50	121
8,1	45, 82, 494, 514
8,7	237
8,9	217
8,12	121
8,13	121, 379, 494
8,20	220
8,30	217
8,31	222
8,35	643
8,37	441
8,38	441
8,50	217
8,51-52	643
9,2	45, 82, 111, 531
9,6	514
9,8	644
9,9	220
9,10	643
9,11	45, 82
9,12	222
9,14	219
9,18	143, 217

LUC

9,19	170, 644
9,20	143, 217
9,27	43, 170, 323-324, 351, 361
9,28-36	133
9,30	643
9,36	406
9,37	643
9,39	191
9,42	305
9,43	219, 562
9,44	668
9,45	217
9,46	141
9,47	141
9,48	175
9,54	142
9,57-62	553
9,60	45, 222, 553
9,62	44, 553, 662 671, 672
10,3	237, 592
10,5	367
10,6	646
10,7	444
10,9	43, 61, 96, 101, 118, 124, 337, 367
10,11	44, 118, 120, 367
10,12-15	474
10,12	169, 367, 409, 658
10,13-15	367, 582, 658, 673
10,13	318
10,17	231
10,18	109, 149, 152, 242 360, 663
10,19	382, 646
10,20	319
10,21	319, 500, 593, 601

10,22	599
10,23-24	54, 100, 152, 153, 166, 242
10,23	599
10,24	184, 401, 405, 644
10,25	466, 593, 663
10,29	467
11,1	231
11,2-4	247-248
11,2	43, 87, 188, 224, 247-320, 365, 388, 393
11,8	169
11,9	599
11,13	321
11,14-23	127
11,14-20	127-132
11,16	140
11,17-18	128-129, 379, 404
11,18	129, 143, 149
11,19-20	130
11,20	43, 51, 54, 73, 87, 124, 127-153, 175, 218, 238, 242, 337, 340, 367, 474, 524, 526, 663, 675
11,21-22	140-141
11,23	140
11,29-32	367
11,31-32	474, 636, 658, 673
11,31	644
11,32	120
11,38	402
11,45	466
11,46	466
11,47	644
11,49	222
11,50	644
11,51	170
11,52	45, 466, 519
11,53	217, 466
12,1	217

LUC

12,3	111
12,5	632
12,6-7	72
12,8-9	352, 362
12,8	345
12,10	352
12,11-12	352
12,13	142
12,14	133
12,16-21	443, 566
12,19	444
12,22-32	72
12,22-31	573-574, 590
12,22-30	680
12,22	169, 219, 590
12,27	169
12,29	444, 590
12,30	577
12,31	43, 237, 567, 573, 590, 671, 672
12,32	44, 208, 419, 483, 573-601, 682
12,33-34	566, 573, 590, 664
12,33	123, 319, 590
12,37	401, 440, 657
12,40	224, 368
12,43	368, 440
12,44	170
12,45	368, 444
12,46	368
12,49	359
12,50	377
12,51	404
12,52-53	380, 404
12,52	382, 406
12,54-55	229
12,55	644
12,56	319
12,58	402
12,59	169
13,2-5	474
13,3.5	74, 120
13,8	377
13,15	217
13,18-19	66
13,18	43, 365
13,20-21	43, 66, 365
13,22-30	604
13,23	231, 239
13,24	237, 567, 606
13,25	604, 611
13,26-29	604, 614
13,26-27	604, 614, 650, 653
13,26	444, 611
13,28-29	43, 175, 384, 387, 388, 394, 409, 419, 451, 474, 603-669, 684
13,28	51, 428, 441
13,30	569, 604
13,31-35	219
13,34-35	296
13,34	644
13,35	224, 293, 656
14,1-24	197
14,1	197, 217, 230, 402
14,3	466
14,11	569
14,12-14	636-637
14,12-13	424
14,14	440, 637
14,15	44, 82, 123, 384, 388, 409, 627, 629, 663
14,16-24	67, 384, 387, 451, 657
14,16	45, 67
14,22	318
14,24	405, 468
14,26	498, 499
14,33	566

LUC

15	464, 684
15,2	217, 466
15,4	458
15,7	169, 318, 468
15,8	377
15,10	468
15,11-32	680
15,16	402
16,1-13	509
16,6	403
16,7	403
16,8	303, 468, 646
16,11	566
16,13	566
16,14	217, 528
16,15	467, 474, 509
16,16-18	509, 521
16,16	43, 163, 171, 237, 494, 509-539, 644
16,17	319, 547, 553, 638
16,19-31	509
16,19-22	424
16,23	643
16,25	427, 441
16,29	532, 644
16,30	120
16,31	532, 644
17,1	219
17,2	175, 596
17,5	121, 231
17,6	121
17,8	444
17,18-19	658
17,19	121
17,20-37	179, 181, 216
17,20-21	44, 51, 87, 179-243, 257, 301, 389, 662
17,20	216, 301, 361
17,21	223, 474
17,22-37	210
17,22	183-184, 187, 199, 345, 360, 643
17,23-30	184
17,23	185-186, 187, 210, 222
17,24	186, 210, 240, 606, 644
17,26	184, 529
17,27	444, 529
17,28	444, 529
17,31	409
17,34	169
17,37	187, 200, 231
18,8	121, 169, 300, 368
18,9-14	217, 474
18,13	351
18,14	169, 467, 468, 469, 659
18,15-17	477
18,16	43
18,17	43, 336, 401
18,18	217, 319
18,22	305, 319
18,23	317
18,24-25	43, 662
18,25	549
18,29	45, 401, 553, 628, 671
18,31	644
18,40	217
19,1-10	476, 500, 673
19,3	220
19,8	447
19,10	359
19,11	45, 82, 216, 239, 626, 662
19,15	142
19,23	599
19,24	354
19,26	169
19,31	401

LUC

19,38	318
19,40	169
19,41	426, 428, 441
19,43	183
20,3	217, 599
20,17-18	219
20,17	563
20,20	197, 230
20,21	217
20,27-33	266
20,27	143, 217
20,34-38	266
20,34-35	265, 266
20,34	266, 646
20,36	266, 646
20,40	217, 406
20,41	143
21,1	643
21,2	643
21,3	170
21,6	183, 220
21,7	216, 217, 239
21,12	222, 402
21,23	319
21,24	117, 529
21,25	319
21,27	643
21,28	118, 361
21,29-31	67
21,31	45, 118
21,32	401, 529
21,34	409
22,7	220
22,8	222, 378
22,11	378
22,13	222
22,14-20	374
22,15-18	373, 375-380, 391, 392
22,15	377-378
22,16	44, 375-377, 388, 401, 409
22,17	379-380, 403
22,18	43, 87, 170, 188, 220, 224, 257, 301, 373-417
22,22	384
22,27	237
22,28-30	43, 362, 584, 585-587 657
22,29	575, 592, 593, 599
22,30	385, 409, 444
22,32	121
22,34	169, 170
22,35-38	348, 596
22,37	381, 401
22,42	286, 317
22,43-44	643
22,43	643
22,47	123
22,53	148
22,55	237
22,60	305
22,61	563
22,62	441
22,64	217, 530
22,67	121
22,69	382, 406, 643
23,2	143
23,3	217
23,8	220
23,9	217
23,28	426, 428, 441
23,29	183, 220
23,34	403
23,43	401
23,49	643
23,51	43
23,55	643
24,2	643

LUC

24,6	305
24,19	133
24,23	143
24,25	121, 644
24,27	644
24,29	531
24,34	116
24,36	237
24,38	141
24,44	529, 644, 668
24,49	599

JEAN

1,3	318
1,12	123
1,18	361
1,36	563
1,40	178
1,42	563
1,50-51	361
2,11	123
3,3	46, 336-337, 360
3,5	46, 336-337, 388
3,11	361
3,15	122, 663
3,16	663
3,18	495
3,32	361
3,34	224
3,36	337, 360, 361, 663
4,1-26	658
4,13-14	383
4,14	663
4,34	315
4,35	242
4,36	663
5,19	351
5,37	361
5,43	359
5,47	669
6,35	444
6,38-40	315
6,63	669
6,64	327
6,66	327
7,8	98, 117
7,16	212
7,28	359
7,34	235
7,36	235
7,49	463, 488
7,52	171
7,53-8,11	406
8,11	382
8,23	304
8,42	359, 577
8,51	361
8,52	329, 361
8,56	360
9,18	402
9,39	304, 359
10,1-18	592
10,10	359
10,16	591
11,9	304
11,40	361
11,51-52	658
12,20-22	658
12,26	235
12,27	356
12,28	251
12,41	361
12,46	359
12,47	359
13,17	440
14,3	235
14,10	669
14,24	669
15,7	669

JEAN

16,28	359
16,30	173
17	249, 251
17,8	669
17,24	235
18,11	329, 356
19,24	403
19,30	413
19,34	413
20,17	577

ACTES

1,3	46
1,6	216, 239
1,7	117, 239
1,15	237
1,22	467
2,3	404
2,17	403
2,22	237
2,25-32	634
2,29	230
2,30	403
2,41	494
2,45	380, 404
3,12-26	133
3,12	217
3,18	644
3,21	644
3,22	401
3,24	644
3,25	599, 644
4,14	351
4,17	403
4,28	133
4,29	230
4,30	133

4,31	230
5,8	217
5,23	351, 401
5,25	351, 401
5,26	224, 230, 534
5,28	403
5,36	143, 402
5,41	305
6,11	401
7,6	401
7,8	599
7,17-44	133
7,23	117
7,30	117
7,42	644
7,45	529
7,52	644
7,55	351
7,56	351
8,9	143
8,12	46, 495, 514
8,14	494
8,19	599
8,24	441
8,34	217
8,36	497
8,39	406, 530
9,9	444
9,11	223
9,23	117
9,24	230
10,28	599
10,30	512
10,38	133, 148
10,42	116
10,43	123, 644
10,47	497
11,1	494
11,3	401
11,17	497

ACTES

11,21	122, 133
13,10	646
13,11	133
13,12	545
13,15	529, 532, 644
13,21	650
13,22	171
13,27	644
13,34	401
13,35-37	634
13,38	467
13,39	467
13,40	644
13,41	529
13,45-48	648
13,46	610, 663
13,47	610
13,48	663
14,22	46, 388, 401
15,1	401, 495
15,7	122
15,15	644
15,33	230
15,34	351
16,9	351
16,15	351
16,27	360
16,28	403
16,36	401
17,5	474
17,7	143
17,11	230, 494
17,29	141
17,31	495
18,6	382, 406, 648
18,13	401
18,19	351
18,25	467

19,3	467
19,8	46
19,11	305
19,21	401
19,26	318
20,7	512
20,12	441
20,19	230
20,21	122
20,25	46, 592, 593
20,28-29	591
20,28	591
20,31	230
20,35	668
20,37	441
21,4	351
21,14	286
21,21	142
21,26	408
21,33	123
21,35	534
21,38	186, 402
21,40	351
22,11	563
22,13	599
22,19	599
22,25	351
23,2	354
23,4	354
23,8	143
23,10	530
23,12	142, 408, 444
23,14	403, 408
23,20	401
23,21	408, 444
24,2	305
24,3	230
24,7	230
24,14	529, 532, 644
24,21	351, 401

ACTES

24,27	117
25,8	401
25,9	217
25,10	351
25,16	217
25,21	408
25,23	230
26,11	558
26,12	230
26,18	148
26,22	305, 644
26,27	644
26,31	401
27,3	305
27,10	230, 358
27,13	644
27,21	237
28,2	305
28,6	143
28,10	403
28,13	644
28,14	441
28,23	46, 529, 532, 644
28,25-28	648
28,25	401
28,26-27	610
28,26	403
28,31	46, 230

ROMAINS

1,1	112
1,3-4	116
1,4	363
1,7	594
1,16-17	122
2,7	663
3,21	529, 532

4,25	116
5,17	601
5,21	663
6,1	474
6,22	663
6,23	663
8,15	330
10,8	116
10,9	116, 495
10,11	495
10,14	123
10,16	122
12,2	303
12,20	444
13,11-14	97-98
13,11	116, 118, 124
13,12	116, 118, 124
14,17	46, 227
15,13	363
15,16	112
15,19	363
15,26	447
15,29	360
15,32	360
16,20	300

1 CORINTHIENS

1,1	315
1,3	594
1,20	303
2,1-5	339
2,4	494
2,5	363
2,6-8	534
2,6	303
2,8	303
2,9	593, 664
3,18	303
3,19	304

1 CORINTHIENS

4,5	368
4,8-13	339
4,11	444
4,18-19	339
4,20	46, 338, 339, 363, 494
5,5	148
5,10	304
6,2-3	601
6,9-10	46, 368, 593
7,14	173
7,31	304
8,6	116
10,3-4	413
11,23-25	375
11,25	410
11,26	411
12,3	116
12,12-14	413
15,1-11	122
15,3-5	116
15,14	152
15,18	152
15,24-25	149
15,24	592, 593
15,28	679
15,43	338, 363
15,50	46, 368, 593
15,51	343-344
16,22	411

2 CORINTHIENS

1,1	315
1,2	594
3,6	410
4,4	303
5,14	152
5,16	382
5,17	410
6,7	363
6,10	447
8,2	447
11,4	494
11,7	112
11,27	444

GALATES

1,4	265, 267, 303, 315
2,2	112
2,10	447
2,16	123
2,21	152
3,29	152
4,4-5	117
4,4	99, 100, 117
4,6	330
4,10	230
5,11	152
5,21	46, 368, 593
6,8	663
6,15	410

EPHESIENS

1,3-14	316
1,5	316
1,9	316
1,10	99, 100, 117
1,11	316
1,13	122
1,21	265, 306
2,2	304
2,7	265
2,15	410
4,24	410
5,5	46, 368, 388, 593
6,12	303

PHILIPPIENS

1,17	122
1,29	123
2,30	116
3,20	368
4,5	116, 118, 124

COLOSSIENS

1,1	315
1,5	664
1,11	363
1,13	148, 149
1,23	112
1,29	363
3,3	664
4,11	46, 494

1 THESSALONICIENS

1,5	339, 363
1,6	494
1,9-10	116, 495
1,10	368
2,2	112
2,8	112
2,9	112
2,12	46, 388
2,13	494
2,16	151
4,13-18	343-344
4,14	116
4,15-17	343, 368
4,15	137, 343
5,1	117

2 THESSALONICIENS

1,5	46, 305
1,7-10	362
1,7	368
1,11	363
2,9	148
2,12	495

1 TIMOTHEE

1,16	663
6,12	663
6,17	303
6,19	663

2 TIMOTHEE

1,1	316
1,12	408
1,18	408
2,8	116
2,10	305
2,11-12	601
3,8	125
4,1	116
4,8	408
4,10	303
4,18	46, 388

TITE

1,2	663
2,12	265, 303
3,7	663

HEBREUX

2,9	329
2,14	148
4,12	141
4,15	356
5,7-8	356
6,1-2	116
6,1	122
6,2	495
6,5	265, 306
7,19	123
8,8	410
8,13	410
9,15	410
10,25	118, 124
10,29	413
11,35	305
12,8	152
12,14	336
12,27	317
12,28	576, 592, 593, 601

JACQUES

1,21	494
2,2-9	447
2,5	46, 557, 575-576, 592, 593
5,4	557
5,7-8	312
5,8	118, 124

1 PIERRE

1,4	593, 664
1,8	123
1,12	220
2,9	601
4,5	116
4,7	118

4,17	112, 122
5,2-4	591
5,2-3	591

1 JEAN

3,2	336
4,1	359
5,6-7	413

2 JEAN

7	359

JUDE

8ss	474
21	663

APOCALYPSE

1,1	300
1,3	118, 124
2,7	660
2,13	148
3,20	411
3,21	601
7,16	444
9,1	360
11,15	46, 149
12,10	46, 149
14,10	383
17,12	149, 597
18,3	383
19,9	411
19,19	360
20,4	601
21,13	644
22,2	660
22,4	336
22,5	601

APOCALYPSE

22,6	300	22,14	660
22,10	118, 124	22,19	660

C) JUDAISME POST-BIBLIQUE

ANTIQUITES BIBLIQUES
(Pseudo-Philon)

3,10	99
19,12-13	313
26,13	313
48,1	355

APOCALYPSE SYRIAQUE
DE BARUCH

15,7-8	306
20,2	313
30,1	117
32,2-4	661
32,6	660
40,3	100
44,12	268, 660
44,15	306, 601
57,2	660
72	655

APOCALYPSE D'ESDRAS

4,6	172
4,21	172
4,37	117
5,56	313
6,18-19	313
6,26	355
6,27	148

7,25-55	661
7,46	172
7,47	306
7,65	172, 173
7,98	360
7,113-114	148
7,113	306
8,1	306
8,35	172
8,52	306
11,44	100
13,13	655

APOCALYPSE DE MOISE

13,2-3	660
28	660
28,4	660
33,2	172

ASSOMPTION DE MOISE

1,18	99, 120, 313
2,4	279
4,4	279
10	70, 147, 269, 364
10,1-12	279
10,1	70, 135, 152, 301

ASSOMPTION DE MOISE

10,3-6	279
10,3-8	314
10,13	117

HENOCH ETHIOPIEN

1,3-9	276
1,3-4	340
1,3	277
10,21-22	620
14,13	611, 649
25,3	276, 278
25,4-6	276, 660
25,5	276
25,7	276
26-27	665
41,1	70
45,3	654
46,4-8	367
48,4	367
48,5	656
48,7	263, 367
48,9-10	367
48,10	656
51,1-2	367
54,1-2	665
54,6	148
55,4	367
56,3-4	665
57,1	657
61,11	296, 654
62,2-12	367
62,3	654
62,6	296
62,8	367, 654
62,9-10	656
62,13-16	367
62,14	394

63,1-8	296
63,11	367
69,27-29	367
69,29	148
71,5-17	302
71,14-17	616
71,15	263
72,1	660
77,1	311
84,2	70, 84
90,24ss	660
90,26-27	665
90,28-42	620
90,28-29	661
90,29	657
90,30ss	660
90,30	654
91,7	311
91,8	148
91,9	313, 314
91,16	660
94,6-10	565
96,4-8	565
97,8-10	565
100,4	311
102,4-10	652
103,1	70, 84
103,2-8	652
103,3-6	649
103,8	649
105,1-2	656

HENOCH SLAVE

10,2	649
32,1	312
42,5	312

JUBILES

1,17	238
1,22-28	277
1,23-25	119
1,23	102
1,26-28	208, 238, 277
1,26	277, 278, 311
1,28	277, 278, 661
1,29	660
4,26	660, 661
5,12	660
7,29	652
10,3.6	148
10,8	148
22,22	652
23,9ss	504
23,26-31	119
23,29	149
23,30-31	652
24,31-33	652
32,19	84
48,8-11	135
49,2	148
50,5	149
50,9	70

ORACLES SIBYLLINS III

46-50	341, 365
46-47	70
47-48	275, 301
49-50	275
767-783	84
767	70
784	70, 238
785-787	661
787	208, 238
807	238

PSAUMES DE SALOMON

3,12	616
5,18	70
11,2-3	657
14,10	521
17	84
17,1	84
17,3	70, 84
17,40	595
17,44	360
18,5	102
18,6	360

TEXTES DE QUMRAN

1 Q GenAp

19,14.17-18	402
20,10-11	402

1 QS

I,18	148
I,23-24	148
II,18	649
II,19	148
III,2-12	120
III,14	313
III,21-23	148
IV,6.11	313
IV,12-13	649
IV,18-23	148
IV,19	148
VIII,6	315
IX,24	70, 147
XI,21	172

1 QSa

I,6-9	489

TEXTES DE QUMRAN

1 QSb

III,5	70, 597
IV,25-26	70

CD

II,5	365
V,18-19	135
XII,2	148
XIII,9	595
XV,7-17	120

1 QH

II,11	535
II,21	535
III,34	365
IV,19	365
IV,32-33	315
VI,12	655
VI,25-36	520, 535
X,8	147
XI,9	315
XIII,11	70, 147
XIII,14	172
XVIII,12-24	172

1 QM

I,13	148
I,15	148
VI,4-6	341
VII,3-6	504
X,1.4	238
X,12	147
XI,8	148
XI,11	365

XI,15	250
XII,7-11	341
XII,7	70, 238
XII,8	238
XII,13-18	654
XIII,10	147, 148
XIII,13	365
XIV,9-10	148
XIV,16	341
XV,2-3	148
XVII,5-6	147
XVIII,1	148
XVIII,3	148

1 Q pHab

II,6	535
II,10	306
VII,1	306
VII,2	99, 100

4 Q patr

1-7	84
1	147

4 Q pPs 37

II,1-4	120
II,20	535

4 Q Dib Ham

IV,8-13	654

TESTAMENT D'ABRAHAM

XVI A	329

728

TESTAMENTS DES DOUZE PATRIARCHES

RUBEN

4,11	148
6,8	99

SIMEON

6,5	278

LEVI

5,2	278
8,11	312
10,2	99, 123
18,9	620, 623, 659
18,10-14	623, 659
18,12	149

JUDA

22,2	278, 312
23,5 + 24,5-6	102
24,1-4	119
24,6	620
25,3	149

ZABULON

9,8	149, 313
9,9	99

DAN

4,7	148
5,6	148
5,9-10	102
5,10-13	661

5,10-11	149
6,2-4	147
6,4	120, 122, 149

NEPHTALI

8,3	313, 620

ASER

1,8	148
7,3	279

JOSEPH

19,5	407
20,1-2	147

BENJAMIN

3,3	148
3,8	149
6,1	148
9,1	70
9,2	620
10,9-10	620
11,3	99

VIE GRECQUE D'ADAM ET D'EVE

13,3-5	239
42,1	660

EPITRE D'ARISTEE

VI,68	233

4 MACCABEES

15,20	360

FLAVIUS-JOSEPHE

ANTIQUITES JUDAIQUES

II,304	232
III,5	505
IV,80	232
VI,315	234
VIII,314	537
X,132	232
XIII,241	232
XIV,60	232
XVI,281	232
XVI,344	232
XVIII,128	232

GUERRE JUIVE

II,155	649
II,531	232
II,624	232
II,632	232
IV,8	232
IV,564	232
V,194	234
VI,418	232

PHILON D'ALEXANDRIE

De Decalogo 130 505
In Flaccum 68 505
De Opificio Mundi 8 151
Quis Rerum Div. Heres
sit 73 505
De Sacr. Abelis et
Caini 51 505
De Sobrietate 9 505
                15 505
                23 505
De Somniis II,116 505

TARGUMS

GENESE

2,9	235
32,26	125
40,23	355

EXODE

8,15	135
12,42	192
19,9	280
19,18	280
19,20	280
20,20	280

DEUTERONOME

5,10	227
5,12	227
32,1	355, 356
33,2	313

JOSUE

9,13	410

1 SAMUEL

30,23	227
30,24	227

1 CHRONIQUES

16,33	314

2 CHRONIQUES

6,13	235
20,14	235
32,4	235

JOB

1,6	235
2,1	235
4,12	192, 194
15,19	235

PSAUMES

14,1	306
18,10-11	313, 365
55,16	235
68,9	313
96,13	314
98,9	314

TARGUMS

QOHELETH
11,4   227
ISAIE
24,23   149
26,21   314
30,27   314
31,4-5   306
33,22   365
35,4   271, 306, 314
40,9-10   268, 280
40,9   306, 314
40,10   365
42,13   314, 365
50,2   365
51,5   365
52,6-7   281
52,7   149, 306
59,20   314
63,1   314
65,20   650
66,15   314, 341
JEREMIE
31,33   235
EZECHIEL
 7,7.10   306
11,19   235
36,26-27 235
37,26-28 238
38,23   365
OSEE
5,4   235
MICHEE
4,7   149
4,8   262
7,14   660
HABAQUQ
3,3   313

ZACHARIE
2,14-15   281
2,14   314
2,15   282
14,5   314, 365
14,9   149
MALACHIE
1,11   289
3,1.2   314

MIDRASHIM

MEKHILTA
Ex 15,17-18   535
Ex 17,14   314
Ex 20,21   448
SIFRA
Lv 26,41   258
SIFRE Nb
Nb 6,3   410
GENESIS RABBA
14   303
EXODUS RABBA
10   135
29   315
M. CANTIQUE
1,4   501
M. RUTH
1,17   486
M. LAMENTATIONS
1,13   412
M. QOHELETH
1,15   612
7,2   449
9,4   502
PESIQTA
148b   448

MIDRASHIM

PESIQTA RABBATHI
35   315
TANCHUMA
154a   449

MEGILLAT TAANIT

12   122

MISHNAH

Berakoth III,3   503
         VI,1   410
         VII,2   503
Terumoth I,1   503
Sheqalim I,3.6   503
Sukka II,8   503
Ḥagiga I,1   488
Sota IX,15   504
Baba Mezia I,5   503
Aboth I,5   667
      II,6   504
      II,7   267, 303
      III,10   504

TOSEPHTA

Pea 4,18   303
Sanhedrin 13,1   501, 502
          13,2   502

TALMUD DE BABYLONE

Berakoth 58a   228, 229
Baba Batra 74a   226
Shabbath 156b   241
Rosh Hashannah 16b   665
Baba Mezia 85a   502
Sanhedrin 97a   228,229
          100a   445
          110b   486
          111b   306
Abodah Zarah 20b   448

Soph[e]rim 14,12   298
          18,5   484

PRIERES JUIVES

[c]Alenu   149, 260
[c]Al hak-kol   260
Musaph du Nouvel An   208, 238, 260
Qaddisch   62, 70, 250, 251, 254-255
           257-258, 281, 293, 295,
           297, 301
Shemone Esre   84, 238, 253, 258-260,
           300, 635

D) CHRISTIANISME POST-APOSTOLIQUE

EVANGILE DE THOMAS

1	355
3	230, 231, 236
10	231
16	231
18	355
19	355
20	231
22	231
27	231, 307, 336
31	231
38	220
46	156, 231
47	231
49	231
51	198, 230
54	231
57	231
72	231
76	231
78	231
82	231
88	231
96	231
97	231
98	231
103	231
107	231
109	231
113	197-199, 226, 231
114	231

APOCALYPSE DE PAUL

42	649

DIDACHE

8,2-3	289, 291, 292
10,2-3	413
10,16	411

IGNACE D'ANTIOCHE

Ephésiens 8,1	152

LETTRE DE POLYCARPE

III,3	233

PASTEUR D'HERMAS

Sim V,5,3	312

EPITRE A DIOGNETE

VII,6	312

2 CLEMENT

XII,1	312

HOMELIES CLEMENTINES

III,53	220

JUSTIN

1 Apol 16,11-12	650
32,6	334

INDEX DES AUTEURS

Aalen S., 147, 150

Albeck Ch., 504

Allo E.B., 363

Ambrozic A.M., 82

Ammassari A., 665

Aune D.E., 685

Baillet M., 654

Bailly A., 310

Baird J.A., 236, 371

Balz H.R., 77, 660, 688

Bammel E., 52, 126, 177, 291, 321, 446, 448, 531, 599, 600

Banks R., 530, 667, 668

Barta J., 299, 300

Barth Ch., 302, 311, 313, 660

Barth G., 320, 506, 532, 567, 649

Barth M., 412

Bartsch H.W., 200, 216, 223, 231, 232, 239, 401

Bastin M., 357, 369, 370

Bauer W., 142, 173, 223, 225, 233, 240, 242, 306, 317, 354, 355, 360, 407, 449, 533, 563, 648, 650

Baumgartner W., (cf. Köhler L.)

Beasley-Murray G.R., 145

Becker J., 53, 56, 84, 86, 119, 120, 125, 126, 146, 148, 149, 153, 172, 176, 177, 236, 237, 240, 278, 312, 313, 366, 367, 416, 417, 539, 568, 653, 657, 659, 660, 689, 691

Beer G., 340

Behm J., 119, 355, 411

Belo F., 559

Benoit P., 380, 392, 399, 403, 405, 408, 411

Berger K., 170, 174, 327, 353, 381, 387, 411, 415, 457, 458, 469, 495, 504

Berkey R.F., 123, 150

Bertram G., 655, 656

Best E., 500, 559, 560, 561, 562, 563, 564, 565, 566

Betz H.D., 439, 440, 444, 448

Betz O., 520, 534, 535, 537, 538, 539

Beyer K., 86, 241, 357, 358, 651

Biard P., 362

Bietenhard H., 294, 295

Billerbeck P., 119, 146, 147, 149, 172, 174, 195, 221, 226, 228,
    229, 241, 264, 292, 298, 299, 300, 302, 303, 305, 306, 313,
    314, 320, 355, 361, 410, 448, 449, 501, 502, 503, 504, 536,
    564, 565, .568, 649, 650, 651, 653, 654, 656, 663, 664, 665, 667

Black M., 107, 126, 228, 355, 410, 497, 537, 538, 593, 645, 651

Blass F., (cf. Debrunner A.)

Boff L., 76

Böhl F., 448

Boismard M.E., 110, 113, 141, 142, 144, 146, 168, 176, 217, 218,
    221, 230, 292, 295, 305, 320, 351, 356, 357, 361, 363, 381,
    399, 400, 402, 403, 404, 406, 409, 412, 414, 415, 439, 440,
    441, 442, 443, 444, 465, 469, 470, 471, 473, 480, 494, 497,
    528, 531, 548, 558, 563, 567, 598, 642, 646, 647, 648, 649,
    653, 666, 667, 668

Boman Th., 686

Bonnard P., 152, 168, 291, 295, 296, 299, 307, 315, 319, 370,
    475, 506

Bonnard P.E., 296, 654, 655, 656

Bonsirven J., 241, 295, 299, 314, 316, 414, 475, 503, 504

Boring M.E., 304

Bornkamm G., 239, 318, 353, 366, 449

Bousset W., 152, 174, 302

Bousset W. (- Gressmann H.), 221, 223, 649, 652, 653, 660

Brandenburger E., 313

Braumann G., 534

Braun H., 120, 151, 152, 224, 237, 465, 475, 504, 506, 568, 569,
    591, 664, 665, 667, 669

Broer I., 362, 587, 598, 599, 600

Brown R.E., 296, 316, 320

Brown S., 598, 599, 600

Brun L., 295, 301, 321

Büchsel A., 410

Bultmann R.,   48, 52, 65, 83, 84, 95, 112, 114, 123, 140, 142, 143,
     144, 145, 151, 152, 171, 178, 216, 219, 220, 224, 229, 230,
     231, 240, 243, 304, 326, 330, 355, 356, 357, 366, 400, 404,
     409, 441, 442, 466, 468, 476, 478, 481, 483, 495, 498, 500,
     505, 506, 507, 531, 564, 590, 591, 592, 627, 651, 652, 662,
     666, 667, 687

Burrows M.,   232, 301, 309

Bussini F.,   569

Cadbury H.J.,   216, 219, 359, 401, 643

Carmignac J.,   224, 291, 294, 295, 296, 301, 316, 321, 654, 655

Cerfaux L.,   113

Chadwick H.D.,   405

Charles R.H.,   120, 147, 263, 277, 312, 313

Charlesworth J.H.,   311

Chevallier M.A., 145, 146, 147, 321, 446

Chilton B.D.,   113, 115, 118, 123, 149, 291, 306, 353, 354, 366,
     370, 529, 531, 537, 538, 590, 591, 592, 597, 598, 601, 642,
     644, 645, 646, 648, 652

Christ F.,   466, 499

Clark K.W.,   124, 125, 137, 150

Clemen C.,   279

Colpe C.,   220, 240, 362, 600, 656, 688

Conzelmann H.,   65, 76, 83, 85, 151, 152, 169, 239, 240, 351,
     363, 366, 404, 411, 649, 688

Couroyer B.,   146

Cross F.M.,   504

Cullmann O.,   50, 153, 175, 229, 353, 367, 369, 496, 499

Dahl N.A.,   644

Dalman G.,   118, 125, 174, 192, 203, 223, 226, 227, 228, 235, 238,
     264, 293, 297, 298, 299, 300, 301, 302, 303, 304, 306, 317,
     354, 360, 361, 362, 386, 410, 412, 449, 534, 537, 597, 598,
     601, 646, 650, 654

Danker F.W.,   521, 528, 536, 537

Daube D.,   537

Dautzenberg G.,   110, 115, 116, 123

Davenport G.L.,   311

Debrunner A.,   122, 173, 224, 225, 235, 296, 299, 316, 317, 354,
     358, 406, 449, 475, 496, 538, 558, 560, 594

Dehandschutter B.,   231

Deissler A.,   293, 294, 319

Delcor M.,   76

Delebecque E.,   236, 403, 650

Delling G.,   117, 118, 151, 686, 687

Delobel J.,   111, 113

Delorme J.,   114, 116, 494, 495, 496

Denis A.M.,   311

Des Places E.,   310

Devisch M.,   218

Dhorme P. (E.),   146, 309

Dibelius F.,   175

Dibelius M.,   151, 152, 168, 169, 171, 174, 175, 216, 229, 293,
    320, 321, 403, 481, 494, 505, 528, 531, 532, 533, 534, 647,
    648

Dion P.E.,   656

Dittenberger W.,   234

Dobschütz (von) E.,   177

Dockx S.,   399, 400

Dodd C.H.,   49, 68, 83, 84, 106, 107, 149, 174, 236, 369, 371,
    415, 653

Dormeyer D.,   400, 411

Dreyfus F.,   412, 666

Dumortier F.,   447

Dunn J.D.G.,   144, 145, 446, 669

Dupont J.,   161, 168, 172, 173, 174, 295, 296, 302, 306, 307, 319,
    360, 404, 428, 431, 439, 440, 441, 442, 443, 444, 445, 446,
    447, 448, 449, 450, 455, 465, 466, 467, 472, 475, 493, 494,
    495, 496, 499, 504, 505, 528, 531, 567, 568, 569, 590, 591,
    598, 599, 600, 601, 608, 631, 642, 645, 646, 648, 652, 658,
    659, 667, 668, 685, 688

Edwards R.A.,   168, 666

Egger W.,   111, 112, 114, 115, 120, 562, 563

Eichholz G.,   83, 448, 449, 685

Eichrodt W.,   294

Eissfeldt O.,   308, 656

Elbogen I.,   297, 298, 299, 300

Ellis E.E.,   146, 147, 239, 305, 351

Enslin M.S.,   166, 176

Ernst J.,   171, 401, 405, 443, 528, 531, 667

Estienne H.,   234, 310

Fabry H.J.,   120

Festorazzi F., 652

Feuillet A., 221, 242, 312, 356

Fiedler P., 82, 144, 232, 320, 321, 466, 467, 472, 473, 474, 475, 476

Fitzer G., 143, 150

Flender H., 56, 113, 239, 363, 413, 414, 416, 494, 495, 597, 626-630, 643, 645, 651, 661, 663, 666

Flusser D., 149, 153

Focant C., 561

Förster W., 142, 533

Fraine (de) J., 321

Frankemölle H., 320, 321, 433, 440, 442, 443, 448, 568, 646, 647, 649

Fridrichsen A., 144

Friedrich G., 171, 531

Fuchs A., 471

Fuller R.H., 123, 495, 538

Gaechter P., 296, 299, 315, 316, 476

Gärtner B., 153, 236

Gatzweiler K., 651

Geiger R., 216, 217

George A., 133, 144, 145, 147, 360, 400, 404

Gerth B. (cf. Kühner R.),

Glasson T.F., 53, 79

Gnilka J., 110, 304, 322, 387, 404, 411, 412, 415, 416, 494, 496, 501, 558, 561, 565, 665, 666, 669

Goguel M., 169, 172, 176, 177, 178, 539, 659

Goppelt L., 61, 104, 119, 122, 240, 302, 356, 357, 369, 400, 409, 417, 445, 475, 536, 569, 590, 664, 668, 669, 689

Goulder M.D., 145, 291, 304, 460, 466, 469, 472, 473, 567

Grässer E., 58, 76, 78, 79, 81, 85, 144, 147, 149, 152, 219, 220, 239, 365, 366, 370, 396, 415, 417, 494, 687

Graubard B., 297, 298

Greeven H., 295, 298, 315, 316, 321, 354

Grelot P., 224, 311, 314, 652, 667

Gressmann H. (cf. Bousset W.),

Griffiths J.B., 233

Grimm W., 644, 658

Grundmann W., 144, 145, 146, 175, 176, 218, 219, 220, 222, 229,
    236, 239, 296, 297, 305, 315, 316, 319, 357, 364, 366, 400,
    405, 410, 449, 473, 493, 504, 507, 591, 598, 642, 646, 653,
    667, 668, 687

Guelich R.A., 433, 439, 440, 442

Guillet J., 126

Haenchen E., 126, 145, 174, 221, 222, 230, 239, 326, 330, 331,
    352, 357, 400, 403, 404, 405, 493, 531, 647, 651

Hahn F., 142, 146, 171, 292, 326, 352, 353, 361, 400, 403, 412,
    414, 465, 536, 622, 659, 688, 690

Hammerton-Kelly R.G., 145

Harnack (von) A., 144, 145, 608, 648

Harnisch W., 304, 559, 565

Hartl H., 236

Hasler V., 170, 174, 304, 327, 353, 370, 405, 473, 498, 645

Hauck F., 357, 370, 475, 642

Helbing R., 407

Held H.J., 651

Hendriks W., 471

Hengel M., 222, 448, 534, 649, 652, 657, 659, 687

Hennecke E., 497

Héring J., 173, 227, 228, 240, 450

Hiers R.H., 57, 126, 151, 173, 174, 177, 225, 240, 365, 366, 538

Hirsch E., 145, 168, 219, 223, 305, 468, 599

Hoffmann P., 61, 85, 149, 168, 170, 171, 174, 175, 367, 450, 466,
    528, 529, 530, 532, 533, 534, 535, 567, 642, 643, 645, 646,
    648, 666, 685

Holst R.H., 304

Holtzmann H.J., 145, 650, 651

Horstmann M., 351

Howard V., 143, 144, 146, 151

Howard W.F., 591

Humbert J., 152, 224, 296, 359, 360, 407, 445, 497

Jacob E., 85, 296, 297

Jacquemin M.E., 295, 296, 315, 316, 319

Jacquemin P.E., 442

Jastrow M., 226, 227, 235, 298, 320, 475

Jellicoe S., 146

Jenni E., 307, 308, 309

Jeremias J.,   65, 66, 83, 84, 103, 104, 118, 150, 152, 171, 175,
      176, 220, 228, 229, 232, 236, 241, 248, 291, 292, 295, 297,
      301, 306, 307, 311, 318, 321, 327, 348, 353, 356, 357, 361,
      368, 369, 370, 380, 381, 390, 399, 400, 402, 403, 404, 405,
      406, 407, 408, 409, 410, 411, 412, 414, 415, 416, 440, 448,
      449, 468, 475, 476, 495, 502, 503, 536, 560, 567, 569, 576,
      581, 590, 594, 595, 597, 621, 645, 651, 652, 653, 654, 655,
      656, 658, 663, 665, 666, 685, 689, 691

Jeremias Jörg,   307, 308, 309, 310, 313

Johannessohn M.,   358, 359

Johnson L.T.,   145

Joüon P.,   107, 125, 126, 225, 235, 443

Jülicher A.,   473, 474, 475, 476

Jüngel E.,   83, 172, 688

Kaestli J.D.,   219, 239, 351

Käsemann E.,   41, 58, 76, 142, 144, 145, 150, 369, 495, 532, 651,
      652, 687, 690

Kee H.C.,   311

Kelber W.H.,   82, 126, 366, 500

Kilpatrick G.D.,   320, 404

Kingsbury J.D.,   82

Kittel G.,   221

Klein G.,   56, 76, 85, 240, 363, 480, 481, 482, 493, 494, 495,
      498, 499, 567

Klostermann E.,   173, 174, 178, 221, 240, 292, 298, 316, 409, 461,
      473, 493, 644, 649, 668

Koch K.,   440, 446, 688

Köhler L.,   171, 293, 650

Köster H.,   402

Kraeling C.H.,   171, 172, 173, 176, 177, 178, 534, 535, 538

Kretzer A.,   82, 83, 84, 113, 114, 320, 466, 467, 469, 472, 473,
      475, 530, 567, 643, 646, 651

Kruse H.,   148, 240, 242

Kühner R.,   224, 358, 407

Kuhn H.W.,   54, 144, 146, 152, 153, 238, 304, 351, 496, 498, 500,
      547, 559, 560, 562, 564, 565, 674, 675, 686

Kuhn K.G.,   124, 149, 292, 298, 299, 300, 306, 315, 316, 317, 320,
      357, 502, 662

Kümmel W.G., 50, 52, 76, 77, 78, 79, 123, 124, 144, 145, 151, 153,
    171, 216, 220, 221, 229, 233, 236, 240, 242, 361, 362, 363,
    367, 371, 396, 408, 412, 413, 415, 416, 417, 473, 495, 528,
    530, 531, 532, 538, 669, 687, 690, 691

Kuntzmann R., 595

Künzi M., 363, 369, 371

Kuschke A., 240

Ladd G.E., 53, 174, 475, 533, 538

Lagrange M.J., 221, 223, 241, 363, 392, 413, 459, 467, 470, 471,
    533, 562

Lambrecht J., 222, 326, 353, 649

Lamouille A., 295, 361

Lanchester H.C.O., 310

Lang F., 120, 177, 400, 649, 650

Lang F.G., 558, 564, 565

La Potterie (de) I., 361

Lattke M., 84, 597

Lebeau P., 392, 399, 411, 412, 413, 414

Le Déaut R., 117, 118, 226, 228, 314, 355, 356, 357

Leenhardt F.J., 399

Légasse S., 76, 121, 175, 178, 304, 356, 357, 402, 465, 473, 475,
    476, 493, 494, 496, 498, 499, 500, 501, 502, 504, 505, 506,
    507, 546, 548, 558, 559, 563, 565, 566, 567, 581, 591, 596,
    601, 642, 661, 662, 663, 689

Lehmann M., 545, 564, 565, 566

Leivestad R., 220

Léon-Dufour X., 399, 412, 415, 417

Leroy H., 361

Levine E., 443

Levy J., 226, 227

Liddell H.G., 117, 152, 232, 310, 354, 407, 443, 533, 650

Lietzmann H., 363, 409

Linnemann E., 60, 151, 152, 176, 177, 230, 240, 242, 366, 416,
    685, 686

Linton O., 441

Lipinski E., 309

Lohfink G., 60, 119, 416, 450

Lohmeyer E., 113, 123, 126, 247, 251, 284, 285, 286, 291, 293, 294,
    295, 296, 301, 315, 316, 317, 318, 319, 357, 410, 449, 458, 465,
    466, 468, 474, 476, 493, 495, 498, 506, 546, 565, 645, 667, 669

Lohse E., 117, 146, 240, 365, 445, 494, 497

Loisy A., 363, 370, 590, 644

Lorenzmeier Th., 144, 145

Lührmann D., 140, 142, 144, 145, 146, 152, 168, 171, 217, 221, 243, 367, 466, 528, 532, 536, 642, 645

Lundstroem G., 47, 50, 55, 85

Lyonnet S., 119, 147, 361

Maier J., 447

Maisch I., 83

Manson T.W., 145, 146, 152, 174, 175, 218, 219, 223, 240, 292, 295, 299, 313, 316, 320, 369, 476, 529, 538

Marrou H.I., 487, 502

Marxsen W., 114, 353

Mayer R., 241

Mayser E., 152, 173, 232, 234, 317, 408, 594

McDermott J.M., 600

McDonald J.I.H., 494, 495, 501

McKinnis R., 561

McNamara M., 302

Meier J.P., 568

Ménard J.E., 230, 231, 236

Menoud Ph., 515, 531

Merk O., 82, 239, 351, 566, 662

Merkel H., 458, 460, 461, 467, 468, 469, 470, 471, 472, 473

Merklein H., 85, 110, 118, 119, 126, 144, 146, 151, 153, 174, 175, 217, 353, 365, 400, 412, 416, 439, 440, 442, 444, 446, 448, 528, 529, 530, 531, 534, 539, 568, 594, 660, 661, 664, 667, 685, 689, 690

Metzger B.M., 169, 321, 465, 559, 647

Meyer P.D., 645, 646

Meyer R., 656

Michaelis W., 360, 361

Michaels J.R., 465

Michel H.J., 82

Michel O., 116, 142, 174, 175, 476, 506, 564, 569, 689

Milligan G. (cf. Moulton J.H.),

Minear P.S., 304, 564, 565

Minette de Tillesse G., 496, 561

Moir I.A., 354

Montefiore C.G., 648

Moore A.L.,   77, 236, 242, 371, 417

Moore G.F.,   294, 300, 302, 306

Moore W.E.,   530, 533, 535, 537, 538

Morissette R.,   362

Moulton J.H.,   122, 123, 359, 412

Moulton J.H. (-Milligan G.),   117, 173, 234, 235, 442

Müller K.,   353, 353, 417

Müller U.B.,   82, 85, 109, 117, 149, 168, 171, 172, 302, 596,
    685, 690

Murphy O'Connor J.,   292, 685

Mussner F.,   110, 112, 114, 115, 117, 124, 125, 145, 218, 224, 225,
    229, 237, 240, 242, 536, 537, 538, 539, 642, 648, 659, 665,
    676, 689

Nagel M.,   239

Neirynck F.,   83, 112, 140, 141, 497

Neuhäusler E.,   414, 415, 476, 529, 536, 567, 664

Nickelsburg G.W.E.,   652

Noack B.,   144, 239

Nützel J.M.,   366

Oberlinner L.,   352, 353, 366

Oepke A.,   171, 173, 309, 312, 315, 491, 501, 502, 503, 504, 505,
    506, 507

Ogawa A.,   465, 466, 468

Osburn C.D.,   310

Osten-Sacken (von der) P.,   294

Otto R.,   242, 243, 364, 403, 507, 534, 537, 538

Palacios L.,   235

Patsch H.,   57, 85, 356, 365, 369, 391, 400, 401, 403, 404, 405,
    412, 413, 416, 417, 654

Percy E.,   84, 119, 144, 145, 172, 174, 225, 229, 232, 233, 236,
    237, 366, 369, 415, 447, 449, 493, 496, 501, 505, 532, 534,
    537, 538, 653, 660

Perrin N.,   47, 49, 51, 54, 77, 79, 83, 85, 145, 146, 149, 226,
    228, 236, 239, 242, 243, 291, 306, 310, 321, 352, 353, 366,
    369, 371, 468, 532, 534, 535, 538, 539, 569, 642, 643, 648,
    660, 666

Perrot C.,   494, 498, 500, 501, 507

Pesch R., 93, 110, 111, 114, 115, 118, 121, 123, 126, 326, 351,
    352, 353, 356, 366, 368, 399, 403, 404, 407, 411, 412, 415,
    416, 494, 495, 496, 497, 498, 501, 506, 542, 558, 559, 561,
    562, 563, 564, 565, 568, 580, 590, 591, 592, 593, 594, 595,
    596, 597, 598, 600, 666, 667, 687
Pesch W., 500, 506, 567, 590, 591, 592, 595, 596, 597, 601
Petuchowski J.J., 299
Philonenko M., 119, 312, 657
Plöger O., 659
Plümacher E., 216
Plummer A., 145, 172, 176, 371, 450
Pokorný P., 115
Polag A., 141, 144, 440, 533, 568, 651, 685
Popkes W., 111
Porsch F., 361
Potin J., 313
Preisigke F., 234, 235
Preisker H., 118, 123, 592
Preuss H.D., 301, 307, 308, 309
Procksch O., 295
Quispel G., 226
Rad (von) G., 654, 686
Radermacher L., 360
Radermakers J., 565
Raitt Th.M., 113, 119
Ramlot L., 660
Ratzinger J., 688
Rehkopf F., 217, 220, 229, 381, 402, 406, 466, 467
Reicke B., 354
Renaud B., 301, 654
Rendtorff R., 307, 315
Rengstorf K.H., 209, 220, 229, 239, 414, 416, 442, 443, 476, 642,
    649, 658
Reploh K.G., 110, 121, 126, 304, 351, 366, 493, 494, 495, 542,
    543, 559, 560, 561, 565
Rese M., 169, 171, 400, 401, 404, 409
Richter G., 353
Ridderbos H., 50, 174, 176, 228, 229, 240, 415, 449, 538, 685
Riesenfeld H., 192, 200, 225, 227, 231, 232, 233, 242
Rigaux B., 51, 77, 150, 220, 221, 236, 304, 305, 361, 368, 370,
    371, 652, 665, 666, 688

Roberts C.H., 202, 233, 234, 237

Robinson J.A.T., 240, 415

Robinson J.M., 152, 172, 475, 569

Roloff J., 140

Romaniuk K., 113, 116, 363

Rost L., 302

Ruckstuhl E., 144, 662, 663, 688, 690

Rüstow A., 202, 218, 229, 233, 234, 236, 237, 240, 242

Sahlin H., 504

Sanders J.A., 446, 448

Sasse H., 303, 304

Schenk W., 400, 471, 560

Schenke L., 399, 404

Schierse F.J., 371

Schlatter A., 174, 190, 224, 241, 301, 408, 442, 450, 504, 505,
    534, 537, 569, 664, 665

Schlier H., 116, 122, 146, 316

Schmid J., 114, 144, 174, 240, 292, 296, 298, 305, 316, 357, 400,
    404, 414, 449, 465, 474, 493, 505, 532, 538, 539, 599, 648,
    664, 665

Schmidt K.L., 410, 669

Schmithals W., 56, 80, 84

Schmitt J., 120, 126, 176, 177, 368, 406, 414, 415, 416, 444, 446,
    536, 563, 591, 597, 689

Schnackenburg R., 50, 84, 85, 86, 114, 115, 122, 144, 148, 149,
    152, 153, 161, 171, 172, 173, 182, 216, 217, 218, 219, 220,
    221, 223, 232, 236, 237, 239, 240, 242, 243, 295, 299, 322,
    363, 449, 494, 495, 498, 500, 538, 539, 569, 596, 597, 646,
    658, 689

Schneemelcher W., 497

Schneider C., 506

Schneider G., 216, 239, 305, 351, 353, 404, 443, 446, 528,
    568, 643

Schneider J., 302, 306, 309, 660

Schniewind J., 113, 149, 174, 296, 320, 357, 449, 506, 533

Schnutenhaus F., 307, 312

Schrage W., 85, 230, 236, 242, 681, 689, 690, 691

Schramm T., 83, 140, 305

Schreiber J., 366, 368

Schrenk G., 317, 530, 531, 533, 534, 537, 595

Schröder H.H.,   662

Schubert K.,   302, 306

Schulz S.,   140, 141, 142, 143, 144, 146, 153, 168, 169, 170, 171,
      172, 174, 175, 219, 221, 223, 240, 292, 296, 304, 320, 366,
      400, 404, 405, 406, 409, 439, 440, 441, 442, 444, 465, 466,
      470, 472, 475, 493, 499, 512, 529, 530, 531, 532, 534, 566,
      568, 592, 598, 599, 600, 642, 643, 644, 645, 646, 647, 648,
      651, 653, 659, 664, 666, 667, 668, 669

Schürmann H.,   52, 85, 167, 168, 170, 171, 172, 173, 174, 178, 182,
      184, 199, 218, 219, 222, 223, 229, 230, 231, 239, 291, 293,
      295, 296, 297, 298, 301, 315, 316, 320, 324, 352, 353, 366,
      376, 380, 383, 390, 399, 400, 402, 403, 404, 405, 406, 408,
      409, 410, 411, 412, 414, 415, 416, 427, 439, 446, 449, 450,
      466, 474, 499, 528, 643, 644, 676, 677, 679-682, 685, 689

Schwank B.,   650

Schwarz G.,   443, 446

Schweitzer A.,   47-48, 177, 415

Schweizer E.,   110, 111, 144, 145, 174, 175, 178, 222, 292, 304,
      305, 356, 357, 361, 403, 405, 415, 440, 442, 446, 447, 448,
      461, 465, 469, 473, 493, 496, 561, 562, 565, 642, 648, 665,
      666, 687

Scobie C.H.H.,   145, 174, 176, 177

Scott R. (cf. Liddell H.G.),

Sellin G.,   469

Sint J.A.,   171, 172, 174

Smalley S.S.,   321, 322

Sneed R.,   227, 233, 236, 239

Soiron Th.,   642

Speier S.,   355

Stählin G.,   357

Stauffer E.,   146

Stein R.H.,   111

Stemberger G.,   652

Stevenson W.B.,   475

Stiassny J.,   302

Strack H.L.,   501, 503 (cf. aussi Billerbeck P.)

Strawson W.,   41

Strecker G.,   114, 122, 292, 320, 433, 439, 440, 442, 466, 534,
      538, 647, 649, 651, 668

Strobel A.,   55, 118, 119, 121, 152, 193, 194, 216, 217, 218, 219, 223, 225, 226, 228, 233, 238, 239, 240, 310

Stuhlmacher P.,   85, 121, 122

Swetnam J.,   295

Tagawa K.,   114, 561

Taylor V.,   114, 352, 356, 357, 370, 399, 400, 401, 405, 407, 505, 566

Theissen G.,   561

Thompson W.G.,   567

Thüsing W.,   85, 295, 315, 688

Tödt H.E.,   150, 221, 367, 688

Tournay R.,   650

Tragan P.R.,   601

Traub H.,   285, 316, 664

Trevijano R.,   110, 112, 118

Trilling W.,   113, 114, 115, 116, 118, 288, 317, 318, 320, 450, 465, 466, 471, 473, 528, 529, 530, 564, 565, 598, 647, 651

Trocmé E.,   83, 121, 126, 346, 359, 363, 369

Turner N.,   173, 224, 354, 359, 360, 449, 471, 475, 496, 594, 645, 650

Van den Bussche H.,   295

Vander Kam J.,   310

Van Tilborg S.,   291, 321

Vassiliadis P.,   218

Vermès G.,   683

Vielhauer Ph.,   111, 149, 219, 220, 221, 222, 229, 240, 302, 366, 368, 369, 678, 687

Voeltzel R.,   504

Vogels H.,   413

Vögtle A.,   59, 115, 176, 292, 296, 320, 321, 325, 326, 339, 345, 352, 353, 356, 357, 358, 363, 364, 366, 367, 368, 369, 370, 414, 415, 450, 587, 600, 661, 663, 665, 666, 667, 668, 669, 680-682, 685, 686, 687, 688

Völkel M.,   82

Volz P.,   264, 303

Voss G.,   145

Walker R.,   475, 647, 651

Walter N.,   304, 443, 448, 449, 542, 558, 565, 690

Weiss B.,   221, 651

Weiss J.,   42, 47, 48, 52, 66, 84, 113, 125, 138, 151, 173, 229,
     242, 295, 339, 363, 448, 475, 528, 659
Weiss K.,   496, 500
Wellhausen J.,   339, 363, 366, 648, 650
Wendland H.D.,   363, 685
Wenz H., 60
Westermann C.,   308, 580, 594, 596, 646, 655
Whitley C.F.,   650
Wikgren A.,   233
Wilckens U.,   169, 315, 468, 644, 691
Windisch H.,   449, 475, 536, 566, 567, 569, 664
Wink W.,   171, 177, 529, 536
Wolf P.,   120, 126, 177, 539
Wolff H.W.,   686
Woschitz K.,   448, 538
Wrede W.,   561
Wrege H. Th.,   146, 321, 440, 442, 443, 444, 447, 448, 449, 591
Zahn Th.,   295, 299, 390, 649
Zeller D.,   85, 115, 119, 144, 153, 352, 412, 415, 416, 567, 569,
     645, 646-647, 648, 652, 654, 655, 656, 657, 658, 659, 664,
     666, 667, 672, 690
Zerwick M.,   112, 173, 296, 358, 645
Zimmerli W.,   294, 446, 447, 450, 565
Zimmermann H.,   601, 651
Zmijewski J.,   190, 213, 216, 218, 219, 221, 223, 224, 225, 228,
     229, 230, 239, 240, 242
Zumstein J.,   362, 439, 440, 444, 449, 450, 472, 567, 568, 592,
     645, 647, 648, 668.

IMPRESSION OFFSET
IMPRIMERIE
A. BONTEMPS
LIMOGES (FRANCE)